선거 전략 & 선거 캠페인

돈·시간·사람을 잃는 선거가 있다. 자신까지 내던져가며 선거를 치르는 사람들.
사람을 키워내는 선거, 승리하며 사람을 얻는 선거가 여기 있다.
승리로 가는 길, 길을 알아야 길이 보인다!

후보와 선거참모들을 위한 필승지침서
선거**전략** & 선거**캠페인**

초판 1쇄 발행 : 2008년 1월 20일
초판 2쇄 발행 : 2011년 7월 5일

지은이 : 석종득
펴낸이 : 전두표
펴낸곳 : 도서출판 두남

주소 : 서울시 강동구 성내1동 455-12 두남빌딩
신고 : 제25100-1988-9호(구 제2-624호, 1988. 7. 21)
전화번호 : 02) 478-2066 / 2067 / 2311
팩스번호 : 02) 478-2068
전자우편 : dunam1@unitel.co.kr
홈페이지 : http://www.dunam.co.kr

가격 : 15,000원

ISBN 978-89-8404-893-5   03340

※ 저자와의 협의하에 인지는 생략합니다.
※ 파본이나 잘못된 책은 바꿔 드립니다.

선거 전략 & 선거 캠페인

돈·시간·사람을 잃는 선거가 있다. 자신까지 내던져가며 선거를 치르는 사람들.
사람을 키워내는 선거, 승리하며 사람을 얻는 선거가 여기 있다.
승리로 가는 길, 길을 알아야 길이 보인다!

석종득 지음

비즈프라임

여는 말

선거**전략** & 선거**캠페인**
좋은 무사를 갈구하며!

대장간의 대장장이가 전장의 무사들에게!

선거와 정치는 다르다. 정치를 정말 잘해보고자 하는 사람, 정치를 정말 잘할 수 있는 사람이 선거스킬을 갖지 못해 시작조차 못해보는 경우가 허다하다. 선거는 짧은 기간 동안 자신의 역량을 총동원해야 하는 매우 집중적이고도 압축적인 정치행위다. 아무리 좋은 정치철학을 가졌다해도 선거의 고비를 넘지 못하면 그 꿈을 펼쳐낼 수가 없다.

패배한 후보들에게는 제각기 각양각색의 패배이유가 있었을 것이다. 하지만 그렇게 패배한 이들의 공통점은 무엇이었을까? 그것은 그들 대부분이 선거의 '매우 단순하고도 확고한 진리'를 이해하지 못했기 때문이다.

우리는 매 끼니마다 무엇을 먹을지 결정한다. 하지만 그 때마다 늘 한 가지 메뉴만 고집하는 사람은 없다. 어제는 삼겹살이 먹고 싶었고, 오늘은 복매운탕이 먹고 싶다. 어제 해장으로는 복매운탕이 좋았는데, 오늘은 뼈다귀해장국이 당긴다. 아내가 권해서 먹기도 하고, 아무 생각 없이 같이 간 친구가 권해서 메뉴를 결정하기도 한다.

선거는 '무엇이 정의냐?' 가 아니라 '무엇이 좋으냐' 의 게임이다

민주주의 하에서의 선거란 그런 것이다. 선거는 '무엇이 옳으냐?' 에 의해 결정되는 시험이 아니다. '무엇이 정의냐?' 는 더더욱 선거의 당락과 상관없다. 선거에서의 유권자들은 마치 음식메뉴를 고르듯 후보를 고른다는 것. 변덕도 심하다. 결국 선거란 얼마나 많은 사람과 세력이 그것을 좋아하느냐 하는 '호, 불호' 의 게임인 것이다.

흔히 '정치는 살아있는 생물' 이라고 말한다. 때마다 그 '호, 불호' 가 변화하기 때문이다. 선거기간 중에도 그 흐름이 급격히 바뀌곤 한다. 선거란 정답이 있는 시험처럼 꾸준히, 그리고 열심히 공부한 사람에게 트로피가 주어지는 게임이 아니다. 그렇기에 아무리 좋은 정치철학을 가지고 있는 사람이라 할지라도 선거스킬이 없으면 당선을 보장받을 수 없다.

그래서 정치철학이나 신념보다는 정치와 선거에 대한 기술과 감각이 후보를 국회나 지방정부, 혹은 지방의회로 보내곤 한다. 경우에 따라서는 개인의 감각이나 노력과는 전혀 상관없이 선거가 끝나기도 한다. 주체적인 역량만으로는 도저히 극복할 수 없는 구조적 문제, 혹은 환경적 문제가 후보를 막아서기도 하기 때문. 이럴 때 후보는 속수무책이 되곤 한다.

어쩌면 이런 문제들이 우리의 정치현실을 어둡게 하는지도 모른다. 그러나 정치현장으로 사람을 보내는 것은 좋든 싫든 선거다. 선거가 가지고 있는 이러한 구조적 폐해들만 탓한다고 해서 문제가 달라지지는 않는다는 것. 사정이 그렇다면 후보는 정치철학이나 정책만큼 선거스킬에 대해서도 정통해야만 한다.

시대가 바뀌고, 패러다임이 변화한다. 우리의 정치판도 새로운 인물들에 의해 변혁의 시대를 맞이해야 할 것이다. 아니 어쩌면 그런 타이밍을 한참이나 지나쳐왔는지도 모른다. 새로운 인물이 국회에 입성하는 것은 낙타가 바늘구멍을 통과하기보다 더 어려운 것이 현실이다.

누구든 올바른 정치를 하겠다고 마음먹었다면 선거승리라는 모진 고비를 넘어내야만 한다. 하지만 오랜 정치경륜은 당 내외의 네트워크, 정치와 선거에 대한 감각, 인적·물적 자원이라는 기득권을 만들어냈다. 그리고 이런 기득권은 새로운 인물의 출현, 올곧은 정치신념을 무너뜨린다. 그것이 안타까웠다.

선거란 3분 3라운드로 승부가 결정되는 격투기다. 그러나 그 3분 3라운드 뒤에는 처절한 연습과 훈련, 그리고 준비가 있다. 체력을 안배하고, 연습량과 방법을 조절하며, 자신의 주 무기를 개발하는 노력이 필요하다. 상대를 파악하고, 상대에 맞는 전략을 고민하며, 각각의 전술들을 준비해야만 한다.

그간 모아온 인적·물적 자원, 그간 준비된 영향력과 네트워크가 총동원되는 전장. 엄청난 양의 데이터와 분석능력, 과학적 전략 구축만이 승부를 좌우한다. 아주 짧은 순간, 요동치는 정국과 험난한 전투 중에 결행해가는 판단들. 그러나 전장을 승리로 이끄는 그 단한 번의 판단은 결코 그냥 얻어진 것이 아니다.

나는 몇 차례의 선거를 경험하며 이 나라를 위해 정말 필요한 동량들이 단순히 선거스킬이 없어서, 선거를 위한 자원이 없어서 스러져가는 것을 너무나도 많이 보아왔다. 그래서 이 책을 쓰기로 결심했다. 후보자 스스로 유권자의 입맛을 맞추는 음식메뉴임을 자임하지 못하면 국민들의 행복을 지키는 좋은 정치를 펼칠 기회를 갖지 못하기에, 그 사실을 알리고 방법을 제안하기 위해 이 책을 쓴다.

선거를 돕기 위해 쓰인 책들이 적지 않다. 그 중에는 탄탄한 이론을 바탕으로 쓰인 책도 있고, 실무에 뿌리를 두고 선거를 말하는 책들도 있다. 그러나 그 두 가지를 접목한 실용서는 흔치 않다. 이 책이 다른 책들과 다른 점이다. 커뮤니케이션이론에 기대어 선거 전략과 구체적인 매뉴얼을 설명하였다.

좋은 정치동량들이 선거를 통해 진정으로 좋은 정치인으로 태어나길 바란다. 좋은 정치인들이 선거를 제대로 운용하지 못해 패배하는 일이 없기를 바란다. 그리고 이 책이 그런 선거에 도움이 되기를 진심으로 기원한다.

좋은 칼, 잘 베어지는 칼일수록 좋은 주인을 만나야만 한다. 지금 내가 벼린 이 칼이 좋은 칼, 잘 베어지는 칼이기를 바란다. 그리고 이 칼이 부디 좋은 주인을 만날 수 있기를 진심으로 기원한다. 좋은 주인을 만나 좋은 일에 쓰이는 것이 좋은 칼을 만드는 것보다 훨씬 힘든 일임을 깨달으며 이 책의 문을 연다.

부산 참아이엠씨 부설 발전전략연구소에서 석종득

목차

선거 **전략** & 선거 **캠페인**

여는 말 :
좋은 무사를 갈구하며! 대장간의 대장장이가 전장의 무사들에게! 5

1부. 선거, 어떻게 준비할 것인가? 13

1-1. 지역선거의 특징과 경향 : 미디어선거시대? 조직이 곧 미디어다! 15

1-2. 승리를 향한 목표 설정 : 지지율의 허수, 우리는 몇 명으로 간다! 25

1-3. 단계 설정과 실행계획 : 씨 뿌려야 꽃이 피고, 꽃이 져야 열매 맺는다! 35

1-4. 선거와 정치적 입지 : 모든 것을 걸었던 자, 단 하나를 얻는다! 45

1-5. 후보의 자질과 자세 : 희망을 실천하며 어깨 걸고 나아가라! 55

1-6. 후보의 행보와 리더십 : 부리기를 포기하라, 섬기는 조직이 이긴다! 65

1-7. 조직의 강화와 활성화 : 축제 같은 선거, 선거 같은 축제를 향해! 75

1-8. 프로세스와 시스템 구축 : 열심히 잘하자가 아닌, 효율적으로 잘하자! 89

CONTENTS

2부. 선거전략과 선거조직 ········· 111

2-1. 후보의 전선과 콘셉트 : 내가 하는 약속, 너를 이길 나를 만든다!   103

2-2. 정치지형조사와 후보프로필 : 승리를 향한 전략지도, 민심을 읽고 나를 읽자!   113

2-3. 선거일정과 선거조직 : 조직은 타이밍이다, 시간을 지배하라!   123

2-4. 캠프구성과 참모영입 : 한 몸으로 부딪혀야 승리를 쟁취한다!   133

2-5. 후보선출과 기초조직 : 일석이조, 수륙양용전차를 타라!   143

2-6. 공조직의 구축과 관리 : 알뜰한 집안 단속이 선거승리의 제1원칙!   153

2-7. 각급 조직의 구축과 관리 : 가려운 곳을 긁어 정책조직을 만든다!   163

2-8. 선거대책본부의 구축과 관리 : 모두를 위한 하나, 하나를 위한 모두!   173

3부. 선거운동과 선거캠페인 185

3-1. 캠페인타워 구축과 캠페인일정 : 도대체 그 홍보물은 무엇에 쓰려는가?   187

3-2. 캠페인전술의 기획과 활용 : 목표가 분명하면 튀는 생각이 절로 난다!   197

3-3. 정책캠페인과 정책이벤트 : 그들 속으로 들어가야 내 정책이 보인다!   207

3-4. 예비 후보자등록과 선거운동 : 봄나비캠페인, 주목받지 못하면 백전백패!   221

3-5. 본 선거홍보물과 본 선거운동 : 한 사람씩 상대해야 한 표씩을 거둔다!   235

3-6. 선거유세와 선거운동 : 승기가 충만해야 승리를 낚는다!   249

3-7. 언론과 방송의 활용 : 상대후보는 버리고, 유권자와 대화하라!   263

3-8. 디지털과 여론조사의 활용 : 알고 쓰면 약이지만, 모르고 쓰면 낭비다!   277

감사의 말   287

맺는 말 : 마지막 하루를 참아내는 힘! 그래도 사람은 남는다, 사람이 곧 희망이다!   289

참고문헌   295

01

1부. 선거, 어떻게 준비할 것인가?

1-1. 지역선거의 특징과 경향 : 미디어선거시대? 조직이 곧 미디어다!

1-2. 승리를 향한 목표 설정 : 지지율의 허수, 우리는 몇 명으로 간다!

1-3. 단계 설정과 실행계획 : 씨 뿌려야 꽃이 피고, 꽃이 져야 열매 맺는다!

1-4. 선거와 정치적 입지 : 모든 것을 걸었던 자, 단 하나를 얻는다!

1-5. 후보의 자질과 자세 : 희망을 실천하며 어깨 걸고 나아가라!

1-6. 후보의 행보와 리더십 : 부리기를 포기하라, 섬기는 조직이 이긴다!

1-7. 조직의 강화와 활성화 : 축제 같은 선거, 선거 같은 축제를 향해!

1-8. 프로세스와 시스템 구축 : 열심히 잘하자가 아닌, 효율적으로 잘하자!

선거 전략 & 선거 캠페인

1-1

1부 : 선거, 어떻게 준비할 것인가?

지역선거의 특징과 경향

미디어선거시대?
조직이 곧 미디어다!

'**50**승병 양병설'을 들어보았는가? 선거 때만 되면 캠프마다 웃지 못할 비법들이 난무한다. 이 내용은 지난 총선 때 모 캠프 젊은 참모의 아이디어였다.

스님들의 영향력은 불교신도들에게 있어 매우 크다. 하지만 기껏 후보들이 하는 일은 절에 찾아가 스님들에게 인사드리고, 스님의 윤허가 있으시면 법당에 모인 신도들에게 인사를 하는 정도다. 특별히 총애(?)를 받은 후보라면 스님의 덕담을 얻어들을 수도 있다. 그러나 그 정도로는 선거에 영향을 미치기가 힘들다.

그래서 나온 아이디어가 바로 '50승병 양병설'이다. 우리나라에는 의외로 절이 많다. 한 지역구 내의 절은 적어도 몇 수십 개 이상.

그러니 그 절 모두를 뛰어다니며 신도들을 직접 만나려 하지 말고 영향력 있는 스님 한 분을 포섭하라는 것이 이 비법의 요지다.

그리고 그 스님을 통해 50명 이상의 스님을 확실한 우리 편으로 만들 수만 있으면 승리를 자신할 수 있다는 것. 그렇게 만들어진 승병부대는 신도들의 집을 가가호호 방문한다. 아주 은밀히……. 스님이 자신의 집에 직접 찾아온 것을 본 신도는 깜짝 놀라 스님을 집으로 불러들일 것이고, 그런 뒤에 스님은 'ㅇㅇㅇ후보 잘 좀 부탁합니다. 오죽하면 제가 이렇게 보살님들을 찾아다니겠습니까.' 라며 은근한 눈길로 신도를 쳐다본다. 그게 끝이다.

코스를 잘 잡아 하루 30집씩 20일이면 스님 한 사람이 600집을 돌 수 있을 것이고, 그렇게 되면 남편의 표까지 건네주는 보살님들이 적지 않아 최소 1,000표 이상을 모을 수 있단다. 50명의 스님이면 불과 20일 만에 50,000표가 우리의 것이 된다는 아주 기발한(?) 아이디어였지만 물론 실행되지는 못했다.

'바람'이라는 '한탕'에 기대를 걸지 마라

하나 더 있다. '박카스 운동론'이 그것. 이 비법은 후보로 하여금 경로당을 돌게 한다. 후보가 경로당을 찾아 노인들을 위로하고 나오면 바로 그 뒤에 참모가 따라 들어가서 박카스를 돌린다. 물론 이것은 위법이다. 하지만 이 비법의 핵심은 후보자가 경로당 행보만을 선거기간 내내 하라는 것. 언제까지? 선관위에 단속될 때까지…….

그럼 이쪽 후보가 잡혀가지 않겠느냐고? 그렇게 하면 노인들이 선거운동을 해 줄 테니 도움이 되겠다고? 모두 순진한 생각이다. 물론 단속되고 나면 후보가 선거법 위반으로 문제가 될 것이다. 그래서 참모를 이용하라는 것이다. 후보는 모르는 일이라고 버티기만 하면 직접적인 피해는 입지 않을 수 있을 것이다.

결국 노인들만 피해를 입게 된다. 그들은 400원짜리 박카스의 무려 50배에 해당하는 2만 원씩의 과태료를 물게 될 것이다. 이 전술의 핵심은 그런 사건 이후 소문을 퍼뜨리는 것이다. 노인들이 선관위에 고발당하고, 과태료를 물게 된 이유는 상대후보 측이 선관위에 '경로당 박카스'를 제보했기 때문이라는 소문을 말이다.

알토란같은 쌈짓돈 2만 원을 물게 된 노인들은 팔을 걸어붙이고 상대후보 낙선운동에 돌입하게 된다. 이 비법을 떠올린 참모는 여기에 그럴듯한 이론까지 갖다 붙였다. 한 사람의 칭찬이 8명에게 파급된다면, 한 사람의 악소문은 22명에게 파급된다는 '입소문 이론'이 바로 그것이다.

이것은 자유당시절 '쌀가마부대작전'을 응용한 아이디어로 보인다. 자유당시절, 선거운동이 한창이던 어느 날 밤 열 한시쯤 트럭이 움직인다. 집집마다 문을 두드리고 A후보가 보냈다며, 트럭에서 쌀가마를 내린다. 30분 후쯤 다시 그 집을 찾은 트럭은 '옆집에 갈 것이 잘못 배달되었다.'며, 밀가루포대를 내려놓고 쌀가마를 도로 싣고 가버린다. 물론 이 장난은 상대 B후보의 소행이다.

선거가 임박하면 후보들은 지푸라기라도 잡고 싶은 심정이 되어 안간힘을 쓴다. 그 조급함은 후보를 안절부절못하게 만들고, 그런 후보들이라면 당연히 '한탕'을 생각하지 않을 수 없다. 그러나 과연 가능한가? 현실성이 있는가? 요즘 같은 시대에 이런 일들을 벌인 후보가 무사히 임기까지 자리를 보장받을 수 있을까? 후보의 정치생명을 일찌감치 끊고 싶다면 이런 방법들을 실전에 도입해보라.

명분이 표심을 만드는 것이 아니라, 표심이 명분을 갈망한다

지역선거에 나온 후보들에게 '한탕' 만큼 간절한 것이 '바람' 이다. 그래서 모든 후보들은 '바람' 을 기대하고, 기다린다. 그러나 바람은 바람일 뿐이다. '바람' 으로 지지가 바뀌는 것은 매우 미미하다. 그럼에도 불구하고 바람이 불때마다 여론조사의 지지율은 춤을 춘다.

그러나 이런 조사 결과를 믿는 후보라면 너무나도 순진한 것이다. 왜냐하면 '바람' 이 불고, '비바람' 이 몰아치면 상대 진영의 유권자들은 땅 속으로 숨어들기 때문이다. 그들은 애초에 여론조사를 피하거나, '지지 없음' 의 답을 한다. 그러다가 다시 바람이 그치고, 우리 진영에 비바람이 내릴 때가 되어야 저쪽을 지지하는 유권자들은 땅굴의 문을 열고 밖으로 나온다.

지난 2004년 총선에서 불었던 바람을 생각해보자. 그때 강하게 불었던 '바람' 은 3월13일의 대통령탄핵의결로 분 '탄핵풍' 과 3월 26일 정동영 노인폄하발언이 촉발한 '노인풍' 이었다.

대통령탄핵의결 후 부산을 대상으로 한 어느 조사에 따르면, 당시 부산 18개 선거구에서 한나라당 후보가 조금이라도 앞섰던 지역은 중·동구가 유일했다. 나머지 17개 선거구에서 열린우리당 후보들은 한나라당 후보들에 비해 1.7%에서 21.7%까지 앞서 나갔었다.

하지만 3월26일 정동영 노인폄하발언이 있고, 그 효과가 증폭되고 난 뒤부터는 서서히 열린우리당 후보들의 지지율이 하락했다. 한나라당 후보들은 그야말로 상승세. 그리고 4월15일 총선, 부산을 통틀어 단 1명만이 열린우리당의 간판으로 국회의원에 당선됐다. 탄핵 후 여론조사 결과와는 완전히 뒤바뀐 상황.

그렇다면 정말 그 바람들이 그렇게 많은 사람들의 지지를 바꾸어

놓았던 것일까? 아니다. 그 지지들은 단순히 땅 속에 숨어있었을 뿐이다. 명분이 없는 선거운동은 지지자들의 발목을 묶고, 명분이 있는 선거운동은 지지자들에게 날개를 달아준다.

'명분에 의해 표심이 움직이는 것이 아니라, 표심이 명분을 갈망한다.'는 것을 명심해야 한다. 적을 지지할 유권자라면 어떤 비바람이 몰아쳐도 결국 적을 찍게 되어 있다. 지역선거에 있어 바람은 단지 지지확산의 계기일 뿐이다. 그렇다고 바람이 전혀 영향을 주지 않는다는 것은 아니다. 하지만 대선이 바람으로 움직이는 '하늘의 선거'라면 지역선거는 표밭을 가는 '땅의 선거'다.

중요한 것은 지지자를 모으고, 유권자를 설득하는 것이다. 그 어떤 것도 아닌, 나를 향해 그들의 마음을 모아가는 것이다. 공중전은 서비스에 불과하다. 폭격기의 폭격과도 같은 것이라 하겠다. 우리 쪽 진영에 폭격이 떨어지면 우리는 모두 땅굴로 숨어들어야 한다. 나서서 활동하지 말고, 모두 함께 땅굴로 숨어라. 우리 편이 모두 안전하게 땅굴에 숨었다면 폭격이 끝날 때까지 내부를 다지면 된다.

상대진영에 폭격이 떨어질 땐, 적진을 향해 내달려라. 적진에 쏟아지는 폭격으로 상대가 꽁꽁 숨었을 때는 전국적으로 내닫는 비바람에 어깨를 걸어야 한다. 그 명분을 업고, 규탄대회도 참석하고, 그 집회에 우리 지지자들도 함께 참석하도록 독려하는 것이 바람을 잘 활용하는 방안이다.

바람이 불어준다면 그 틈을 노려 상대 진영의 기를 꺾어야 한다. 땅으로 숨어들어 선거가 끝날 때까지 밖으로 나오지 못하도록 해야만 한다. 적들로 하여금 그 문제를 가지고 얘기를 꺼내는 것이 창피하도록 해야 한다. 우리 진영은 자긍심을 가지게 될 것이고, 그래야만 부동층의 유권자들을 상대로 침을 튀겨가며 명분을 말하게 된다.

상대의 기를 꺾어놓아야 한다. 상대를 부끄럽게 만들어야 한다. 그러나 그 보병의 역할을 누구에게 맡길 것인가? 유권자들이 알아서 일어날 것인가? 설사 그렇다 해도 기폭제의 역할은 누가 맡을 것인가? 구심점이 없으면 대폭발도 없다. 그래서 '땅 갈기'가 필요하다. 우리의 지지자들이야말로 그 역할을 맡아줄 '알 보병'들인 셈.

지역선거에서 바람을 만들어내고, 그 방향을 좌지우지할 수 있는 후보가 몇이나 될까? 그러니 '땅 갈기'를 포기하고, 하늘만 쳐다보는 후보는 결코 승리할 수 없다. 진인사대천명, 열심히 땅을 갈아둔 후보들에게 부는 바람은 수확을 돕는 바람이 된다. 하지만 열심히 땅을 갈아두지 않고 바람만 바라왔던 후보들에게 있어 바람은 그저 '환상'일 뿐이다. 한동안의 '헛꿈'이 지난 뒤에는 패배라는 쓰디쓴 잔만이 그 후보를 기다리고 있을 것.

나에게 불리한 바람도 마찬가지다. 열심히 땅을 갈아둔 후보에게는 여기저기에서 위로의 메시지가 날아들 것이고, 우리 편의 결속은 더욱 공고해진다. 그러나 열심히 땅을 갈아두지 못한 후보에게는 여기저기서 비난의 목소리가 날아들 것이고, 그것은 곧 전열을 정비하지 못할 만큼의 피해로 캠프를 초토화시키게 된다.

우리 편이 없으면 방송이나 홍보물들도 별무 소용

현대의 선거를 미디어선거라고 부른다. 예전에 비해 미디어의 영향력이 커졌음을 일컫는 말이다. 합동유세가 없어지고, TV를 통해 토론을 하는 법과 문화가 만들어졌으니 일견 맞는 소리이기도 하다. 하지만 그것 역시 순진한 말씀이다.

지역선거의 경우, TV토론의 시청률은 단 한 번도 3%를 넘겨본 적이 없다. 그나마도 A구 후보들이 하는 TV토론을 B구의 시청자들이 보고 있다. 자기 지역구의 후보가 하는 TV연설을 처음부터 끝까지 제대로 보는 시청자가 과연 몇 명이나 될까? 만약 처음부터 끝까지 제대로 본 사람이 있다면 십중팔구 그 사람은 그 후보의 열렬한 지지자이거나 참모일 것이다.

오히려 TV토론이나 연설이 끝난 다음날, 사람들이 모여 앉은 그 자리가 선거운동의 장이 된다. 그러기 위해서는 어제 있었던 TV토론의 내용을 화젯거리로 만들어야만 한다. '어제 그거 봤어?', '와, 그 친구 정말 인상 좋더구먼.', '와, 그걸 그렇게 풀겠다대.', '그 사람 지금까지 아무것도 한 게 없더구먼.', '그 친구 A한테 힘 한번 제대로 못 쓰더구먼.' 등이 바로 그것이다.

그러나 그렇게 되려면 방송시간에 맞추어 그것을 안줏거리로 말할 사람들이 모여 있어야만 한다. 그것이 바로 지지조직이다. 그리고 먼저 그들이 방송을 봐야만 한다. 이를 위해 TV토론과 연설은 미리 고지되어야 하고, 그 내용의 포인트가 논의되어야 한다. 그렇지 않은 미디어가 지역선거에 영향을 미칠 확률은 거의 제로 퍼센트다. 물론 대선의 경우는 다르다. 대선의 TV토론은 선거에 직접적인 영향을 미치기도 한다.

'홍보물을 잘 만들어야 한다.'고 벼르는 후보들이 많다. 몇 차례씩 디자인을 다듬고, 사진을 찍고, 대행사를 채근해서 만든 홍보물들. 현수막 하나를 만들 때에도 혼신의 노력을 기울이며, 문장 하나하나를 따진다. 하지만 선거 때마다 한 봉투에 담겨 쏟아져 들어오는 홍보물들의 상당수가 쓰레기통 속으로 직행한다는 사실을 아는가? 그렇지 않다하더라도 꼼꼼하게 그 홍보물들을 살펴보는 유권자의 수는 그리 많지 않을 것이다.

출근길, 모퉁이마다 삼삼오오 모여서 손가락을 곧추세우며 기호를 외치는 선거운동원들. 그들에게서 감동을 느끼는 유권자가 과연 얼마나 될까? 유세차량에 이런저런 문구들을 화려하게 만들어 붙이고 확성기로 시끄럽게 로고송을 틀어대는 후보를 향해 좋지 않은 감정을 드러내는 유권자들도 적지 않다.

홍보물과 유세 등은 우리 편들에게 명분을 갖게 하고 사기를 북돋아준다. 그런데 정작 우리 편이 없다면? 상황이 이러한데도 지금의 선거를 미디어선거라고 부를 수 있을까? 그렇다. 상황이 이러한데도 나는 지금의 선거를 미디어선거라고 부른다. 하지만 우리가 흔히 알고 있던 미디어와는 조금 다른 의미의 미디어선거다.

조직이 곧 미디어, 미디어조직이 선거를 가른다

미디어는 미디어로되, 바로 입소문미디어에 의해 선거가 좌우된다는 것. 다른 말로 그것은 조직미디어라고 일컫는다. 선거법 개정으로 말미암아 공조직을 만들거나 공개집회를 하는 일이 매우 어려워졌다. 그렇다고 해서 조직선거가 끝났다고 생각하면 오산이다.

단지 돈 드는 조직과 동원하는 조직에서, 돈 안 드는 조직과 자발적인 조직으로 변화를 꾀해야 하는 시대가 찾아온 것이다. '현실적으로 그것이 가능한가?' 라고 생각하는 이들이 적지 않을 것이다. 물론 한순간에 분위기가 완전히 바뀌기는 쉽지 않다. 그러나 대세의 변화는 매우 빠른 속도로 우리의 선거문화를 바꿔놓고 있다.

그렇다면 그런 조직은 어떻게 만드는가? 정치란 세력과 세력 간의 싸움이다. 어떤 후보가 당선되느냐에 따라 자신의 이익이 달라지는 세력은 얼마든지 있다. 내가 누구의 손을 들어주느냐에 따라 그쪽의 세력이 나를 돕게 되는 것이다. 결국 내가 어떤 세력의 이익을 대변하느냐에 따라 나를 도와줄 조직이 만들어진다.

결국 조직이 강한가, 강하지 않은가는 조직원의 수, 로열티의 정도, 선거운동 경험, 추진동력 등에 의해 결정되고, 후보는 그런 조직을 만들기 위해 노력하게 된다. 이런 조직들이 각종의 미디어에 의해 강해지기도 하고, 미디어를 활용하기도 하면서 선거를 치러나가게 되는 것이다.

창이라는 무기가 있다. 대선이 바람을 불러 싸우는 마법사들의 싸움이라면, 지역선거는 창으로 승부를 겨루는 무사들의 싸움이다. 창의 원리와 구조는 단순하다. 창끝과 창대, 그 두 가지가 전부. 그렇다면 이 창끝과 창대 중에서 어떤 것이 더 중요할까? 많은 사람들은 창끝의 날카로움이 중요하다고 생각할 것이다. 그러나 창대의 미는 힘이 없다면 그 창으로는 상대의 살갗밖에는 노릴 수가 없다. 상대의 살갗을 뚫고, 뼈를 부러뜨리며 심장을 노릴 수 있는 창은 창대가 튼튼한 창이다. 그리고 창을 내지르는 힘이 승부를 갈라놓는다.

창끝이 후보라면, 창대는 지지자. 창끝이 아무리 예리해도 튼튼한 창대와 내지르는 힘을 갖지 못한다면 아무 소용이 없다는 것. 여기에 더해 아무리 예리한 창끝이라 하더라도 그 창끝으로는 적이 내지르는 창을 막을 수가 없다는 것. 결국 창대야말로 창의 공격과 수비를 가능하게 하는 근간이다.

지역선거는 유권자라는 땅 위에서 바람을 받으며 겨루는 창술이다. 날카로운 창끝을 자랑하는 후보들이여, 탄탄한 창대를 준비하

라. 지지조직이야말로 미디어시대라 일컬어지는 오늘날, 진정한 미디어로서 제 역할을 다해낼 수 있는 유일한 도구다.

이제 조직선거의 시대는 가고, 캠페인선거의 시대가 남았다. 그렇다고는 해도, 이 말이 기존의 조직선거가 미디어선거로 바뀌었다는 말은 아님을 명심하자. 캠페인선거라는 말 속에는 '돈 안 드는 조직, 자발적인 조직'이라는 의미와 '그들이라는 미디어를 이용해서 펼쳐내는 선거운동'의 의미가 함께 들어 있다는 것이다.

> **Point**
>
> ### 1-1. 지역선거의 특징과 경향
>
> - 대선이 바람을 불러 싸우는 마법사들의 싸움이라면, 지역선거는 서로의 창으로 승부를 겨루는 무사들의 싸움이다
> - 우리 진영에 바람이 불면 땅 속에 숨어 내부를 다져라.
> - 상대 진영에 바람이 불면 뛰쳐나가 상대 진영의 기를 꺾어라.
> - 그러나, 누가 있어 함께 어깨를 걸고 나갈 것인가? 지지자를 모으고, 유권자들을 설득해내야만 한다.
> - 현대의 선거를 미디어선거라고 부른다. 그러나 지역선거에서는 그 미디어조차 조직 없이는 힘을 쓰지 못한다.
> - 돈 안 드는 조직, 참여하는 조직과 그들의 입소문이 필요하다.
> - 현대의 선거는 조직미디어선거이며, 그들을 모으고, 강하게 하고, 명분을 만들어주는 것이야말로 선거 승리의 비법이다.
> - 지역선거는 후보라는 '창끝'과 조직이라는 '창대'가 함께 하는 싸움이다.

선거전략 & 선거캠페인

1-2 1부 : 선거, 어떻게 준비할 것인가?

승리를 향한 목표 설정

지지율의 허수,
우리는 몇 명으로 간다!

후보는 마음이 급하다. 정치신인일수록 더욱 그렇다. 한치 앞이 보이지 않는 선거판에서 마음이 조급해지는 것은 인지상정. 선거를 두 달쯤 앞둔 여론조사부터 후보는 자신의 지지율로 속을 태우곤 한다.

하지만 유권자들은 좀처럼 표심을 드러내지 않는다. 최근 여론조사 응답률은 대통령선거에서도 20%에 못 미치고 있다. 애초에 여론조사에 응하지 않는다는 것이다. 선거를 코앞에 둔 여론조사에서조차 상황이 이렇다면, 선거를 한참 앞둔 시점에서의 여론조사는 여론조사가 아니다. 후보는 그 조사결과를 인지도조사나 정치지형조사쯤으로 해석하는 것이 옳다.

상황이 이러한데도 유권자들에게 자신의 이름조차 생소한 후보가 신문에 보도된 자신의 지지율에 연연해서는 선거에서 이기기 어렵다. 더욱이 그 지지율을 놓고, 참모나 캠프 사람들에게 문제를 제기하는 후보라면 그 선거는 해보나마나한 선거다.

선거에서 이기고 싶은 후보라면 지지율에 연연하지 마라. 선거의 목표는 결코 지지율이 아니다. 선거의 목표는 '몇 표'로 잡아야만 한다. 아무리 지지도가 높아도 자신의 지지자들이 투표를 하지 않는다면 아무 소용이 없다. 결국 선거란 '내 표를 만들고 그 표를 지키는 것'이다.

선거운동의 90%는 자기에게 우호적인 유권자들을 향한 것이다. 반대편이나 중립에 있는 유권자를 내 편으로 돌리기 위해서는 엄청난 힘이 기울여져야만 한다. 우호적인 유권자들을 발굴해내고 강화시켜, 누가 더 많이 그들을 투표장으로 나오게 하느냐가 승리의 관건이라는 것. 비록 지지자의 수가 적다하더라도 그 지지자들을 모두 투표하게 할 수 있다면 승리할 수 있다.

목표를 잡기 전에 인구대비 유권자수와 투표율을 챙겨라

그렇기에, 선거에 나서기 전 지역구의 투표율추이를 살펴보고 정확히 얻고자하는 표수를 결정하는 일은 매우 중요하다. 대통령선거의 경우에는 투표율이 꽤 높은 편이다. 하지만 지방선거의 경우에는 투표율이 전체 유권자의 절반에도 미치지 못하는 경우가 허다하다. 우리 지역구 역대 투표율을 살펴보면 예상투표율이 만들어진다.

투표율을 알아보기 전에 인구대비 선거인 수를 먼저 살펴보자. 2004년에 치러졌던 제17대 국회의원선거의 경우, 총 48,426,757명

인구 중 선거인수는 35,596,497명이었다. 인구대비 선거인수는 73.5%였던 것. 그 중 서울은 76.0%였으며, 부산은 75.8%에 불과했다. 나머지 인구는 투표권이 없었다는 것.

다음은 투표율이다. 대통령 선거 투표율은 1992년 제14대 81.9%, 1997년 제15대 80.7%였다가 2002년 제16대의 경우에는 70.8%로 급락했다. 이처럼 투표율은 시대의 변화와 맥을 같이 한다. 그러나 분명한 것은 점차 투표율이 낮아지고 있는 추세라는 점이다.

하지만 당해 선거의 이슈가 무엇인가에 따라 투표율은 매우 큰 차이를 나타내왔다. 후보 간 세력 차이가 박빙이고 이슈가 첨예한 경우 투표율은 올라가기 마련이다. 지금까지의 추세를 분석해보면 향후 대통령선거의 투표율은 70%대를 유지할 전망이다.

국회의원 선거는 1996년 제15대의 경우 63.9%, 2000년 제16대의 경우 57.2%였다가 2004년 제17대의 경우에는 60.6%로 약간 올라갔다. 15대와 16대 국회의원 선거의 경우에는 전국 투표율보다 대도시의 투표율이 밑도는 추세였으나, 17대에는 오히려 대도시의 투표율이 평균보다 높게 나타나고 있다.

투표율이 높아졌고, 대도시 투표율이 특히 높아졌던 것은 탄핵과 정동영 노인폄하 발언 등 정치쟁점이 강했기 때문에 나타난 현상으로 풀이된다. 이처럼 선거의 이슈는 투표율을 흔들어 놓는다. 향후 국회의원 선거의 투표율은 60%대 초반을 유지할 전망이다.

그렇다면 지방선거는 어떠한가? 1995년 제1회의 경우 68.4%, 1998년 제2회의 경우 52.7%, 2002년 제3회의 경우에는 48.9%로 계속 떨어지다가, 2006년 제4회에는 다시 51.6%로 약간 상승한 국면이다. 향후 지방선거의 경우에는 50%대 초반을 유지할 전망이다.

특히 주목할 점은 지방선거의 경우에는 네 번 모두 예외 없이 대도시의 투표율이 매우 낮게 나타난 반면, 지방의 투표율이 상대적으로 높게 나타나고 있다는 것. 또 재·보궐선거의 경우에는 본선거들에 비해 현저히 낮은 투표율을 보여 20%대를 기록하는 경우가 많았다는 점도 유의할 필요가 있다.

이렇게 투표율을 예측했다면 다음은 유권자 수에 투표율을 대입하고 구도를 분석해서 내가 얻어야할 지지표, 즉 당선가능 표수를 산출해야만 한다. 그렇다면 인구 30만 명에 육박하는 선거구의 당선가능 표수는 어느 정도일까?

3만 표만으로도 당선이 보이고, 7만 표만 얻으면 당선이 확정된다

지난 2004년 제17대 국회의원선거 중 부산에서 가장 치열했던 선거구로 알려져 있는 사상구는 전체 14개 동, 93,288세대, 전체인구는 287,168명에 달하는 선거구였다. 30만 명을 넘으면 분구가 되는 상황에서 28만 7천명은 부산에서 두 번째로 많은 인구였다.

투표율도 61.4%로 전국 투표율 60.6%보다 높게 나타났다. 이처럼 높은 투표율은 한나라당 대변인을 지내고, 이회창 대통령 후보의 비서실장을 지낸 권철현 후보와 노무현 대통령의 최측근이라 할 수 있는 386대표주자 정윤재 후보가 강하게 맞부딪혔기 때문.

그렇다면 이때 사상구 선거에서 승리한 권철현 후보는 몇 표를 얻었을까? 67,960표다. 2위를 한 정윤재 후보는 56,158표로 석패했다. 권철현 후보를 당선시킨 67,960표는 인구 대비 23.7%에 불과한 수다. 이렇게 적은 표로도 당선될 수 있었던 이유는 무엇이었을까?

인구가 곧 유권자의 수는 아니기 때문이다. 유권자의 수는 인구의

80% 미만이다. 사상구의 경우에는 유권자의 수가 전체 인구의 73.7%에 불과했다. 결국 유권자 총수는 211,749명이었던 것.

또 앞서 정리한 투표율에 의해 투표자수는 더욱 줄어든다. 투표를 한 유권자 수는 130,088명이었다. 전체 인구의 45.3%만이 투표에 참여했던 것. 결국 권철현 후보는 투표자의 52.2%, 인구의 23.7%의 득표만으로 승리를 거머쥐었다.

하지만 지금까지 계산을 위해 사용된 모든 %는 하등 중요하지가 않은 것들이다. 결국 중요한 것은 권철현 후보가 67,960표를 얻었다는 것이고, 이 표로 당선되었다는 점이다. 이러한 계산에 따르면 우리나라 어느 선거구에서도 7만 표를 얻은 후보가 낙선하지는 않는다는 것. 전국 247개의 선거구 중 서울에는 48개의 선거구가, 부산에는 18개의 선거구가 있다. 그 중에는 앞의 예처럼 제법 큰 선거구가 있는 반면, 매우 작은 선거구도 있다.

2004년 제17대 국회의원 선거 중 부산에서 가장 작은 선거구였던 서구의 경우를 살펴보자. 서구는 15개 동, 51,616세대, 전체인구는 144,020명에 불과한 선거구다. 전체 인구 대비 유권자 비율은 79.1%로, 113,920명의 유권자를 보유하고 있었다.

이곳에서 당선된 후보는 한나라당 유기준 후보였으며, 그의 당선을 만들어낸 표수는 모두 30,542표에 불과했다. 2위였던 열린우리당 최낙정 후보는 20,815표를 얻었다. 3위를 차지한 무소속의 박찬종 후보는 12,731표를 차지했고, 4위부터 6위까지의 세 후보가 3,755표를 나눠 가졌다. 이 30,542표는 인구 대비 21.2%, 유권자 대비 26.8%의 득표로 당선되었다는 것이다.

서울의 경우에도 다르지 않다. 서울에는 인구 10만 명 이상 15만

명 미만의 선거구가 19개, 15만 명 이상 20만 명 미만의 선거구가 25개, 20만 명을 초과하는 선거구는 4개에 불과하다.

그 중 유권자가 200,208명으로 가장 많은 관악구을의 경우에는 121,806명이 투표, 열린우리당 이해찬 후보가 49,673표로 당선되었다. 2위인 한나라당 김철수 후보는 40,255표로 석패. 반면, 가장 유권자 수가 적은 중구의 경우에는 106,012명의 유권자 중 65,631명이 투표, 한나라당 박성범 후보가 29,837표로 당선되었다. 열린우리당 정호준 후보는 19,478표로 2위를 차지했다.

열 명 중 단 두 명, 한 덩어리의 표 묶음을 투표구별로 쪼개라

결론적으로 국회의원 선거의 경우, 인구의 약 23%내외만 자신의 표로 바꾸어내면 당선이 된다는 것. 지방선거의 경우에는 20%만 얻어도 당선이 가능하다. 더욱이 이 계산은 2강구도일 경우다. 만약 3자구도라면 20% 미만으로도 얼마든지 당선이 가능하다.

바꾸어 말하면 50%의 지지도가 중요한 것이 아니라, 10명 중 2명을 내 편으로 만들어 투표하게 하는 후보가 선거에서 승리를 거머쥘 수 있다는 것. 바람의 싸움을 해서는 이길 수 없는 이유다.

선거초반에 하는 조사는 대부분 정치지형을 알아내기 위한 조사다. 그것에서 나타나는 지지율에 연연한다면 후보는 땅을 갈 시기를 놓치고 만다. 선거는 분위기를 만드는 싸움이 아니라 내 편을 만드는 싸움이며, 그 내 편은 열 명 중 두 명으로 충분하다는 것.

인지도 만들어지지 않은 상황에서 20%도 안 되는 응답률에 의해 조사된 지지율은 아무짝에도 쓸모없는 단지 %에 불과한 것이다. 때문에 언론들이 내놓는 사전조사, 캠프가 실시하는 조사들에서 나온 지지율은 전혀 신경 쓸 필요가 없다.

선거종반의 조사 또한 지지율 확인을 위한 조사가 아니다. 각 지역·직군·성·연령 별로 변화를 읽고, 그에 대응하기 위해 실시하는 전술조사일 뿐이다. 선거란 꿋꿋하게, 한 발 한 발 내가 목표하는 바를 달성하기 위해 나아가는 나와의 싸움이다.

그렇다면 이제 당신이 당선되기 위해 필요한 표수를 계산하라. 그리고 그것을 목표로 상정하라. 캠프에는 언제나 목표의 수가 붙어 있어야만 한다. 전체 목표가 정해지면, 이 목표를 달성하기 위해 필요한 각 동별 득표목표를 정하라. 보통 선거구마다 10개에서 30개 사이의 동들이 포진되어 있다. 전체 목표를 각 동의 인구수와 지지성향에 의해 잘게 쪼개야 한다. 동별 목표가 나왔으면, 이것을 다시 투표구별 목표로 쪼개라.

각 동별로 적게는 2개에서 많게는 7~8개의 투표소가 설치된다. 위에서 예를 들었던 부산 사상구의 경우에는 62개 투표소, 서구의 경우에는 39개 투표소, 서울 관악구의 경우에는 49개 투표소, 서울 중구의 경우에는 45개의 투표소가 있다.

선거는 적어도 이 투표소를 최소단위로 치러내야 한다. 각 투표소의 인구수에 비례해서 각 투표소마다의 목표치가 나왔다면, 투표소에 포함되는 통·반까지의 파악이 이루어져야 한다. 그리고 각 투표소의 책임자를 정해야 한다.

이러한 과정들이 모두 이루어졌다면, 캠프 전체의 공조직을 정리하자. 선거는 철저히 공조직만으로도 득표목표를 달성할 수 있게 설계되어야 한다. 공조직 외에도 가동해야 하는 조직들이 많지만 공조직만으로도 만들어질 수 있는 목표만이 굳혀놓은 내 표라 하겠다.

캠프의 입장에서 나머지 표들은 소위 '덤'이다. 때문에 모든 표들은 투표구별로 관리되어야 한다는 점을 명심하자.

득표목표를 달성하기 위해서는 그 목표에 맞는 표의 구성을 준비해야 한다. 선거에 있어 지지자들은 중간책임자, 활동책, 활동가, 지지자의 층위로 구분해서 살펴볼 수 있다. 중간책임자란 동을 책임지는 사람들이다.

상황판의 명단과 숫자만이 승패를 판단하게 하는 승리지표다

공조직이 법적으로 인정되던 당시에는 동협의회장, 동여성회장, 동청년회장, 동총무 등 소위 동4역을 임명하고, 그들로 하여금 선거를 조직화해갈 수 있었다. 선거법 상 지구당이 폐지되면서 이러한 동4역을 공식적으로 임명하고 선거를 치를 수는 없게 되었으나, 법과는 상관없이 공조직을 운영하기 위해서는 이를 대체할만한 조직의 구성이 필수적이다.

이처럼 동을 책임지면서 각각의 조직을 운영해갈 사람들을 '책임자'들이라 하겠다. 이들은 각각의 성과를 기획하고, 집행해가는 핵심조직이다. 캠프와 유기적으로 연락을 취하는 역할도 바로 이들의 몫이다. 캠프의 참모들, 그 중에서도 조직을 맡은 참모는 선거초반이 공조직을 구성하는 것에 역점을 두고 선거를 운영해간다. 이렇게 중간책임자급이 정해졌다면 다음은 이 책임자들로 하여금 각 투표구별로 활동할 활동책을 조직하게 해야 한다.

각 투표구별로 최소한 한 명 이상의 활동책을 확보해야만 한다. 그리고 이 활동책들을 중심으로 각기 몇몇씩의 활동가들을 모으게 하고, 이 활동책들과 활동가들은 지지자를 규합하게 되는 것이다.

이 활동가들을 다시 각 반별로 1명 이상씩 배치하여, 지역별로 고르게 지지세를 결집하여야 한다.

구조가 이렇다보니, 캠프의 상황판에는 활동가 명단이 표기되어 있어야 하며, 이 활동가들은 각 반을 책임지고 지지자를 규합하여야 한다. 지지자를 규합하는 일은 어떠한 형태로든 그 결과가 눈에 보이게 짜야 한다. 하루에 몇 명의 활동가가 생겨났고, 하루에 몇 명의 지지자가 규합되었는지가 눈으로 확인되어야 한다는 것.

그 방법은 지인명단, 입당신청서, 일일조직보고 등 다양한 방법이 있고, 각 캠프의 사정과 분위기에 따라 선택될 수 있다. 그 자세한 내용은 조직파트에서 다시 설명하기로 한다.

권역별 책임자로 짜여진 캠프의 참모, 각 동별로 구성된 동별책임자, 투표구별로 모아진 활동책, 반을 기준으로 모여진 활동가, 활동가에 의해서 명단 등의 방법으로 정리된 지지자의 수의 합이 전체 인구의 20%를 넘어섰다면 그 선거는 불패의 선거다.

물론 지지표시를 한 지인명단, 입당신청서, 일일조직보고들을 다 믿을 수도 없거니와, 그렇게 했다고 해서 그들이 모두 투표한다는 법은 없다. 때문에 이렇게 모아진 명단은 다시 홍보물, 층위별 교육과 워크숍, 집회 등의 방법으로 강화되게 된다. 그 구체적인 방법 또한 조직파트에서 다시 설명하기로 한다.

앞에서 살펴본 바와 같이 결국 선거는 다단계영업방식과 유사하다. 어떻게 이처럼 큰 조직을 운영하겠는가하고 의아해할 후보도 있을 것이다. 하지만 자발적 조직, 주체적인 조직을 통해 느슨한 망을 갖는 현대의 선거에서는 그리 어렵지 않은 구조다.

이처럼 목표란 '어떤 이미지를 만들겠다.', '후보 인지도와 선호도를 높이겠다.', '지지율 몇 %를 달성하겠다.'와 같은 추상적인 것이 아니다. 세분화된 지역별로 '표'를 획득하는 과정이며, 이러한 목표 아래에서 그 구체적인 실행과정이 담보될 때 비로소 승리의 영예가 주어지는 것임을 기억하자.

> **Point**
>
> ### 1-2. 승리를 향한 목표 설정
>
> - 응답률이 매우 낮은 최근 선거 여론조사의 지지율은 허상이다.
> - 지지율에 연연하지 마라. 선거의 목표는 '몇 표'로 잡아야만 한다.
> - 선거운동의 90%는 자신에게 우호적인 유권자들을 향한 것이다.
> - 유권자 수와 투표율 및 득표 추이, 후보구도를 따져 '몇 표'를 정하자.
> - 인구 대비 23%면 무난히 당선되는 국회의원 선거.
> - 단 3만 표만으로도 당선된 국회의원들 많다.
> - 열 명 중 두 명만 자신의 편으로 만들고 그들이 자신에게 투표하게 하라.
> - 선거종반에 진행하는 조사 역시 지지율 확인을 위한 것이 아니다. 지역·직군·성·연령 별로 변화를 읽고 대응하기 위해 실시하는 전술조사다.
> - 전체 득표목표는 물론, 투표구별 득표목표를 정하라.
> - 공조직을 중심으로 투표구별 '우리 표'를 만들고 관리하라.
> - 상황판의 명단과 숫자만이 승패를 판단하게 하는 승리지표다.
> - 지지자 규합은 입당신청서, 지인명단 등 수치가 파악되는 구체적 도구다.
> - 모아진 사람들은 홍보물, 층위별 교육과 워크숍, 집회 등으로 강화시킨다.
> - 선거는 다단계영업방식이다. 어떤 이미지를 만들겠다, 인지도와 선호도를 높이겠다, 지지율 몇% 달성이 아닌 '표'의 획득을 목표로 삼아야만 한다.

선거**전략** & 선거**캠페인**

1-3

1부 : 선거, 어떻게 준비할 것인가?

단계 설정과 실행계획

씨 뿌려야 꽃이 피고,
꽃이 져야 열매 맺는다!

많은 캠프들이 명사형 계획만 세워 둔 채, 실제로는 움직이지 않는다. 매일 모여앉아 후보의 이미지나 고민하고, 선거홍보물의 사진이나 디자인을 타박하는 것으로 시간을 보내서는 결코 표를 얻을 수 없는데도 말이다. 신문을 뒤적이며 바람만 기대하고 앉아 있다면 그 선거는 이미 끝난 선거다.

숫자로 제시되지 않은 목표, 한 사람 한 사람에게 명확한 업무가 적시되지 않은 계획, 그 목표의 달성이 다음 단계에 곧바로 연결되지 못하는 상황에서의 목표는 그저 의미 없는 구호일 뿐이다. 목표의 크기도 마찬가지다. 총체적이고 광범위한 목표 하나를 세워놓고 지속적인 노력을 기울여가는 것만으로는 목표의 달성이 요원하다.

목표의 달성과정을 기획하고, 그 목표를 보다 세부적으로 쪼개 단계를 구성해야만 한다. 각 단계마다의 목표를 정리하고, 각각의 목표들이 맞물려 최종적인 목표를 달성할 수 있도록 조직화해야만 한다. 그러지 못하면 최종목표의 달성은 그저 구호일 뿐 실현가능성이 매우 희박해지게 될 것이다.

목표는 조직 모두에게 이해되어야 하고, 공유되어야만 한다

그렇다면 선거에 있어 동사형 계획이란 무엇인가? 선거에서의 단계별 목표란 무엇인가? '캠프에는 표가 없다.'는 말이 있다. 캠프의 궁극적 목표는 표를 획득하는 것이다. 대개의 사람들은 표를 얻기 위해 밖으로 뛰어다니기 마련이다. 결국 선거의 목표는 구체적인 '표'요, 단계별 목표 역시 '표'다. '곰보표도 한 표요, 째보표도 한 표.'라는 말도 있다. 선거에 있어서 최고의 선은 표를 많이 획득하는 것이다.

구구절절 말은 그럴싸한데 당사자에게 무엇을 하라는 것인지가 분명하지 않은 계획은 아무 의미가 없다. 이를테면, '총선승리를 위한 기반조직 구축', '후보의 인물이미지 획득'처럼 추상적인 말들을 적어놓고 이를 목표로 두어서는 선거에서 승리할 수 없다는 것.

목표는 실행을 구체화하고 현실화할 때 달성 가능해지는 것이다. 그 목표를 실행하고, 달성했을 때 결과가 무엇으로 나타나는지를 분명히 해야 한다. 달성의 결과를 분명히 하고, 그것을 숫자로 정리해야만 한다. 그래서 제시된 숫자가 바로 목표다.

결국 지인카드 몇 장, 입당원서 몇 장, 전화번호 몇 개, 평가표 몇 장 등 분명하고도 구체적인 목적물과 그 숫자가 적시되었을 때 그것이 조직의 목표가 되는 것이고, 이것을 다시 구성원들 능력에 맞춰 효율적으로 배분하고, 실행시킬 때 목표가 달성되는 것이다.

그러나 이런 목표가 최종적인 표가 아닐 경우에는 그 다음 과정에서 그것들을 구체적인 표로 바꾸어낼 수 있게 하는 프로그램이 준비되어야 한다. 이때 함께 일을 해나가는 사람들이라면 누구나 그 일체의 과정으로부터 소외되지 않도록 배려하라. 내가 하는 일이 차후에 어떤 결과를 가져오게 되는지, 그 다음 과정에서 어떻게 치환되는지를 분명히 알고, 그 역할을 다시금 정리하여야만 한다.

이렇게 계획이 정리되었으면 조직원들을 이해시키고 동의하게 하는 일로 연결된다. 조직원 개개인이 목표를 달성해냄으로써 만들어질 이점을 이해하고, 다른 조직원 개개인의 역할에 대해 충분한 이해를 가진 뒤에라야 보다 의욕적으로 그 일에 임할 수 있다.

내가 이 일을 해내면, 다음 사람이 그 뒤를 어떻게 책임져줄 것이며, 그 결과가 어떻게 나타나는가를 알게 하는 것이 중요하다. 그것은 조직원 개개인에게 전술지도를 쥐어주는 것과 같다. 자신이 하는 일의 중요성을 인식하게 하는 것은 물론, 다음 단계를 위해 형식적인 부분보다는 내용에 더욱 충실하게 하는 계기도 제공한다.

실행계획을 세운 뒤에는 어떤 시점에 어떤 기준으로 그 계획을 평가할 것인지에 대해 설명하라. 구성원들은 자신의 일이 공정하게 평가받는다고 느낄 때 비로소 최선의 노력을 기울인다. 그리고 여기에 더해 경쟁의 분위기를 조성하면 효과는 크게 상승한다. 하지만 경쟁 피로가 생길만큼 과도한 경쟁을 부추긴다면 팀워크가 깨질 수 있음에 유의하자.

실행을 구체화하지 않은 목표나, 실행 후 그 결과가 무엇으로 나타나는지를 분명하게 드러내지 못한 목표, 실행 후 그 결과가 성과로 연결되지 못하는 목표는 단지 사람들의 마음만 바쁘게 만든다. 당신의 캠프가 당신의 당선을 위해 움직이도록 하기 위해서는 명사화된 구호나 기조가 아니라 현장에서 즉각 실행 가능하고 구체적으로 움직일 수 있게 하는 지침을 만들어야만 한다.

그럴싸한 말보다는 확실한 숫자로, 목표를 보다 분명히 하라

목적과 체계가 없으면 공연히 분주하기만 하다. 아무리 애써도 진정한 성과를 만들지 못한다. 종일 책상에 앉아 무언가 골똘히 생각하기는 하였으되, 그것이 뚜렷한 실적으로 연결되지 못하는 경우도 무수히 볼 수 있다. 종일 뛰어다니며 사람들을 만났지만, 그저 잘해보자는 얘기만 나눈 채 헤어졌다면 그것만으로는 표를 만들 수 없음을 인식해야 한다.

사람을 만난다면 만나서 무엇을 얘기하고, 무엇을 약속해야 할 것인지가 분명해야 한다. 그리고 그 약속이 결국 다음 단계에서의 성과로 나타날 수 있게 구체적인 지침이 설정되어야만 한다. 그러기 위해서는 단계가 필요하다.

잘하자, 노력하자, 분발하자 등의 선언은 아무 소용이 없다. 반드시 어떻게 해서, 어떤 결과를 얻는다는 구체적인 목적과 방향이 설정되어야 있어만 한다. 세부적인 달성계획과 달성과정이 세워져야 하며, 일을 진행하는 사람들은 이것들을 모두 공유하여야만 한다. 따라서 모든 계획은 뜬구름 잡기가 아니라, 바로 실행할 수 있고 숫자로 셀 수 있는 구체적인 것이어야 한다.

10명이 1인당 하루 1명의 열렬한 활동가를 만들고, 다섯 명의 동조자를 만들어낸다고 하자. 1명의 활동가는 다음날부터 처음 10명과 같은 역할을 하고, 5명의 동조자는 여러 가지 방법으로 선거 때까지 지지자로 바꾸어낸다.

이럴 경우, 첫 날은 70표, 둘째 날은 140표, 셋째 날은 280표, 넷째 날은 560표, 다섯째 날은 1,120표, 여섯째 날은 2,240표, 일곱째 날은 4,480표, 여덟째 날은 8,960표, 아홉째 날은 17,920표, 열째 날은 35,840표, 열 하루가 되는 날에는 71,680표가 된다.

국회의원 선거의 경우 70,000표는 당선 확정이다. 물론 계산 상 그렇다는 것이다. 이렇게 될 경우 활동가의 수는 처음 10명에서 10일 뒤엔 5,120명에 달하게 된다. 불가능한가? 그렇다 불가능하다. 이처럼 산술적인 목표는 그저 숫자에 불과하다. 다른 변수들이 얼마든지 있기 때문이다.

첫째는 모든 사람들이 하루 여섯 명씩을 설득해낼 만큼 시간적 여유가 없기 때문이며, 둘째는 모든 구성원들이 만나는 사람들을 설득할만한 능력을 갖추지 못했기 때문이다. 셋째는 조직이 커지면 커질수록 만나는 사람들이 겹치기 때문이며, 넷째는 단계가 넘어갈수록 활동가들의 충성도가 떨어질 수 있기 때문이다.

그러나 만일 활동가들이 이 일을 자신에게 가장 중요한 일로 여기며, 그 능력을 교육받았다면 얘기는 달라질 것이다. 또, 11일 만의 활동이 아니라, 그 기간을 더 늘리고, 각 단계별로 적절한 교육이 병행된다면 가능성은 훨씬 더 커지게 된다.

먼저 능력 있는 활동가, 영향력 있는 활동가, 충성심을 가진 활동가를 찾아내는 일은 조직파트와 후보의 몫이다. 차례로 모여드는 활동가들로 하여금 이 일을 자신에게 있어 가장 중요한 것으로 여기게 만들고, 필요한 능력을 만들어주는 것은 전략파트와 조직기획파트의 몫이며, 주로 이러한 일들은 교육을 통해 집행된다. 마지막으로 단계별로 만들어진 동조자들을 선거기간 동안 지지자로 바꾸어내는 것은 홍보파트의 일이다.

구두닦이들의 용어 중 '찍새'와 '딱새'라는 것이 있다. '찍새'는 글자 그대로 닦을 구두를 물어오는 역할을 하고, '딱새'는 구두를 닦는다. 선거에 있어 이 역할은 분명히 구분되어야만 한다. 그러기 위해서는 각자의 임무를 분명히 하고, 그 임무를 수행하기 위한 도구를 분명히 하여야 한다. 이것이 바로 프로그램이다.

일찍 모은 조직은 손실이 많고, 늦게 모은 조직은 쓸모가 없다

그러나 이렇게 조직을 모아낼 수 있다 하더라도 언제 조직을 시작하고 완성할 것인가를 제대로 결정하지 못하면 이기기 어렵다. 타이밍이 중요하기 때문이다. 너무 늦게 시동을 걸면 조직을 다 모아내지 못하거나, 모아낸 조직을 지지조직으로 바꿀 수 없다. 반대로 너무 일찍 조직을 구성하면, 선거기간까지의 손실이 너무 많다.

그래서 '몇 표를 모아내겠다.'는 확실한 목표 아래에 세부적인 단계가 필요한 것이다. 이 단계의 구분 안에는 다시 후보·조직·정책·전략과 캠페인 등의 요소가 녹아들어야 하며, 그 각각의 요소가 단계 안에서 서로 결합될 수 있도록 구성하여야 할 것이다.

먼저 선거전은 크게 네 가지 단계로 나누어 생각해볼 수 있다. 첫 번째 단계는 선거 캠프와 전략의 구축기다. 두 번째 단계는 조직구축기다. 세 번째 단계는 지지확산과 강화기다. 네 번째 단계는 본 선거운동기간이 된다.

그 중 첫 번째 단계에서 후보는 캠프를 꾸리기 위한 최소의 조직을 마련한다. 대체로 이 최소조직이란 참모조직이다. 참모들이 모이고 활동하기 위한 공간도 필요하고, 각 파트별로 함께 일할 참모들도 필요하다. 이처럼 참모들이 꾸려지면 참모들을 활용해 선거 전략을 구축해야 한다. 이를 위해 정치지형조사를 실시하고, 구체적인 선거기조와 그에 필요한 각종 정책과 공약의 방향을 확정하며, 후보의 콘셉트를 정리한다. 후보는 이와 함께 지역의 명망가들과 유력 인사들을 만나 선거에의 도움을 요청하여야 한다.

두 번째 단계는 공조직을 구축하는 것이 핵심이다. 참모들은 선거구를 몇 개의 권역으로 나누고, 그 권역들을 돌며, 동별 책임자조직을 구축한다. 동별 책임자조직이 구축되면, 그 동별 책임자들을 통해 투표구별 활동가조직을 구축하게 된다. 이렇게 모아진 활동가들을 모아 친목을 다지는 한편, 후보와의 스킨십을 갖게 하고, 지지와 선거운동능력 강화를 위한 각종 교육 등을 실시한다.

이때 정책파트는 공약을 보다 구체화하고, 조직파트는 이를 활용해서 각 정책 사안별 시민모임 등을 결성하며, 공청회 등을 통해 명분을 쌓는 한편 조직의 외연을 확산하게 된다. 홍보파트는 세 번째 단계와 네 번째 단계에서 필요한 각종 홍보물들을 준비한다. 이 시기는 예비 후보자홍보물을 제작하고, 배포하는 시기이기도 하다.

사조직을 중심으로 자원봉사팀을 모으고, 가동하기 시작하는 시기도 바로 이 단계다. 자원봉사팀은 지지확산과 강화기를 대비해 체계를 갖추고, 각종 매뉴얼을 작성한다. 특히 세 번째 단계에서 모아질 명단을 입력하기 위한 준비와 이를 활용해서 진행할 각종 사전홍보들을 준비해야 한다.

공정한 평가와 보상이 선의의 경쟁을 유발하고, 동기를 강화한다

세 번째 단계는 지지확산과 강화기다. 이때에는 활동가들로 하여금 각 투표구별로 당원들을 모집하게 한다. 그리고 이처럼 당원들이 모아지는 사이 여러 가지 도구들을 이용해서 당원들을 지지자로 바꾸어내는 활동을 벌여 나간다. 필요에 따라 교육을 실시하기도 하지만, 그보다는 당원에게 보낼 수 있는 각종 당원용 홍보물, 당보 등을 활용한다. 이미 이 시기에 선거캠페인이 시작되는 것이다.

자원봉사자들도 이때부터 본격적인 활동에 들어가게 되며, 당원들을 지지자로 만들어내는 최 일선에서 활동하게 된다. 이 시기에 조직파트는 각 사조직 활동을 본격화시키고, 직능조직에 대한 선거운동을 개시한다. 후보는 선거대책본부를 꾸리고, 선거사무실 개소식과 선거대책본부발대식을 통해 활동가들에게 승리를 확신시킨다.

전략파트는 최종적인 선거기조와 후보콘셉트를 확정하며, 홍보파트는 본 선거홍보물들을 제작하고, 각종 유세홍보물과 TV토론 등에 대비한 언론대책을 준비한다. 선거대책본부는 상황실 가동을 준비하고, 유세계획 등을 수립하며, 선거운동원들을 확정하고, 선거운동의 구체적인 계획을 수립하여 점검한다.

네 번째 단계는 본 선거운동기간이다. 이 본 선거운동기간은 다시 적당한 단위로 세분화하여 운영해야 한다. 선거운동기간이 14일에 불과하지만 그 기간 동안 총력을 다하다 보면 후보와 선거운동원 모두가 지치기 마련이다. 때문에 각 선거일들을 하나하나의 테마로 설정하여 변화를 주고, 그것을 적당한 시기로 묶어 각각의 목표로 분류해두는 것이 좋다.

우리는 앞에서 명분에 의해 지지가 결정되는 것이 아니라, 지지에 의해 명분이 결정된다는 사실을 알게 되었다. 선거운동기간 동안의 상황도 마찬가지다.

이렇게 단계를 설정했으면, 단계별 목표를 부여해야 한다. 단계별 목표를 수행하는 주체는 그때마다 다르다. 매 단계마다 목표는 높게 잡아야 한다. 각각의 시기를 조금씩 앞당겨 잡는 것이 좋으며, 각 주체의 능력보다는 좀 더 높은 목표를 요구하는 것이 좋다.

각 집행단위가 현실적으로 도달할 수 있는 수준을 확인하고, 그보다 높은 목표를 주어야 한다. 그것도 5%나 10%쯤 높은 목표, 50%~100%쯤 높은 목표가 아니라, 30%쯤 높은 목표를 제시해야 한다. 30% 초과달성이란, 포기하기도 애매하고 그렇다고 달성하기도 힘든 목표치다.

능력보다 5%쯤 높은 목표는 사람들로 하여금 단지 '열심히 해야겠는걸.'이라는 마음이 들도록 만든다. 100%쯤 높은 목표는 '도저히 달성 불가능한 목표다.'라는 생각을 만든다. 그러나 30%쯤 높은 목표는 그들로 하여금 눈을 똑바로 뜨게 하고, 지팡이를 고쳐 잡게 만든다.

사람들로 하여금 목표 달성을 위해 나름의 전략을 고민하게 한다는 것이다. 이렇게 됨으로써 그들은 혁신적인 아이디어를 찾게 되고, 접근방식도 달리하게 된다. 해내겠다는 의지가 충만해 있는 조직에게 있어 이처럼 30% 능력 초과의 목표는 전의를 불태우게 하는 계기를 마련해준다.

목표를 달성해가는 과정에서 그때마다 산출되는 명단과 각종의 결과는 실적을 체크하는 수단이 된다. 측정된 결과들은 매번 평가되어야 하고, 그 평가에 의해 보상도 달리 주어져야 한다. 이처럼 많은 일들은 각종의 결과들을 만들고, 이 결과들이 유기적으로 모여 선거 승리라는 최종목표를 달성하게 해줄 것이다. 각각의 운영지침과 결과를 연결해가는 일들에 대해서는 뒤에서 다루기로 한다.

> **Point**
>
> ### 1-3. 단계 설정과 실행계획
>
> - 숫자로 제시되지 않은 목표, 각자에게 명확한 업무가 적시되지 않은 계획, 목표달성의 결과가 다음 단계로 연결되지 않는 한 목표란 구호일 뿐이다.
> - 총체적이고도 광범위한 최종목표만으로는 목표 달성이 요원하다.
> - 목표를 보다 세부적으로 쪼개 단계를 구성하고, 단계별 목표를 정리하자.
> - 추상적인 명사형 계획은 도움이 되지 않는다. 동사형 목표를 수립하자.
> - 구체적인 목적물과 숫자가 목표다. 모아진 수치를 표로 환원시키자.
> - 단계마다 평가계획을 수립하고, 경쟁 분위기를 조성하라.
> - 조직파트는 활동가들을 찾아내고, 홍보파트는 그들을 지지자로 바꿔낸다.
> - 언제 조직을 시작하고, 언제 완성하는가 하는 타이밍이 중요하다.
> - 선거전은 선거캠프와 전략의 구축기, 조직구축기, 지지확산과 강화기, 본 선거운동기간 등 네 단계로 나눠진다.
> - 단계 설정 후에는 단계별 목표를 부여하자.
> - 목표는 높게 잡아야 하며, 30%쯤 능력을 초과하는 목표를 달성하자.
> - 30% 능력초과의 목표는 전의를 불태우게 하고, 전략을 고민하게 한다.
> - 매 단계마다 목표 달성을 평가하고 보상을 실시해야 한다.

선거 전략 & 선거 캠페인

1-4 1부 : 선거, 어떻게 준비할 것인가?

선거와 정치적 입지

모든 것을 걸었던 자,
　단 하나를 얻는다!

출마를 생각하는 사람이라면 그 결심을 굳히기 전, 스스로에게 던져봐야 할 몇 가지 중요한 질문들이 있다. 그 중 첫 번째는 '내가 출마하고자 하는 진정한 이유가 무엇인가?' 이다.

당선 이후에 생길 변화에 눈이 멀게 되면 정작 중요한 이 질문을 놓치고 가는 경우가 왕왕 있다. 먼저 그 이유가 공적인 것인지, 아니면 사적인 것인지를 생각해보라. 선거는 가시밭길이다. 그런 가시밭길을 뚫고 당선되고자 하는 이유가 지극히 사적인 것이라면 일찌감치 포기하는 것이 옳다.

'그동안 돈도 벌만큼 벌었고, 이제 정치나 좀 해볼까?', '이제 곧

은퇴할 때가 되었으니 죽기 전에 의원님 소리 한 번 들어봐?', '의원이 돼서 마음속에 맺힌 한을 실컷 풀어볼까?' 등의 사적인 이유로 선거에 도전하려는 것이라면 선거를 완주해내기 어렵다.

꼼꼼히 따져보았는가? 섣불리 나섰다간 낭패 보기 십상이다

선거란 가시밭길임과 동시에 돈 구덩이요, 온갖 중상모략이 판치는 아수라장이다. 자신의 사생활을 포함한 모든 과거가 까발려지고, 억울한 누명으로 밤잠을 설쳐야하는 것이 선거판이기도 하다. 점잖은 체면으로 치르는 면접심사와는 백팔십도 다른 일이라는 것.

그럼에도 불구하고 자신의 개인적인 부귀나 영달을 위해 선거에 출마하겠다는 사람이 있다면 그것은 크게 잘못 생각하는 것이다. 공적인 이유로 출마를 결심하는 사람이라도 선거를 통해 얻게 될 직위를 이용해서 영향력을 행사하려 하는 사람에게는 출마를 권하고 싶지가 않다.

이런 이유로 출마하는 사람이라면 혹여 당선된다 하더라도 공직자로서 성공하기가 쉽지 않을 것이다. 다음 선거에서의 패배 또한 자명하다. 때문에 자신의 출마 이유가 공적인 것인지를 확인하는 일, 그리고 그 공적인 이유가 공공의 이익에 부합하는지가 첫 번째 질문이 되어야 한다는 것.

두 번째 질문은 '내가 당선되면 그렇지 않을 때보다 얼마나 다른 성취를 할 수 있는가?'이다. 당선된다면 이전의 사람들이 이룬 것에 비해 더욱 발전시킬 수 있는 것이 있는가? 그것을 성취하기 위한 구체적인 실현방법이 있는가? 그것을 실현하기 위해 필요한 자신감과 리더십은 갖추었는가를 생각해야만 한다.

세 번째 질문은 '공공의 이익을 위해 내가 꼭 이루려는 것은 무엇인가?' 이다. 물론 유권자들은 자신들이 듣고 싶어 하는 얘기를 들으려 할 것이다. 그리고 당신은 그것을 말해야만 한다. 하지만 당신의 가슴 속에서 이글이글 불타고 있는 '무엇', 꼭 이루고자 하는 '무엇'이 없다면 당신은 승리를 위해 눈에 불을 켜기가 어렵다.

네 번째 질문은 '나의 당선 가능성은 얼마나 되는가?' 이다. 선거란 의욕만 가지고 치르는 것이 아니다. 지금이 출마하기에 가장 좋은 때인가, 아니면 상대에게 패할 가능성이 높아 바람직하지 않은 때인가? 이런 물음에 대해 스스로 패할 가능성이 높다는 답을 얻었다면 출마를 포기하는 것이 옳다.

중국의 병략가 손자는 '승자는 이기는 것을 확인한 후에 싸움을 하고, 패자는 싸운 뒤에 승리를 구한다.'고 했다. 지역선거의 경우 투표가 있기 6개월 전에는 이미 선거에 대한 대체적인 윤곽이 나온다는 말이 있다.

때문에 후보가 출마를 결심할 때쯤이 되면 승부에 대한 윤곽이 그려지는 상태다. 그럼에도 불구하고, 혼자 힘으로는 승패를 읽지 못하는 경우가 많은 것 또한 사실이다. 승패를 예측한 뒤에 출마를 결심하고, 기왕 출마를 결심한 바에야 자신감을 갖자.

자신감이야말로 선거승리의 가장 큰 무기다. 스스로 자신감을 가지지 못한 채, 어떻게 남들을 설득할 수 있을 것인가? 특히 선거의 첫 분수령은 자기 지지자들에게 승리를 확신하게 하는 것이다. 그것이 선거를 치러내는 동력이기 때문이다. 캠프 전체가 승리할 수 있다는 자신감에 충만해서 선거를 치러낼 수 없다면 그 선거는 이미 해보나마나한 것이다.

다섯 번째 질문은 '선거비용의 조달과 가족들이 겪을 고통 등을 감내할 수 있는가?'이다. 선거에 투자되어야 할 비용은 만만치 않다. 선거자금에 대한 고려 없이 출마를 결심했다가 선거 내내 고전하는 후보들이 의외로 많다. 뿐만 아니라 그런 선거는 후보자의 가족에게도 매우 고통스러운 일이 된다. 때문에 가족들에게 충분히 설명하고 동의를 구하는 일도 중요하다.

'출마의 변'은 후보 스스로에게 선물하는 일종의 '승리부적'

이렇게 다섯 가지 질문에 모두 답할 수 있었다면 당신은 출마를 결심해도 좋다. 그런 결심이 섰다면 지금 당장 종이를 꺼내들고 다섯 가지 질문에 대한 자신의 생각을 적어라. 그것이 바로 '출마의 변'이다. 이 '출마의 변'이야말로 달필가가 대필해줄 수 없는 글이다. 설사 졸필이라 할지라도 선거에 나서는 사람이 직접 적어야만 하는 유일한 글이기도 하다.

출마의 변은 남에게 보여주기 위한 것이 아니다. 후보 스스로가 정리하고, 수시로 꺼내보면서 자신을 추스르는 부적이다. 후보 스스로 출마이유를 분명히 하지 못하고 있다면 유권자들을 설득해서 표를 얻는 것은 이미 물 건너 간 것이다. 당신이 작성한 이 출마의 변은 당신을 승리로 이끄는 첫 번째 카드에 다름 아니다.

이렇게 만들어진 출마의 변을 잘 다듬어 함께 하는 이들과 공유하는 것도 매우 중요하다. 명분이야말로 사기를 올려주는 강력한 무기다. 명분을 공유하고, 이를 위해 함께 뛴다는 생각이 모든 사람들의 힘을 하나로 모은다. 때문에 이 명분 속에는 '내가 아니라 우리 모두를 위한'이라는 전제조건이 담겨 있어야만 한다.

이처럼 주변 사람들이 당신의 '출마의 변'에 공감한다면 그것을 유권자들에게 제시하라. 물론 그것이 곧 선거이슈는 아니다. 하지만 기본적으로 '왜 출마하는가?'가 준비되어 있지 않다면 정치철학이 없는 것과 같다. 모든 정책적 이슈에 대한 대응은 기본적으로 '왜 출마하는가?'와 맞물려 있다.

충분히 숙고하여 결심하고, '출마의 변'을 썼다면 이미 당신은 선거의 강을 반쯤은 건넌 셈이다. 이미 당신은 본격적인 선거의 판 속에 들어서 있다. 하지만 많은 후보들이 전략가를 선거 막판에 초빙하곤 한다. 해볼 수 있는 것들을 다 해보고 난 뒤 다급해진 마음으로 전략가들을 초빙하기 때문이다.

하지만 그때는 이미 너무 늦었다. 전략가는 홍보물을 리뷰해주거나 제작해주는 사람이 아니다. 홍보물에 들어가는 문구 몇 줄로 선거를 이기게 할 수 있는 전략가는 없다. 대선 판에서는 급조된 정책 이슈가 언론을 통해 확산되어 선거결과에 영향을 미치는 경우가 왕왕 있기도 하지만 지역선거에서는 얘기가 다르다.

당신이 출마의 변을 쓸 즈음, 혹은 출마를 결심하기 이전에 이미 선거 전략가들로부터 조언을 받는 것이 옳다. 출마에 따르는 여러 가지 부담에 대해서도 자문을 구하고, 자신의 당선에 대한 가능성도 타진할 수 있는 좋은 기회가 될 것이다.

출마의 변을 작성한다는 것은 선거기획의 첫 단추다. 그때 만난 전략가는 당신의 선거 전략을 검증해줄 것이며, 더욱 풍성하게 해줄 것이다. 전략가가 줄 수 있는 가장 큰 도움은 후보가 갖지 못한 유권자의 눈을 대신해 줄 수 있다는 점. 때문에 선거를 준비하는 과정에서 꼭 컨설턴트들로부터 조언을 받을 것을 권한다.

승리를 갈구하지 않으면 승리를 거둘 수 없다

만일 '선거에서는 낙선할 것 같지만 출마경력이 향후 행보에 도움이 될 것 같다.' 혹은 '낙선이 확실하지만 정당의 앞날을 위해 출마해야겠다.'는 식의 안일한 생각을 하는 사람이라면 선거 뒤에 자신의 그런 생각이 얼마나 어리석었는지를 확인하게 될 것이다.

피그말리온효과를 들어보았는가? 그리스신화에 등장하는 피그말리온은 키프로스의 왕이자 조각가였다. 그는 자신이 만든 조각품과 열렬한 사랑에 빠졌다고 한다. 이를 안타깝게 여긴 비너스여신이 그 조각품에 생명을 불어넣어 주었다는 것. 이후 피그말리온효과는 무언가를 간절히 원하면 얻을 수 있다는 뜻으로 사용되고 있다.

일단 선거에 나선 후보라면 무조건 이겨야 한다. 간절히 표를 원해야만 얻을 수 있다는 것이다. '되면 좋고, 말면 말고' 식의 생각은 '하면 하고, 말면 마는' 식의 선거운동을 하게 만든다. 선거는 이기고 지는 것밖에 없는 '제로섬 게임'이다.

후보자 간에 혈투가 벌어지고, 더러운 경쟁이 생기는 것도 다반사다. 진 후보는 피투성이가 되어 쓰러진다. 어떤 것도 챙기지 못한 채 그저 패배자의 낙인만이 남게 되는 것이다. 그렇기에 최선을 다해야만 한다. 승리를 자신하며 최선의 노력을 경주하는 후보, 24시간 지치지 않는 열정으로 선거에 모든 것을 다 바치는 후보에게만 승리의 여신은 미소를 보내게 된다.

미국 선거 전략가들에 의해 알려진 '7회전략(Seven Times Strategy)'이라는 말이 있다. 후보의 광고를 20번 이상 동일한 시간대에 동일한 미디어를 통해 내보냄으로써 유권자들이 7번 이상 이 광고를 보게 만든다는 것. 이들은 왜 이렇게 '7회전략'을 강조하는 것일까? 7번 정도 접촉하면 유권자가 그 후보를 지지하지 않을 수 없게 되기 때문이라고 그들은 설명한다.

칭기즈칸은 코젠이라는 지역을 공략하면서 24시간 계속 적을 공격하는 전략을 사용했다. 난공불락이었던 이 코젠도 칭기즈칸의 이런 24시간전략에는 결국 항복할 수밖에 없었다. 자신의 부대를 3개 조로 나누어 8시간씩 공격했기 때문에 가능했던 일이었다.

선거도 이런 자세로 임해야만 한다. 끈질긴 전투력, 유권자들을 7번 이상 대면한다는 각오로 하루 24시간씩 몇 개월 이상을 발로 뛰어야만 한다. 아무리 힘이 들어도 늘 웃는 얼굴이어야만 함은 물론이다. 선거에 드는 돈은 또 얼마인가? 선거에 져서 패가망신했다는 사람들의 이야기를 종종 듣게 된다.

이토록 어려움을 감수해야만 하는 선거에서 '되면 좋고, 말면 말고' 식의 생각이 통할 수 있을까? 과연 그렇게 치른 선거로 '다음의 무엇'을 기대할 수 있을까? 스스로 표를 사랑하는 피그말리온이 되지 못할 사람이라면 지금 당장 선거를 포기하는 것이 맞다.

당신이 승리를 자신하고, 승리의 바이러스를 전파할 때 당신 주변에는 사람들이 모이고, 돈이 모이고, 힘이 모인다. 당신이 가장 먼저 발 벗고 뛸 때 비로소 함께하는 사람들이 어깨를 걸고 당신을 따르게 된다. 그저 이것저것 참견을 하고, 결재하는 자리에 당신이 앉아 있다면 그 선거는 필패일 뿐만 아니라, 선거 후에는 사람들도 잃게 될 것이다.

돈을 잃는 것보다 아픈 것이 사람을 잃는 것이다. 그것도 그간 쌓아온 모든 관계들을 송두리째 잃는 우를 범할 수 있기 때문에, 그런 결과를 막기 위해서라도 더욱 분발해야만 한다. 만에 하나 선거에서 패배한다 할지라도 당신이 사람을 잃고 싶지 않다면 스스로 몸을 낮추고 함께 일해야 한다. 아니 가장 먼저 앞장서서 일해야만 한다.

가장 제대로 된 선동방법은 그들보다 앞서 뛰쳐나가는 것

선거에 나선 이상 당신은 이미 선동가다. 감정이 고조될 수 있도록 강약을 조절하며, 웅변조의 말투로 곳곳에 자극적인 내용을 섞어 이야기해야 한다. 굳이 알 필요 없는 정보를 나열하거나, 싸워야 할 상대의 입장 따위를 고려해서는 선동이 되지 못한다. 하지만 가장 제대로 선동하는 방법은 그들보다 앞서 뛰쳐나가는 것이다.

미국의 초대 대통령이었던 워싱턴의 일화가 있다. 여러 사병들이 낑낑대며 커다란 통나무를 옮기고 있는 와중에 상사 한 사람은 고래고래 고함만 질러대고 있었다. 그때 말을 타고 지나던 신사가 '왜 당신은 통나무를 함께 운반하지 않는가?' 하고 물었다. 그러자 그 상사는 '나는 이 사병들을 감독하는 상사요.' 라고 대답했다.

신사는 말없이 말에서 내려 웃옷을 벗고 사병들과 함께 열심히 통나무를 날랐다. 일이 끝나자 그는 서둘러 가던 길을 재촉하며 상사에게 이렇게 말했다고 한다. '상사! 앞으로 통나무를 나를 일이 있으면 총사령관을 부르게!' 그제야 병사들은 자신들과 함께 통나무를 날랐던 그 신사가 독립군의 총사령관인 워싱턴 장군임을 알아차렸다고 한다.

앞서 설명하였듯 기왕 선거에 임하면 무조건 이겨야 한다. 하지만 전투(선거)에서는 지더라도 전쟁(정치)에서는 정정당당하게 이겨야 함을 잊지 말자. 우리는 전투에서 이기고, 전쟁에서 지는 후보들을 자주 보게 된다. 항상 차기를 생각해야만 한다.

선거법 위반이나, 금권선거로 당선무효가 되는 일만을 얘기하는 것이 아니다. 앞서 설명한 것처럼 선거는 자리 외에도 '사람'을 얻을 수 있는 일이다. 한 번의 선거로 열 사람의 우군을 얻을 수 있다면 비록 이번 선거에서 패한다하더라도 다음 선거에서는 필승을 거둘 수 있다. 늘 차기를 염두에 두고, 행보에 신중을 기해야만 한다.

정치인에게 있어 불변의 저력은 도덕성과 정의로운 명분, 그리고 동지적 의리다. 그 세 가지 중 어느 하나를 잃게 되었다면 이번 선거는 물론이거니와 다음 선거도 기약하기 어렵다. 그러나 그 세 가지를 모두 얻은 사람이라면 그 사람의 정치적 입지는 반석 위에 있다고도 할 수 있을 것이다.

선거에서도 지고, 자신의 정치적 기반마저 잃게 된다면 그것은 최악의 수다. 흔히 다음을 위해 '절벽을 기어오르는 심정으로, 혹은 심청이와 같은 마음으로 인당수에 몸을 던진다.'는 말을 하곤 한다. 노무현 대통령의 경우에는 패배가 너무나도 자명한 선거를 몇 차례나 치렀고, 결국 대통령의 자리에까지 올랐다.

하지만 그런 노무현 대통령도 자신의 선거에서 '이번 선거는 패배해도 좋은 선거'라는 생각을 갖지는 않았다고 한다. 늘 '이길 수 있는 만반의 준비'를 갖췄고, 늘 '이기기 위해 최선의 노력'을 경주했다. 이것이야말로 '맨발로 절벽을 기어오르는 심정이요, 인당수에 몸을 던지는 것'이다.

자기를 던지는 투혼으로 승리에 대한 목마름을 갈구할 때 비로소 승리의 여신은 당신에게 미소를 보낼 것이다. 그리고 그렇게 선거를 치른 사람이라면 비록 패배의 쓴잔을 마시게 된다 해도 차기선거에서의 승리를 견인할 수 있게 될 것이다. 그러는 사이에 만들어진 지역에 대한 영향력이야말로 진정한 당신의 정치자본이다.

> **Point**
>
> ### 1-4. 선거와 정치적 입지
>
> - 출마결심에 앞서 '출마의 진정한 이유'를 자문하라.
> - 출마이유가 사적인 것이라면 선거를 포기하라.
> - 내가 당선될 경우 남이 하는 것보다 더욱 발전시킬 수 있는가, 구체적인 실현방법이 있는가도 꼭 확인해야만 한다.
> - 공공의 이익을 위해 내가 꼭 이루려는 '무엇'이 있는지를 자문하라.
> - 당선 가능성을 염두에 두고 승패를 예측하라.
> - 비용조달과 가족들이 겪을 고통을 감내할 수 있는지를 고려하라.
> - 출마결심을 굳혔다면 출마의 변을 적어라.
> - 출마의 변 작성은 후보 스스로를 다지는 작업이다.
> - 만들어진 출마의 변은 조직과 공유하라.
> - 낙선을 각오하지 마라. 간절히 원해야만 승리가 함께 한다.
> - '되면 좋고, 안 되면 말고' 식의 선거로는 내일이 없다.
> - 승리를 자신하고 승리 바이러스를 전파하는 사람이 되어라.
> - 선거를 통해 사람을 잃어서는 안 된다.
> - 정치인에게 최고의 저력은 도덕성, 정의로운 명분, 동지적 의리다.

선거 전략 & 선거 캠페인

1-5 1부 : 선거, 어떻게 준비할 것인가?

후보의 자질과 자세

희망을 실천하며
어깨 걸고 나아가라!

선거가 한창일 때는 언제나 웃는 얼굴로 사람들을 만나던 그가 정치판에 들어서서는 짜증난 얼굴, 소리 지르는 얼굴, 멱살을 잡는 얼굴로 TV를 통해 우리 앞에 다시 나타난다. 선거에서 보여준 모습은 정말 자신의 모습인가? 얼굴 가득 분을 바르고 우리 앞에 나타나던 후보가 정치판으로 들어간 뒤에는 화장기 지워진 자신의 본 얼굴을 드러내는 것이다. 지금까지 그래왔다. 그러나 앞으로는 쉽지 않을 것이다.

이미지메이킹이라는 말이 있다. 후보의 이미지를 유권자들이 좋아하는 방향으로 만들어 보여준다는 것이다. 그러나 그것이 정말로 가능한 일인가? TV 속에서, 군중 속에서 어쩌면 잠시 그런 잔기술로 사람들을 속일 수 있을지는 모른다. 하지만 그것 역시 그가 가지고 있는 정체성에 기반을 둔 것이 아니라면 먹혀들지 않는다.

그동안 살아왔던 당신의 행보, 그리고 그렇게 만들어진 당신의 이미지 위에 새로운 이미지가 얹히는 것이기 때문이다. 당신의 생각이 표정을 만들고, 당신의 철학이 당신의 행동을 만든다. 남이 써준 원고, 혹은 자신이 다듬은 원고를 들고 아무리 열정적인 연설을 한다 해도 당신의 가슴 속에 그 원고에 담긴 정치철학이 없다면 그 연설은 감동적일 수 없을 것이다.

별다른 정치철학도 없이, 뛰어난 연기력으로 잠시 동안 유권자들의 눈물을 자아낼 수 있었다 하더라도, 당신의 일상에서까지 남들을 속이는 일은 그리 쉽지 않을 것이다. 때문에 선거에 출마하는 후보라면 자신의 기본적인 정치철학과 리더십을 점검해보아야만 한다.

매력 없는 후보, 가슴이 뛰지 않는 후보에겐 승리도 없다

매 선거마다 유권자들이 그 선거를 통해 얻고자하는 것은 다르다. 그래서 후보들은 이번 선거의 의미를 파악하고, 그에 맞는 선거기조와 후보콘셉트를 잡기 위해 애쓴다. 그러나 그와는 별도로 유권자들이 그리고 있는 '진정한 리더십'이라는 것이 있다. 그것이야말로 후보가 가져야 할 진정한 매력이라 할 것이다. 그렇다면 지금의 시대가 요구하는 정치철학이란 어떤 것일까?

첫째, 가슴 뛰는 삶을 살아라. 그런 후보에게서 사람들은 매력을 느낀다. 가슴 뛰는 삶을 사는 사람은 자기가 좋아하는 일을 하면서도 그 일에 책임을 지는 사람이다. 그런 사람만이 일을 치뤄갈 수 있다. 그런 사람은 남에게 지시만 하지 않는다. 입으로 해결하기보다 몸으로 부딪혀 깨나가는 사람이다.

　유권자들은 매 순간 스스로 열정을 만들고, 발산하는 사람을 원한다. 그런 사람이야말로 낭만적 열정을 가진 사람이다. 가슴 뛰는 일은 방종이나 무질서가 아니다. 가슴이 뛰기 때문에 그는 누구 하나 시키는 사람이 없어도 스스로 밤을 새워 그 일을 할 것이다.

　둘째, 대의와 원칙에 충실하라. 이것은 정치인이라면 누구나 가져야 할 자질이다. 이 대의와 원칙에는 공정성과 형평성, 정의, 성실과 정직, 신뢰 등 인간사회에 필수적인 기본원칙들이 들어 있다. 하지만 행보 중에 이것을 실현하기는 그리 쉽지 않다. 대의와 원칙을 말하는 것은 쉽지만 대의와 원칙을 지키는 일은 어렵기 때문이다.

　그것이 비록 작은 것이라 하더라도 대의와 원칙을 버린 것이라면 유권자들은 용서하지 않는다. 지금까지 국민연금을 제대로 내지 않은 것, 세금을 제대로 내지 않은 것, 군대를 보내지 않은 것 등 자기 처신의 부적절함 때문에 눈물을 흘린 정치인들이 얼마나 많은가? 그런 작은 것들부터, 나아가 큰 것에 이르기까지 대의와 원칙을 지키는 것은 정치인들의 기본이라 하겠다.

　셋째, 비전과 꿈을 만들고 그것을 제시하라. 꿈을 가진 자만이 꿈을 이룰 수 있다. 유권자들이 원하는 것 또한 당장 꿈같은 현실을 보여 달라는 것이 아니다. 당신을 통해서 힘든 현실을 바꿔내고 싶다는 것. 그러므로 당신은 비전과 꿈을 가져야 한다. 그리고 꿈이 실현화되었을 때 만나게 될 세상을 미리 보여줄 수 있어야 한다.

　그 비전과 꿈은 유권자들의 피부에 와 닿는 것이어야 한다. 유권자들이 자신의 미래를 꿈꿀 수 있게 해야 한다는 것. 당신의 꿈이 현실화된다 해도 유권자들이 행복할 수 없다면 그것은 당신만의 꿈이다. 유권자들의 비전과 꿈이 당신의 비전과 꿈이 되도록 하라.

가장 철저한 이상주의자가 가장 철저한 현실주의자

넷째, 새로운 모범사례와 대안을 창조하라. 비전과 꿈을 현실화시키기 위한 실행능력이 없다면 비전과 꿈은 그저 꿈일 뿐이다. 비전과 꿈을 현실화시키기 위해 필요한 구체적 마스터플랜을 제시하라. '이것저것을 바꾸겠다.'가 아니라, '비전과 꿈을 현실화하기 위해 이렇게 하겠다.'가 그 핵심이어야 한다.

결국 꿈을 현실화하는 것은 프로그램이다. '가장 철저한 이상주의자는 가장 철저한 현실주의자다.'라는 말이 있다. 꿈을 현실화하기 위해서는 문제의 구조를 파악하고, 해결의 프로세스를 찾는 노력이 필요하다. 이렇게 될 때 비로소 빛나는 아이디어들도 꿈을 현실화하는데 기여하게 된다.

이 모든 것들을 혼자서 해결하는 것은 불가능에 가깝다. 결국 정치란 혼자서 문제를 푸는 것이 아니라, 문제를 풀기 위해 사람들을 모으고, 그 사람들로 하여금 문제를 풀 수 있도록 해결의 장을 펼쳐내는 것이다.

다섯째, 늘 그들과 함께하라. 어깨를 걸고 함께 나아가지도 못하는 사람이라면 해낼 수 있는 일 또한 거의 없다. 단지 선거를 위해 힘을 모았다면 선거가 끝난 뒤에는 그들을 잊게 될 것이다. 당신의 철학을 실현해내기 위해, 아니 우리의 철학을 실현해내기 위해 힘을 모아라. 그리고 그 힘을 더욱 공고히 하기 위해 노력하라.

그들과 함께 하다보면 당신이 지도자가 아님을 깨닫게 된다. 모두를 지도자로 이끌어라. '나는 우리를 지도자로 만들어가는 사람이다.' '우리 모두가 주인이 되도록 하겠다.'는 생각이야말로 당신을 승리할 수 있게 하는 원천이다. 지금 당신이 싸우고 있는 이 선거는 당신만의 선거가 아니다. 우리 모두의 선거다.

그러기 위해 늘 이름을 불러라. 김춘수의 시 '꽃'을 기억할 것이다. '내가 그의 이름을 불러주었을 때 그는 나에게로 와서 꽃이 되었다.' 그들로 하여금 당신의 이름을 마음 놓고 부를 수 있게 해야 한다. 우리를 보다 행복하게 해줄 프로젝트들에도 하나하나 애정이 담긴 이름을 짓고, 그 이름을 함께 부르도록 노력해보자. 그러는 사이에 사람들의 마음이 모이고, 그 마음들이야말로 프로젝트를 성공시키게 하는 가장 큰 동력이 되어줄 것이다.

그러려면 일을 해나가는 동안 함께 하는 사람들의 전문성을 인정해야만 한다. 당신은 그들을 통합하고, 기조를 움직여가는 사람이다. 그들의 전문성을 인정하지 않는 순간부터 당신의 정치력 또한 불신을 받게 될 것이다.

여섯째, 지역과 현장에 뿌리내리고 동시에 지역과 현장을 뛰어넘어라. 결국 당신이 말하게 될 정치는 지역과 현장을 반영하는 것이다. 지역과 현장을 행복하게 하지 못하는 것이라면 그것은 정치가 아니다. 때문에 당신은 지역과 현장에 뿌리내리고, 동시에 지역과 현장을 뛰어넘는 혁신을 함께 보여줄 때 비로소 제대로 된 정치를 일궈낼 수 있을 것이다.

늘 지역과 현장을 살피고 문제를 찾고, 문제 해결을 위한 의지를 재충전하되 당신이 먼저 변해야 세상을 변화시킬 수 있다는 생각으로 외부의 변화에 귀를 기울여야만 한다. 문제의 안으로 파고들려는 노력도 중요하지만 문제의 밖에서 그것의 구조적 이해관계를 살피는 노력 또한 게을리 해서는 안 될 것이다.

일곱째, 용기를 갖고 자기혁신에 매진하라. 모든 일에 주저나 방황을 일삼지 말고 용기를 가지고 부딪쳐라. 행동하는 양심이야말로 진정한 용기다. '해보지 않은 일은 감히 말할 수 없다.'고 했다. 체험적 진리야말로 살아있는 지식이다. 처음이기 때문에 주저하는 게 아니라, 처음이기 때문에 기쁘게 즐길 수 있어야 한다.

나를 다지며, 우리가 함께 할 수 있게 하는 자만이 진정한 지도자

자기혁신을 위해서는 특히 많은 용기가 필요하다. 남과의 싸움보다는 자기 자신과의 싸움이 더 어렵기 때문이다. 내가 먼저 변해야 세상을 변화시킬 수 있다는 마음가짐을 갖자. 그 마음으로 당신의 주위를 변화시킬 수 있다면 그것이 바로 자기혁신이다. 성패를 예단하지 말고, 방법을 고민하자. 늘 문제 속에 답이 있기 마련이다.

여덟째, 소수자와 약자를 배려하라. 이 세상에는 너무나도 많은 소수자와 약자들이 당신과 함께 살아가고 있다. 그들의 입장을 배려하지 않고서는 행복한 세상을 만들 수 없다. 크게는 여성·장애인·생활보호대상자·차상위계층·독거노인·결손가정·결식아동의 문제에서부터 작게는 동성애자들의 문제에 이르기까지 그들 모두를 꼼꼼하게 챙기고 배려할 수 있어야 한다.

커다란 문제만을 염두에 두고 불도저처럼 밀어붙이는 것으로는 세상 사람들 모두를 행복하게 할 수 없다. 큰 문제를 풀어가기 위해 몰두하다보면 자칫 이처럼 소수자와 약자들의 아픔을 챙기지 못하는 경우가 생기곤 한다. 늘 그들의 입장이 되어 생각하고, 그들의 입장을 대변할 수 있어야 한다. 그리고 그런 생각을 다수자와 강자들에게도 퍼뜨려나가야 할 것이다.

아홉째, 마음의 여유를 가지고 세상을 보라. 정치를 하다보면 알면서 못하는 것보다는 몰라서 못하는 것이 훨씬 더 많음을 알 수 있다. 지금까지 내가 가진 것만으로 세상을 보려는 사람에게는 내일이 없다. 그래서 마음의 여유가 필요한 것이다.

마음의 여유를 가지고 세상을 둘러보다보면 새로운 지식도 얻을 수 있고, 다양하게 살아가는 사람들의 입장도 볼 수 있게 된다. '불처럼 살지 말고 물이 흐르는 이치대로 살라.'는 말이 있다. 물론 불처럼 타올라야 할 때도 있다. 하지만 매번 불처럼 타오르기만 해서는 이치를 깨닫기도 어려울뿐더러, 세상 사람들의 삶을 제대로 이해하기도 쉽지 않을 것이다.

열번째, 좋은 세상을 창조하는 좋은 사람이 되어라. 비평가가 되어서는 결코 좋은 세상을 창조할 수 없다. 남들이 만들어 놓은 것을 평가하는 입장에 서서는 결코 좋은 세상을 창조할 수가 없다. 언제나 길을 안내하는 향도로써 험한 산길을 안내하는 등산안내자가 되어야만 한다.

그래서 정말 닮고 싶은 사람, 푸른 희망을 가진 사람이 되어야 한다. 그런 사람이 좋은 세상을 창조할 수 있는 좋은 사람이다. 옳은 사람, 필요한 사람이 되는 일도 중요하지만, 정치인이란 모름지기 좋은 사람이어야 한다. 그래서 누구나 닮고 싶은 '큰 바위 얼굴'로 기억될 때 좋은 정치가 가능해진다는 것.

선거에 앞서 스스로가 희망을 만드는 사람, 꿈과 비전을 간직한 사람, 희망을 실천해가는 사람, 희망을 함께 나눌 수 있는 사람인지를 살펴야 한다. 만약 그것들 중 가지지 못한 것이 하나라도 있다면 더 늦기 전에 그 희망을 되찾기 위한 노력을 기울여라.

앞에서 우리는 후보의 열 가지 자질과 자세에 대해 살펴보았다. 하지만 이런 모든 자질과 자세를 가진 후보가 과연 있겠는가? 물론 이런 모습을 가진 후보가 있다면 가장 이상적인 정치인이 될 것이다. 그러나 설사 평소 이러한 삶의 철학을 가지고 살아가고 있는 사람이 있다하더라도 그 사람 역시 사람인 탓에 살아가다보면 긴장을 놓칠 수가 있고, 불가피하게 철학의 끈을 놓는 경우도 있을 것이다.

정말 닮고 싶은 사람, 푸른 희망을 가진 사람이 되라

뿐만 아니라, 지금껏 얘기한 것들 중에는 서로 배치되는 항목들도 적지 않다. 하지만 유권자가 원하는 것은 바로 이런 모습의 후보다. 때문에 후보가 된 사람은 유권자의 기대를 충족시켜주기 위해서라도 이러한 모습들로 자신을 바꿔가야만 한다.

눈속임은 안 된다. 그렇다고 그 모든 것을 다 잘해낼 완벽한 사람은 없다. 완벽해지려고 노력하면 된다. 가능하면 철저하게 완벽해지기 위해 노력해가야 할 것이다. 나의 이런 점을 사람들이 몰라준다고 조급해할 필요도 없다. 철저히 완벽해지려고 노력하는 모습만으로도 당신은 얼마든지 거듭날 수 있다.

이쯤에서 당신이 유권자들을 설득해가기 위해 풀어낼 얘기들을 생각해보자. 과연 당신은 유권자들에게 어떤 약속을 할 것이며, 어떤 사람으로 포지셔닝하려고 하는가? 당신은 후에 약속을 정할 것이고, 그 약속을 잘 지킬 사람이라고 콘셉트를 결정하게 될 것이다. 하지만 그 콘셉트 이전에 바로 위에서 말한 열 가지 덕목들이야말로 그 인식의 기초가 되는 것이 아닐까?

그렇다면 그 열 가지를 토대로 당신의 과거를 돌이켜보라. 기억을 더듬다보면 당신은 위에서 말한 열 가지에 해당되는 기억의 조각들을 하나둘 정리할 수 있을 것이다. 평소 저 열 가지를 지속적으로 실천하며 살아오지는 못했다 하더라도, 자신이 한 행위들 중에는 열 가지 항목 중 몇 가지 사례들이 꼭 끼어있기 마련이다.

자신을 바꾸기 위해 애썼던 기억, 약한 사람을 위해 용기를 냈던 기억, 부정한 선물을 거부했던 기억, 이 모든 기억의 조각들을 꺼내 하나하나 대입해가다보면 열 가지 덕목을 모두 갖춘 당신의 과거를 만나게 된다. 비록 그렇지 않았던 시간이 더 많다하더라도 말이다.

그 기억들을 정리하고, 읽기 쉽게 만들면 그것이 곧 당신의 프로필이다. 그리고 거기에 에피소드들을 더 끼워 넣는다. 특히 강조되어야 할 부분은 당신의 인간적인 모습이다. 인간적인 모습이란 실수 담이고, 일탈이며, 당신의 기발한 오버다. 당신의 어려웠던 과거고, 그 어려움을 이겨내기 위한 몸부림이다. 당신 아버지의 얘기이고, 누나의 얘기이며, 아들의 얘기다.

그렇게 만들어진 당신의 프로필에 당신의 비전과 약속을 담으면 멋진 '인물론'이 완성될 수 있다. 사람들은 그 프로필을 읽으며 웃기도 하고, 울기도 하고, 감동받기도 한다. 그렇게 만들어진 윤곽이 바로 당신이 되어야 한다. 한 두 줄의 글로 당신을 표현하려는 노력에 너무 힘을 쏟지 않아도 좋다. 지금 말한 바와 같은 당신의 윤곽이 바닥에 깔려 있지 않는 한 당신이 힘주어 사람들에게 세뇌시켰던 한 두 줄의 글은 설 자리를 잃게 된다.

그리고 당신은 지금부터 최대한 이 열 가지 덕목을 지키는 사람으로 변신하라. 선거가 끝난 뒤에도 그 모습을 지켜가야만 한다. 사람들은 바보가 아니다. 때문에 설사 당신이 이 열 가지 덕목으로 당선 되었다 하더라도, 당선 후 다시 원래의 모습으로 유권자들을 대한다면 그들은 당신의 위선을 기억할 것이다. 그리고 당신에게 되돌려줄 것이다.

　마음에 있지 않으면, 말과 행동으로 표현할 수 없는 것이 철학이다. 그렇기 때문에 당신이 그들에게 감동을 전하지 못한다면 당신은 결코 이길 수 없다. 당신의 가슴 속에 철학을 심어라.

> **Point**
>
> **1-5. 후보의 자질과 자세**
>
> - 이미지메이킹도 자신의 정체성에 기반을 두어야만 먹혀든다.
> - 그간의 행보와 이미지 위에 새로운 이미지를 얹어야 한다.
> - 가슴 뛰는 삶을 살아라.
> - 대의와 원칙에 충실하라.
> - 비전과 꿈을 만들고 그것을 제시하라.
> - 새로운 모범사례와 대안을 창조하라.
> - 늘 그들과 함께하라.
> - 지역과 현장에 뿌리내리고, 그 지역과 현장을 뛰어넘어라.
> - 용기를 가지고 자기혁신에 매진하라.
> - 소수자와 약자를 배려하라.
> - 마음의 여유를 가지고 세상을 보라.
> - 좋은 세상을 창조하는 좋은 사람이 되어라.
> - 위의 얘기들에 해당되는 자신의 과거를 찾아 유권자들과 대화하라.

선거 **전략** & 선거 **캠페인**

1-6

1부 : 선거, 어떻게 준비할 것인가?

후보의 행보와 리더십

부리기를 포기하라, 섬기는 조직이 이긴다!

'지금은 서민의 시대다.' '지금은 국민들의 시대다.' 권위주의가 지나간 이 시대의 선거판에서는 '어느 어느 자리에 있었던 사람'보다는 우리의 아픔과 어려움을 이해할 수 있는 '우리와 같은 사람'이 훨씬 더 유리하다.

예전에는 선거를 돈과 자리로 치러냈었다. 선거브로커들이 판을 쳤고, 돈을 대는 사람들이 줄을 섰으며, 돈이나 자리를 얻기 위해 캠프 주변을 어슬렁거리는 사람들도 적지 않았다. 후보는 당선가능성으로 돈을 얻고, 그 돈으로 참모나 지지자들을 만들어냈다.

하지만 강력한 선거법이 발효되고 있는 지금, 예전처럼 돈이나 자리로 선거를 치르려는 사람이 있다면 그는 화약을 들고 불 속으로 뛰어드는 셈이다. 최소한의 비용조차 지불하지 않을 수는 없겠지만 그렇다고 돈으로 매수하거나 자리를 쥐고 흔드는 것으로는 선거를 치를 수 없는 세상이 도래했다.

지식과 재능은 머리로 기억되고, 열정과 배려는 가슴으로 기억된다

그렇다면 무엇으로 선거를 치러낼까? 어떻게 해야 당신의 선거를 자신의 일처럼 함께 치러줄 동지들을 만날 수 있을까? 그리고 최종적으로는 유권자들의 선택을 어떻게 당신에게 가져올 수 있을까? 그 정답은 열정과 배려다.

'지식과 재능은 사람들의 머릿속에 기억되지만, 열정과 배려는 사람들의 가슴속에 기억된다.' 는 말이 있다. 당신은 지금 무엇으로 선거를 치르려 하는가? 지식과 재능으로 선거를 치르려 해서는 쉽지 않은 싸움이 될 것이다. 그간 당신이 겪어왔던 경력만을 밑천으로 선거를 치르려 한다면 더더욱 그들을 움직이기 어려울 것이다.

백 명의 머리를 이해시키는 것보다는 한 사람의 가슴을 울리는 것이 더 큰 밑천이다. 그 사람은 당신으로부터 받은 감동을 여러 사람들에게 전파하게 될 것이다. 당신이 직접 말하는 것, 참모들이 말하는 것으로는 한계가 있다. 후보자와 후보자 측근의 입이 아닌 타인의 입으로 전파된 당신의 평판이 이기는 선거를 약속한다.

때문에 길거리를 지나는 사람들에게 악수를 청하는 선거가 아니라, 한 자리에서 깊이 점을 찍는 선거를 해야만 한다. 그 감동의 점이 깊어지면 그 점은 점점 퍼져나가 사람들 모두에게로 전파된다.

후보는 그들과 내가 다르지 않다는 동질감을 바탕으로 진정성을 퍼뜨려나가야 한다. 여러 사람을 만나려는 노력보다는 만나는 한 사람 한 사람들에게 내가 그들과 다르지 않음을 보여주어야 한다. 그리고 내가 하려는 일이 진정으로 주민들, 나아가 나라와 국민들을 위해 필요한 일임을 느끼게 해주어야만 한다.

대부분의 후보들은 제각기 '왕년의 한칼'이 있는 사람들이다. 전직 관료도 있고, 법관출신도 있으며, 의사도 있고, 교수도 있고, 사장도 있다. 누구나 여러 사람들을 거느리며 '에헴' 한 번씩은 해본 적이 있는 화려한 경력의 소유자들이다.

기침만 크게 해도 주변 사람들이 신경을 써주고, 인상이라도 한번 찌푸릴라치면 주변 사람들이 모두 벌벌 떠는 그렇게 무시무시한 자리에 있었던 사람들도 적지 않을 것이다. 하지만 당신이, 혹은 당신이 지지하는 후보가 그런 '추억'에 빠져 있다면 지금 당장 선거를 포기하라.

후보의 행보는 하나부터 열까지 모두 '사람 모시기'다. 초반의 행보는 선거 내내 살을 섞고 지낼 참모들을 모시는 일과 지역의 영향력 있는 인사들을 모아내는 과정이다. 중반의 행보는 지지자들과 자신을 알려나갈 '입'을 모으는 과정이며, 종반의 행보는 그렇게 모아진 '입'들로 표를 모아나가는 과정이다.

그들 중 어떤 사람도 '내가 이러이러한 사람이니 나를 따르라.'로는 설득되지 않는다는 것을 명심하라. 후보는 선거기간 내내 스트레스에 시달린다. 조바심도 날 것이고, 답답함도 느낄 것이다. 다른 사람들의 행동이 내 마음 같지 않음을 느끼기도 하고, 마음이 급해져서 발을 동동 구르게 될지도 모른다. 그렇다고 인상을 찌푸리고, 짜증만 내서는 하등 나아질 것이 없다.

선거가 불리하게 돌아가면 더더욱 후보의 조바심은 커지기 마련이다. 그렇다고 만만한 사람들에게 스트레스를 풀어가며 선거를 치르겠다고 생각하는 후보가 있다면, 그 결과는 불보듯 뻔하다. 모든 사람들에게 시종 웃음을 잃지 말아야 한다. 모든 사람들에게 고개를 숙여야 한다. 겸손을 최대 무기로 생각하고 사람들을 만나야 한다.

그렇다고 자신감을 내던지라는 말이 아니다. 승리를 확신하는 후보, 설사 패배하더라도 그 뒤가 보장된 후보, 그 뒤가 보장되지 않는다 하더라도 결코 그냥은 쓰러지지 않을 후보라야 사람들이 모여든다. 그런 자신감은 사람들의 머리를 자극한다. 그러나 그런 자신감에 비례하는 겸손함이야말로 사람들의 가슴을 움직인다. 머리를 자극해서는 부하 밖에 얻을 수 없지만, 겸손함은 동지를 얻게 한다.

자신감과 겸손함이야말로 선거를 이기게 하는 원천동력

돈을 빌리러 은행을 찾은 사람이 있다. 병석에 누우신 부모님, 줄줄이 딸린 식구들, 등록금을 내지 못해 대학을 휴학한 큰 아들, 구구절절 자신의 어려운 처지를 말하고 열심히 일해서 돈을 벌면 꼭 갚겠다고 약속한다. 하지만 그는 단돈 몇 백의 대출도 받지 못한 채 동정의 말, 위로의 말만 한가득 짊어지고 은행 문을 나서야 한다.

돈을 빌리러 은행을 찾는 사람은 분명한 사업계획을 가지고 가야 한다. 나는 '이러이러한 계획'으로 분명히 얼마를 벌 수 있고, 그러기 위해 내가 얼마를 투자했으나, 약간의 자금이 부족하다고 말해야 한다. '이러이러한 계획'이 설득력을 가지고 있다면 그는 몇 백이 아니라, 몇 억의 대출도 받을 수 있을 것이다.

성공을 눈앞에 둔 사람, 그런데 딱 물 한바가지가 부족해서 그 물 한 바가지를 구하는 사람에게는 돈도 붙고, 사람도 붙는다. 성공을 눈앞에 두고 있다는 자신감, 설사 이번엔 성공하지 못해도 그 다음 길이 열려 있다는 자신감이 필요하다. 그 자신감을 잃는 순간 당신의 주변에서는 돈도, 사람도 떨어져 나가게 될 것이다.

때문에 선거를 앞둔 후보에게 있어 자신감과 겸손함은 돈보다도 소중한 자산이 된다. 그것은 비단 후보에게만 해당되는 것이 아니다. 후보 주변의 참모, 지지자들 모두가 자신감과 겸손함을 지녀야 한다. 그리고 그들은 후보에 의해 좌우된다.

긍정의 바이러스, 즉 자신감과 겸손함으로 만들어지는 긍정바이러스는 후보로부터 시작된다. 후보가 먼저 자신감과 겸손함을 가지고, 그것을 전파해가야만 한다는 것. 그렇게 퍼진 자신감과 겸손함의 바이러스는 캠프 전체로 퍼져나가고, 급기야 그런 분위기는 캠프 밖 유권자들에게까지 승리의 확신으로 전해질 것이다.

자신을 찾아온 손님들에게 물 한 잔, 밥 한 그릇을 직접 대접하는 후보가 이기는 후보다. 시대가 변했다. 고생한 자원봉사자들을 위해 환한 미소를 띄우며 어깨를 두드려주는 후보, 커피 한 잔도 직접 타서 대접하는 후보가 승리의 조건을 갖춘 후보다.

시대가 변했음에도 불구하고, 많은 사람들이 권위주의시대의 리더십과 그때의 선거를 추억한다. 우리나라 리더십의 표본은 이순신 장군일 것이다. 이순신 장군의 예는 인재발굴과 무한능력 개발, 인간관계와 스킬 등 리더십의 탁월한 본보기였다.

그는 모두가 아는 것처럼 최악의 환경에서 7년간의 전쟁을 승리로 이끌었다. 그렇다면 과연 그의 환경은 어떠했는가? '맨주먹의 CEO 이순신에게 배워라' 라는 책에서는 이순신의 입을 빌어 독자들에게 이렇게 말한다.

집안이 나쁘다고 탓하지 말라! 나는 몰락한 역적의 가문에서 태어나 가난 때문에 외갓집에서 자라났다. 머리가 나쁘다 말하지 말라! 나는 첫 시험에서 낙방하고 서른둘의 늦은 나이에 겨우 과거에 급제했다. 좋은 직위가 아니라고 불평하지 말라! 나는 14년 동안 변방 오지의 말단 수비 장교로 돌았다.

윗사람의 지시라 어쩔 수 없다고 말하지 말라! 나는 불의한 직속 상관들과의 불화로 몇 차례나 파면과 불이익을 받았다. 몸이 약하다고 고민하지 말라! 나는 평생 동안 고질적인 위장병과 전염병으로 고통 받았다. 기회가 주어지지 않는다고 불평하지 말라! 나는 적군의 침입으로 나라가 위태로워진 후 마흔 일곱에 제독이 되었다.

조직의 지원이 없다고 실망하지 말라! 나는 스스로 논밭을 갈아 군자금을 만들었고, 스물세 번 싸워 스물세 번 이겼다. 윗사람이 알아주지 않는다고 불만을 갖지 말라! 나는 끊임없는 임금의 오해와 의심으로 모든 공을 빼앗긴 채 옥살이를 해야 했다.

자본이 없다고 절망하지 말라! 나는 빈손으로 돌아온 전쟁터에서 열 두 척 낡은 배로 133척의 적을 막았다. 옳지 못한 방법으로 가족을 사랑한다 말라! 나는 스무 살 아들을 적의 칼날에 잃었고, 또 다른 아들들과 함께 전쟁터로 나섰다. 죽음이 두렵다고 말하지 말라! 나는 적들이 물러가는 마지막 전투에서 스스로 죽음을 택했다.

캠프의 사람들 모두를 리더가 되게 하는 후보야말로 진정한 리더다

이 기막힌 절대적 절망 속에서 이순신 장군이 매번 전투를 승리로 이끌 수 있었던 힘은 과연 무엇일까? 부하들의 무한 잠재력을 창출할 수 있도록 하는 영웅적 리더십이 그 힘의 원천이었다. 그렇다. 지금까지의 리더십은 이처럼 전지전능한 영웅적 리더십이었던 것이다. 하지만 지금은 그런 영웅적 리더십의 시대가 아니다.

이제는 패러다임이 바뀌었다. 그러니 지금까지의 낡은 리더십으로는 조직을 이끌어 갈 수 없다. 시스템이 만들어지고, 혹은 바뀌고 있다. 각종의 전략들도 바뀌어가고 있다. 자고나면 새로운 전략들이 우리를 향해 뛰어든다. 그 내용 또한 예전의 것들과는 사뭇 다르다.

사람들이 달라지고, 사람들의 생각이 달라지고 있다. 모든 사람들이 스스로 주체가 되어 자기실현을 위해 내달린다. 어느 누구도 객체이고 싶어하지 않는다. 각자의 개성이 다양하고, 스타일도 다르다. 올바른 리더십은 먼저 그런 그들의 스타일을 제대로 알고, 그 지점에서부터 시작하는 리더십이다.

사람들은 현대를 '지도력의 위기시대'라 일컫는다. 모두가 주체가 되려 하고, 혹은 모두가 객체가 되려 하는 시대. 그 시대를 윈-윈(win-win)으로 이끌기 위한 리더십은 무엇일까? 결론적으로 그것은 수평적 리더십이다. 수평적 리더십은 권위적 리더십의 상대어가 아니다. 나이에 따라, 경력에 따라 만들어지는 기존의 리더십을 보다 부드럽게 하자는 뜻도 아니다.

신참도 리더가 되고, 동네 아주머니도 리더가 되는, 아니 그 모두를 리더로 만들어야 승리하는 열린 구조로 선거문화가 변하고 있다. 선거에서 이길 수 있도록 생각을 모으고, 캠프를 활성화해가는 사람이라면 언제든 그는 그 자리에서 리더가 되는 것이다.

그렇다면 오늘날에 있어 후보는 어떤 리더가 되어야 하는가? 자신이 목적지를 지목하고, 부하들을 목적지로 독려하는 식의 리더십으로는 좋은 리더가 되기 어렵다. 캠프 속 사람들 모두를 리더가 되게 하는 후보야말로 진정한 리더라 할 것이다. 그렇다면 좋은 리더가 되기 위해 필요한 구체적 덕목들에는 어떤 것들이 있을까?

캠프의 사람들 모두가 사고하고, 말하고, 움직이고, 평가하게 하라

첫째, 판을 잘 펼쳐라. 캠프 내 사람들에게 후보와 캠프, 그리고 스스로에 대한 자긍심을 가질 수 있게 해주고, 주체적으로 일할 수 있는 동기를 부여해야 한다. 캠프 사람들을 몰아가는 것이 아니라 스스로가 기쁜 마음으로, 사명감을 가지고 일하도록 해야 한다.

둘째, 캠프 내 어떤 사람도 손발로 쓰려들지 마라. 후보가 머리를 쓰고, 동지들 모두를 후보의 조력자로 묶어둔다면 일의 성과는 언제나 후보가 가지고 있는 능력 이상을 뛰어넘지 못한다. 그들 모두가 각자 하나의 주체가 되도록 해서 스스로의 역량을 모을 수 있도록 해야 한다.

셋째, 먼저 답을 내지 마라. 나의 답은 확신할 수 있는가? 경험이 정보를 뛰어넘지 못하는 사회다. 내가 가지고 있는 정보와 지식의 양에 의존하지 말고, 캠프 내 사람들 모두의 정보와 지식에 기대야 한다. 그들 모두가 머리를 모아 답을 내도록 해야 한다는 것이다. 그러는 사이 자연스레 사람들은 목표를 공유할 것이며, 가야 할 길 또한 명확하게 그릴 수 있을 것이다.

넷째, 귀를 열어라. 부하가 아닌 동지들로부터 이야기를 듣고, 외부환경에서 들려오는 소리들에도 귀를 기울여야 한다. 그래서 모든 사람들이 당신에게 말하고 싶도록 해야 한다. 잘 들어주는 사람이 되는 것, 그것이 바로 좋은 리더십의 중요한 조건 중 하나다.

다섯째, 그들 스스로가 강해질 수 있도록 만들어라. 후보 스스로 훈련교관을 자청하여 훈련시키려 들지 말고, 캠프 내 사람들 각자가 자신이 부족한 곳을 알아차리게 해야 한다. 일에 대한 평가 역시 당신이 내려서는 안 된다. 동지들 스스로 깨닫고, 그 깨달음을 통해 각자 최선의 방법으로 노력을 경주할 때 캠프는 더욱 강해진다.

이렇게 되면 캠프 내 모든 사람들은 사고하며 말하고, 움직이며 평가하게 된다. 그리고 부족한 부분을 알아채고 그것을 보충해 갈 것이며, 다른 사람들의 부족한 부분까지 채워주기 위해 애쓰게 될 것이다. 이런 캠프야말로 능동적이고도 주체적인 조직이다. 그리고 이런 캠프를 이끄는 후보야말로 진정한 리더인 것이다.

리더란 결국 그 일의 주인이다. 적극적으로 길을 열고, 방향을 이끄는 사람이 리더다. 그런 리더는 누가 되어도 괜찮다. 그 일을 굳이 후보가 도맡으려 할 필요는 없다. 전체 과정에 대한 이해를 가지고 설계하고, 공유하고, 실행지도하고, 측정과 평가를 하고, 이에 의해 일을 조정해나가며 전술의 변화를 꾀할 수 있는 사람이 있다면 그를 리더로 내세워 구심점을 만들어라.

그것은 참모가 되어도 좋고, 선대본부장이 되어도 좋다. 필요하다면 모두의 동의하에 후보가 그 일을 자임해도 좋다. 이 경우 후보가 누군가를 지적해서 '이 사람이 오늘부터 우리 대장이다.'라고 말할 필요도 없다. 후보가 열린 자세로 리더의 역할을 다해 가면 캠프 안에는 자연스럽게 모두 리더가 되는 분위기가 만들어지고 구심점도 만들어지기 마련이다.

그 구심점이라는 헤게모니는 당연히 후보가 갖는다. 후보가 하는 말과 표정 하나하나가 캠프 내의 구심점을 지목하는 역할을 하게 되는 것이다. 이렇게 구심점을 만드는 이유는 후보 혼자서 선거를 치를 수 없기 때문이다. 후보는 든든한 리더와 함께 '혼자가 아닌 우리의 선거'를 승리로 이끌 수 있을 것이다.

Point

1-6. 후보의 행보와 리더십

- 권위적 카리스마보다는 '우리와 같은 사람'이 유리한 시대다.
- 열정과 배려가 승리를 견인한다.
- 백 명의 머리를 이해시키기보다는 한 사람의 가슴을 울려라.
- 감동의 점을 깊이 찍는 선거가 이기는 선거다.
- 후보는 동질감을 바탕으로 자신의 진정성을 퍼뜨려나가야 한다.
- 후보의 행보는 하나부터 열까지 모두 '사람 모시기'다.
- 후보의 자신감과 겸손함이 선거의 가장 큰 동력이다.
- 권위주의 리더십의 시대는 끝났다.
- 판을 잘 펼치고, 그들을 손발로 쓰려들지 말며, 먼저 답을 내지 말고, 귀를 열어야만 한다.
- 캠프 내 모든 사람들로 하여금 사고하며 말하고, 움직이며 평가하게 해야 한다.
- 후보가 리더일 필요는 없다. 모두를 일의 주인인 리더로 만들라.

선거 **전략** & 선거 **캠페인**

1-7 1부 : 선거, 어떻게 준비할 것인가?

조직의 강화와 활성화

축제 같은 선거,
선거 같은 축제를 향해!

분명한 목표가 있고, 그 목표가 달성되었을 때 생길 이익, 그리고 그것으로 말미암아 개인에게 돌아갈 분명한 이익이 있을 때 비로소 강한 조직이 만들어진다.

목표가 확실하게 제시되지 않은 조직에게 있어 시간은 거추장스러운 것에 불과하다. 뭘 해야 할지를 고민하는 사이에 그 시간들은 다 흘러가버리고 말 것이다. 목표가 확실해지고, 그것이 세분화되어, 개인의 목표가 분명해질 때 비로소 할 일이 생긴다.

그러나 아무리 분명한 목표가 있다하더라도 그것을 달성했을 때 생기는 이익이 없다면, 또는 조직에게는 이익이 있을지언정 자기 주머니에 챙길 수 있는 분명한 이익이 없다면 누구도 열심히 움직이기 어려울 것이다.

따라서 리더는 늘 목표와 그 목표달성에 따르는 이익을 함께 준비하여야만 한다. 목표는 명확한 숫자로 표기되어야 하며, 목표 달성을 위한 계획은 매우 구체적이고도 세부적으로 설계되어야 한다. 그리고 이것은 다시 단계별, 조직별, 개인별 명확한 세부목표와 지침들로 완성되어야 한다.

그들은 무엇을 원해 당신에게로 깃들었는가?

그렇다면 당신과 함께 하는 이들, 혹은 함께 하고자 하는 이들이 원하는 이익은 무엇일까? 그들의 요구는 무엇이며, 당신은 그들의 요구를 어떻게 해결할 것인가? 만약 당신이 이런 준비를 하지 않은 채 큰 조직을 꾸리고, 그 조직으로 선거를 치르겠다고 생각한다면 그것은 과대망상에 빠져 있는 것이다.

앞장에서 우리는 목표를 이야기했다. 최종목표는 당선이며, 그 목표는 정확한 표 수로 표현된다. 그리고 그 표 수를 여러 단계로 쪼개서 세부목표와 개인별 목표로 정리할 수 있을 것이다. 하지만 곰곰이 생각해보자. 당신과 함께 할 사람들은 당신의 당선이라는 목표 이외에 어떤 개인적 목적을 가지고 당신과 함께 할 것인가?

당신이 당선되었을 때 그들에게 돌아갈 이익은 무엇인가? 당선 자체가 그들에게 이익을 줄 수 있는가? 그렇지 않음에도 불구하고 당신의 당선을 위해 목숨을 걸어달라고 말한다면 그것은 뻔뻔스러운 것이다. 그리고 그런 말로는 그들을 붙들어두기 어렵다.

만약 당신이 그렇게만 얘기했음에도 불구하고, 당신의 당선만을 위해 일하는 사람들이 있다면 그것은 당신의 가족이거나, 아주 가까운 친척이나 친지, 혹은 생사고락을 함께하겠다고 맹세한 몇몇의 친구들뿐일 것이다. 그렇다면 당신 주변으로 모인 사람, 당신 주변으로 모이게 할 사람들은 무엇을 원하고 있을까? 그들이 원하는 것은 각양각색이다. 어떤 사람은 돈을 원하고, 어떤 사람은 자리를 원할 것이다. 이렇게 그들에게는 모두 나름의 기대가 있다.

집에서 한유하게 있는 사람은 부업거리를 원할 것이고, 당신의 선거운동원이 되어서 일당을 받기를 원할 수도 있다. 심심하던 참에 뭔가 소일거리가 없을까하고 생각했던 사람은 돈보다는 완장에 더 매력을 느낄 수도 있다. 그런 사람이라면 당신이 만들어준 단지 '무슨무슨 특보'라고 적힌 명함에 혹하기도 한다.

어떤 사람은 당신 같은 거물급(?)을 알아두면, 나중에 무언가 도움을 받을 수 있을 것이라 생각하기도 할 것이다. 우리 아들 취직에 도움이 되지 않을까 생각하는 사람도 있을 것이고, 선거운동 중에 자기 식당의 매출을 높여줄 것이라 생각하는 사람도 있을 수 있다. 친목계 삼아 온 사람도 있을 것이다. 억울한 일을 해결해달라는 사람도 있고, 민원이 있어서 찾아오는 사람들도 있다. 믿기 어렵겠지만 상대후보가 미워서 당신을 찾아오는 이들도 있다.

그들 중에서는 공공의 이익에 해당되는 것을 들고 오는 사람이 있는가하면, 개인적인 이익을 위해 찾는 사람도 있고, 어떤 경우에는 집단이기주의에서 비롯된 문제를 해결하기 위해 찾아오는 사람도 있다. 하지만 '좋은 세상을 만들어주는 것', '내 아들·딸들이 살기 좋은 세상을 만들어주는 것', '좋은 정치를 통해 내 삶이 달라질 수 있도록 애써주는 것', '우리 동네를 살기 좋게 만들어주는 것' 등을 바라고 당신의 캠프를 찾는 사람은 아마도 거의 없을 것이다.

그러나 이 다양한 요구들은 결국 다음 두 가지로 요약된다. 지금 당장 해결 가능한 것과 당선되고 난 뒤에나 기대해볼 수 있는 것이 바로 그것이다. 지금 당장 해결 가능한 것은 주로 돈이다. 공식선거 운동기간 중에 해결해 줄 수 있는 합법적인 돈은 선거운동원들에게 지급되는 일당 정도와 거래처로 나가는 외주료 정도다.

돈 때문에 캠프를 찾은 사람이라면 정중히 거절해 돌려보내라

만약 그 두 가지 경우 모두에 해당되지 않는 사람이 단지 돈을 바라고 캠프를 찾았다면 정중히 거절하는 것이 좋다. 그들은 대부분 선거브로커다. 하지만 그들을 정중하지 않은 방법으로 내쫓는다면 그들은 당신의 적이 될 것이고, 그것은 당신의 선거에 결코 좋은 영향을 주지 않는다. 때문에 정중히 거절하는 것이 핵심이다.

'정말 부탁하고 싶지만 선거법을 어기면서까지 선거를 치를 수는 없다.'고 말하되, 여러 가지 여지를 남겨 두어야 한다. 그들을 설득할 수도 있다. '어떤 부문을 맡아 달라. 무리하게 가지는 말자.' 등으로 그를 회유할 수도 있다는 것. 그러나 어떤 경우에도 그들을 적으로 돌려세우는 일만큼은 막아야 한다.

후보와 참모들은 조직의 외연을 확장하기 위해 많은 사람들을 만나게 된다. 그들을 만나서 이야기를 나누는 것 또한 바로 그들이 원하는 것이 무엇인지를 알아보기 위한 것이다. 내가 먼저 나서서 무엇을 제시하는 것은 바보짓이다. 차근차근 그들의 이야기를 들으며, 그들이 원하는 것을 알아내는 것이 조직 활동의 첫 단추다.

그리고 그들의 성향을 평가표 위에 정리해보아야만 한다. 그 항목에는 상대가 캠프에 원하는 이익을 적시해두자. 그것이야말로 그 사람을 적극적으로 영입해야하는지 혹은 영입했다가는 분란이 생길 것인지를 판단하는 근거가 된다.

선거운동원, 혹은 아르바이트 자리를 얻기 위해 온 사람들이라면 적극적으로 받아들여야 할 것이다. 단, 당장 그가 원하는 것을 약속해서는 안 된다. 결정은 그때 가서 하면 된다. 가능성을 주고 그 기준을 제시하라. '많은 사람들이 그 일들을 원하고 있다. 이러이러한 목표를 달성하시는 분들을 먼저 모시겠다. 충분히 가능한 얘기다.' 정도로 그들을 설득하라는 것.

문제는 당선되고 난 다음에나 기대해볼 수 있는 것들을 얻기 위해 함께 하고자 하는 사람들이다. 이 사람들을 다시 분류해 보면, 좋은 정치를 위해 돕겠다는 사람, 넓고 포괄적인 이익을 얻기 위해 돕겠다는 사람, 분명한 무엇을 요구하며 돕겠다는 사람 등 세 가지 부류가 있음을 알게 된다. 결론적으로 말하면 그들 모두는 캠프에 도움이 되는 사람들이다.

결국 그들이 원하는 것은 밥, 삶, 꿈의 세 가지다. 그 중에서 가장 많은 요구는 밥이다. 취직부탁도 밥이고, 돈도 밥이고, 밥도 밥이다. 장사가 잘되었으면 하는 생각, 닥쳐온 어려운 문제를 해결하고 싶다는 욕심, 그 모든 것들이 밥에 다름 아니다.

사람다운 삶을 살기 위해, 자존심을 되찾기 위해, 지금보다는 더 나은 삶을 살기 위해, 이런 것들은 모두 '삶과 꿈'의 문제들이다. 그 어떤 것들이건 후보가 감당하기에는 너무나도 무거운 짐이다. 그러나 그것들 모두를 선선히 받아들여라. 그 정도도 해결하지 못할 요량의 후보라면 더 이상 정치를 해서는 안 된다.

그들은 당신이 모두 받아들여야만 하는 적극적인 우군들이다. 단,

분명한 무엇을 요구하며 돕겠다는 사람에게 구체적인 약속을 하는 것은 금물. 모든 사람들에게 '함께 노력해보자. 나도 최선을 다하겠다.'로 답하면 된다. 그들에게 최대한의 기대감을 갖도록 하라.

그 모든 요구들을 선거의 당선 여부와 결부시켜라

그리고 그 모든 것들을 선거의 당선과 결부시켜라. 그리고 당신의 당선가능성에 대해 자신감을 보일 필요가 있다. 동냥을 하는 거지도 돈이 있어 보이는 사람, 돈을 줄 가능성이 있는 사람에게 동냥을 한다. 하지만 상대에게 돈이 없다는 것이 확인되었다면 더 이상 미련을 갖지 않을 것이다.

당신이 당선될 가능성이 없다는 사실을 알게 되면 그 사람들은 당신에게서 더 이상 어떤 매력도 느낄 수가 없게 될 것이다. 때문에 당신은 그들에게 당선에 대한 자신감을 최대한 내보일 필요가 있다. 그리고 그 사람에 대해 각별한 관심과 배려를 아끼지 않는다는 인상을 계속 심어주어야 한다.

그러나 당신이 당선되고 난 뒤에 그 모든 것들을 다 해결해주어야 한다는 부담감은 버려라. 만일 그런 부담을 느끼면서 선거운동을 한다면 당신은 '쌩초보'다. 사람의 생각은 변화하는 것이다. 지금 당장은 그것이 꼭 갖고 싶다하더라도 시간이 지나면 생각이 바뀔 수 있다는 것. 그리고 합법적 해결방법이 전혀 없는 것도 아니다.

선거에 당선된 뒤에 중매쟁이가 되는 후보들이 있다. 그 정도면 '하수'다. 선거과정에서 후보를 중심으로 만들어진 네트워크와 연대감, 당선을 통해 얻어진 네트워크들을 통해 그들의 요구 중 불법이 아닌 것, 무리한 것이 아닌 수준에서 스스로 중매쟁이를 자처할 수 있다면 초보신세는 면했다 할 것이다.

  선거과정에서 만들어진 그들 사이의 네트워크와 연대감을 통해 굳이 내가 아니더라도 그들 스스로 문제를 해결할 수 있도록 하는 후보는 '중수' 다. 선거조직이 커지면 커질수록 모인 사람들은 다양하기 마련이다. 그 중에는 물건을 팔려고 하는 사람도 있고, 물건을 사려고 하는 사람도 있다. 어떤 사람은 취직을 하고자 하고, 어떤 사람은 정말 괜찮은 사람을 얻고자 할 것이다.

  어떤 사람은 자신을 인정받고 싶어 할 것이고, 어떤 사람은 외로워서 왔을 것이며, 어떤 사람은 뭔가 뜻있는 일을 하고 싶을 것이다. 그들 중에는 처음 만나는 사람도 있으며, 이미 알고 있는 사람들도 있다. 그런 사람들이 모여, 선거라는 짧지만 강한 경험을 통해 유대감을 형성하게 되면 연대감의 시너지는 더욱 강력하게 작동된다.

  그렇게 만들어진 연대로 서로가 서로를 자연스레 돕게 되고, 그들 스스로를 하나의 느슨한 공동체로 만들어낸다. 후보는 그 속에서 느슨한 중계인의 역할만 자임하면 된다는 것. 굳이 친목회를 만들고, 어떤 모임을 만들어 참여하게 할 필요조차 없다. 당신이 충분히 아름다운 선거를 했다면 말이다.

  그러나 진정한 '고수' 는 따로 있다. 진정한 고수란, 그들로 하여금 당신이 당선된 것만으로도 충분하다고 믿게 만드는 후보다. 그런 일이 가능하냐고 반문할지 모르지만 이런 일은 충분히 가능하다. 처음 시작은 그게 아니었지만 가다보니 그런 마음이 들고, 처음과는 전혀 다른 생각을 갖기도 하는 것이 사람이다.

  처음에는 무엇인가를 얻기 위해 왔지만 당신의 인간적인 매력, 정치인으로서의 소신에 빠져든 뒤로는 자신의 이익보다는 당신의 당선과 정치에 훨씬 더 큰 매력을 느낄 수 있다. 당신 때문에 가슴이 뛰고, 가슴이 뜨거워지고, 함성이 절로 나오는 사람들이 있고, 그들과 함께 움직이다보면 자연스레 그 역시 가슴이 뛰고, 가슴이 뜨거워지고, 함성이 절로 나오게 될 것이다.

당신의 태도가 중요하다, 충분히 매력적인 사람이 되라

그러기 위해서는 당신의 태도가 매우 중요하다. 우선은 매력을 가져야 한다. 그리고 그들에게 늘 관심과 애정을 표해야만 한다. 그러나 무엇보다 중요한 것은 당신이야말로 '좋은 세상을 만들어 줄 수 있고, 내 아들·딸들이 살기 좋은 세상을 만들어줄 수 있으며, 좋은 정치를 통해 내 삶을 달라지게 만들 수 있고, 우리 지역을 살기 좋게 만들어줄 수 있는 사람'이라고 믿게 만드는 것이다.

그리고 더 나아가서 그것들은 누가 만들어주는 것이 아니라, 우리들 스스로가 만들어가는 것이라는 사실과, 우리가 힘을 모으면 얼마든지 가능하다는 자신감을 그들에게 불어넣을 수 있어야 한다. 이것이야말로 생활정치를 이루는 것이요, 당신의 선거를 승리로 이끄는 진정한 힘이 되어주는 것이다.

무엇인가를 요구하던 사람이 선거라는 과정을 통해 당신이 당선되는 것만으로도 더 이상 이익이 필요 없다고 느끼게 만들 수 있는 후보, 당신의 당선이 그들의 힘에 의해 이루어진 결과라고 믿게 만드는 후보, 그런 후보야말로 진정 고수라 하겠다.

그렇다면 어떻게 조직의 생각을 바꿔나갈 수 있을까? 이처럼 조직을 뜨겁게 만드는 것은 다름 아닌 그들의 열정이다. 이 열정을 위해 후보는 어떤 노력을 기울여야 할까?

움직이는 조직, 살아있는 조직, 가슴 뜨거운 조직으로 조직을 강화시키는 중심에는 후보가 있다. 그것을 만드는 것도 후보요, 그것을 이끌어가는 것도 후보라는 것. 다음의 네 가지 방법을 통해서 조직의 열정을 만들어낸다.

첫째, 후보는 꿈을 보여주어야만 한다. 후보의 꿈, 그들의 꿈, 우리 모두의 꿈을 일깨우고, 그 꿈들을 염원하게 해야 한다. 그들이 믿고 비빌 수 있는 언덕이 되어야 하고, 그들 스스로 언덕이 되도록 도와주어야 한다. 현실을 분석해서 적나라하게 보여주어야 하며, 그 현실을 타개하고 나아갈 꿈을 펼쳐보여야만 한다.

그들이 그 꿈을 상상하게 하는 능력, 그 꿈이 그저 꿈이 아니라 조만간 현실이 될 수 있다는 믿음, 그리고 그 꿈으로 말미암아 나의 밥과 삶과 꿈이 모두 실현될 수 있다는 생각을 그들에게 심어주어야 하는 것이다. 그리고 그 꿈과 후보를 연결 지어 생각하게 만들 수 있다면 조직의 열정은 절로 만들어지는 것이다.

그리고 그 꿈속에 그들이 있도록 해야 한다. 아무리 좋은 꿈도 자신의 것이 되지 않으면 남의 일일 뿐이다. 그 꿈이 그들 모두의 것, 그들 스스로의 것이 될 수 있도록 당신은 모든 생각의 중심에 그들을 놓아야만 한다.

미국 16대 대통령이었던 링컨의 게티즈버그 연설을 기억할 것이다. 그는 연설에서 '국민의, 국민에 의한, 국민을 위한 정부'를 역설했다. 이 문구는 결국 국민이 바로 미국 정부의 중심임을 천명한 것에 다름 아니다. 만일 그가 그 연설에서 스스로를 위대한 대통령이라고 치켜세웠더라면 누구도 게티즈버그 연설을 위대한 연설로 기억하지는 않을 것이다.

둘째, 후보는 늘 관심과 칭찬의 시그널을 송출해야만 한다. 후보는 눈빛을, 표정을, 손길을, 말을 가지고 있다. 후보가 그들에게 보내는 눈빛과 표정과 손길과 말은 상상 이상의 위력을 발휘한다. 일흔이 넘은 어르신도 후보의 칭찬 한마디에 몸 둘 바를 몰라 한다. 참모들 사이에서 후보의 시그널들은 서열이 되고, 계급이 된다.

이름을 외우고, 이름을 부르고, 안부를 물어라

나폴레옹이 명 지휘관이 될 수 있었던 이유 중 중요한 하나가 암기력이었다는 설이 있다. 그는 특히 사람의 이름을 외우는 데 천재적이어서 프랑스군의 숫자가 50만 명을 넘었을 때에도 연대급 부대에 소속되어 있는 장교들의 이름 모두를 기억했다고 한다. 그것이 바로 당시 프랑스군의 사기에 직접적인 영향을 주었던 것.

후보는 그들의 이름을 외우고, 이름을 부르고, 심지어 그 사람의 아들딸 이름까지 외워 안부를 물어주어야 한다. '내 편이니까 괜찮다.'고 생각해서 남들에게만 전화를 돌려대는 후보는 승리할 수 없다. 그들에게 먼저 전화를 걸고, 그들을 가장 먼저 챙겨야 한다. 그런 후보가 승리하는 후보다.

'칭찬은 고래도 춤추게 한다.'는 말이 있다. 칭찬할 일이 있으면 당연히 칭찬해야 한다. 그러나 칭찬할 일이 없어도 칭찬할 일을 찾아 칭찬하라. 몇몇 사람만 칭찬하지 말고, 고르고 넓게 칭찬하라. 쉬지 말고 칭찬하고, 잠을 줄여서 칭찬해야 한다.

셋째, 늘 함께 하는 후보, 함께 나누는 후보가 되어야 한다. 그런 후보라야 승리의 뒤를 신뢰받을 수 있다. 카리스마가 필요하다며 웃음을 아끼는 후보가 있다. 하지만 인간미 없는 카리스마는 존경은 받을 수 있으되, 신뢰를 얻을 수는 없다. 존경만으로는 열정을 만들기 어렵다. 함께 손잡고, 함께 웃고, 함께 우는 후보야말로 열정을 만들어내는 후보다.

그 사람의 일을 함께 걱정해주고, 그 사람의 기쁨을 함께 나누는 후보. 그런 후보가 바로 관심의 시그널을 보내는 후보다. 당신이 말하고 싶은 것을 말하지 말고, 상대의 리듬에 몸을 맡겨라. 상대가 화나 있다면 당신도 함께 화를 내라. 어떤 일로 속상해 있다면 당신도 속상해해야 한다.

상대를 웃기고 울리는 사람이 아니라, 상대와 함께 웃고 우는 사람이 될 때 비로소 그 후보는 신뢰를 얻을 수 있다. 그래야 승리를 나눌 수 있는 후보로 그들에게 다가갈 수 있다. '내가 어떠어떠한 정책으로 이렇게 좋은 세상을 펼쳐 보이겠다,' 에 앞서, '상황이 이러이러하니 얼마나 힘들겠는가?' 를 먼저 알아주고 걱정해주는 후보라야 그 어떤 정책도 신뢰받을 수 있게 된다는 것.

당신의 힘에 의해 조직의 열정이 만들어진다. 조직이 충분한 열정으로 데워졌다면 이제 그 조직의 열정을 밖으로 표출해내야 한다. 그저 마음속에 결연함을 만드는 것만으로는 열정바이러스가 퍼져나가지 않기 때문이다.

열정은 축제를 만들고, 축제는 열정을 돋운다. 우리는 언제부터인가 '축제 같은 선거' 라는 말을 많이 들어왔다. 과연 그런 선거란 무엇일까? 연예인을 불러 노래 부르고, 물풍선 던지기를 하면 가능해지는 것인가? 다음 네 가지 방법을 통해서 만들어지는 것이 축제 같은 선거다.

첫째, 함께 하게 하라. 팥죽처럼 들끓는다는 말이 있다. 한 사람이 움직이는 것보다는 여러 사람이 움직일 때 시너지가 생긴다. 나 혼자만의 판단이 아니라, 이처럼 많은 사람들의 판단이다. 나 혼자의 힘이 아니라, 이처럼 많은 사람들의 힘이다. '나와 함께 하는 사람들이 이렇게 많구나.' 라고 느낄 때 없던 힘이 솟아나는 것이다.

속된 표현이지만 선거판에서 오래 전해지는 말로 '문둥이가 문둥이보고 놀란다.' 는 말이 있다. 나도 그냥 어정쩡하게 따라왔지만 나처럼 어정쩡하게 나온 사람들이 많으면 무슨 큰일이라도 함께 하게 된 듯 생각하게 된다. 이렇게 우리가 함께 하도록 하면 그 속에서 만들어지는 자신감이 자신의 생각을 보다 강화하고 증폭시킨다.

열정이 만들어졌다면, 이젠 축제 같은 선거를 펼칠 때

둘째, 참여하게 하라. 좋은 공연이나 보고 박수나 치게 하는 선거로는 축제가 되지 않는다. 그 축제 속에서 '내' 가 주인공이 되게 해야 한다. '내가 나서지 않으면 어디 가능하기나 한 일이야?' 라는 생각을 모두가 할 수 있도록 해주어야 한다는 것.

어떤 모임에서 틀어준 동영상에 늘 보던 후보가 나와 늘 듣던 다짐을 결연하게 하고, 늘 듣던 정책을 귀에 딱지가 생기도록 반복한다면 그것은 축제가 아니다. 그 동영상에 내가 한 얘기가 나오고, 내가 일하고 있는 모습이 보이도록 하라. 내가 바라는 정치, 내가 바라는 우리 구, 내가 바라는 후보를 볼 수 있게 하라. 그때 느끼는 감동이야말로 동영상에서 만난 후보의 얼굴보다 열 배쯤 크게 다가설 것이다.

셋째, 모든 것을 즐겁게 하라. 딱딱한 의자에 앉아 숙연한 강의를 듣는 것, 혹은 후보의 연설을 듣는 것만으로는 축제가 만들어지지 않는다. 축제 판을 펼치기 위해서는 박수치게 하고 노래를 부르게 하며, 수시로 춤추게 해야 한다. 이런 판을 펼쳐 사람들로 하여금 재미를 느끼게 하고 어깨를 들썩거리게 해야 한다는 것.

자동차나 보험 상품을 판매하는 영업소들, 백화점이나 놀이공원 같은 곳들에선 어김없이 아침조회를 한다. 그리고 이 아침조회에서는 남녀노소 누구나 경쾌한 음악에 맞춰 에어로빅을 추기도 하고, 손뼉을 치며 노래를 부르기도 하며 구호를 외치기도 한다. 심각한 얘기와 분위기로는 활력 있는 축제를 만들 수 없다. 마치 아주머니들이 노래교실에 가듯, 그렇게 선거는 즐거운 것이어야 한다.

넷째, 일하도록 하고 스스로 성과를 달성하게 하라. 하루에 네 시간만 일하고 오만 원을 주는 아르바이트가 있다. 하는 일도 고작 봉투를 붙이는 일이다. 누구도 일을 다그치지 않는다. 아주머니들 스무 명이 네 시간 일했지만 별로 성과가 없다. 하는 만큼만 하고 시간이 되면 돌아간다. 하지만 그 아주머니들은 돌아가면서 '에이그, 돈이 남아도는구나.' 라고 생각하기 일쑤다.

함께 고민하고, 함께 문제를 푸는 사이에 소명의식이 생기고 정이 싹튼다. 함께 땀 흘리며 열심히 일한 뒤라야 보람을 느낀다. 땀 흘리지 않고 그저 모여서 놀기만 해서는 자부심을 갖기도, 감동을 느끼기도 어렵다. 자부심이 없는 축제, 감동이 없는 축제는 또한 맥 빠진 축제가 될 것이다.

이렇게 될 때 비로소 축제 같은 선거가 가능해진다. 이제 돈과 자리로 하는 선거의 시대는 끝났다. 설사 그것이 가능하다해도 그렇게 만들어진 조직은 약하다. 그런 선거를 치르려는 후보가 있다면 하루

빨리 생각을 바꿔야 할 것이다.

'거기 가면 돈 주냐?'며 부스스 잠 덜 깬 얼굴로 타박하는 남편과 아내에게, '거기 가면 꿈 준다. 우리 아이들의 미래를 준다. 당신도 함께 가자.'고 자신 있게 말할 수 있는 선거, 그런 아내와 남편들이 많아지는 선거조직을 만들자. 그런 선거를 통해 축제·열정·감동이 함께하는, 모두가 주인이 되는 선거를 치러야 할 것이다.

> **Point**
>
> ### 1-7. 조직의 강화와 활성화
>
> - 분명한 목표와 이익에 대한 확신이 있을 때 강한 조직이 만들어진다.
> - 그들의 이익에 귀 기울여라. 그리고 그 이익을 만들어라.
> - 함께한 사람들의 네트워크와 연대로 얼마든지 이익은 창출될 수 있다.
> - 당신의 목표가 곧 그들의 이익이 되는 것이 가장 좋다.
> - 후보는 꿈을 보여주어야만 한다.
> - 후보는 늘 관심과 칭찬의 시그널을 송출해야만 한다.
> - 늘 함께 하는 후보, 함께 나누는 후보가 되어라.
> - 열정이 만들어졌다면 그 열정이 밖으로 표출되도록 하라.
> - 열정바이러스가 축제를 만들고, 축제는 열정을 돋운다.
> - 함께하게 하고, 참여하게 하고, 즐겁게 하고, 일해서 성과를 얻게 하면 그 사이 축제가 무르익게 된다.

선거전략 & 선거캠페인

1-8 | 1부 : 선거, 어떻게 준비할 것인가?
프로세스와 시스템 구축

열심히 잘하자가 아닌, 효율적으로 잘하자!

많은 선거캠프들이 디데이게시판을 붙여놓고 있다. 'D-00일' 이라는 게시판을 잘 보이는 곳에 걸어두고 선거일까지의 날짜를 세는 것이다. 하지만 그 캠프들 중 많은 곳에는 구체적인 일정계획이 붙어있지 않다. 당에서 배포하거나, 외주처에서 만든 공식선거일정표 정도가 전부라는 것.

실질적인 캠프의 일정표가 붙어 있지 않다는 것은 많은 점들을 시사한다. 우선은 캠프의 일정이 아예 존재하지 않는다는 것일 수도 있다. 만약 그렇지 않다면, 일정은 있되 그 일정표를 공유하지 않는다는 것일 수도 있다.

일정을 만들어야 한다. 그리고 그 일정은 모두에게 공유되어야 한다. 뿐만 아니라 그 세부 일정들이 제대로 진행되고 있는지가 늘 평가되어야 하며, 만약 그렇지 못하다면 그 문제를 해결해야 한다.

어떤 선거캠프인들, 또 어떤 선거조직인들 열심히 하지 않는 곳이 있겠는가? 그러나 그들 중 많은 선거캠프는 승리를 얻지 못한다. 왜 그럴까? 열심히 하는 것만으로는 이길 수 없기 때문이다. 그렇다면 어떻게 해야 하는 것일까?

의지를 모으고, 목표를 정하고, 목표에 도달하기 위한 일정을 정리하고, 그 일을 공유하고 분담하며, 각자가 정해진 일정에 맞춰 자신의 목표를 달성해 가야 한다. 그 중 어떤 것 하나라도 무너지게 되면 그 모든 것들이 무너지고, 모든 것들이 무너진 캠프는 결코 승리할 수 없다. 그저 흉내만 내다 끝난다는 것.

효율적 분업을 가능하게 하는 일의 체계가 '프로세스'

얼마 전 나는 어느 식당으로부터 초대를 받았다. 아직 오픈을 하지 않은 식당에서 개점연습을 하고 있으니, 그냥 와서 식사를 해달라는 부탁. 웬 떡인가 싶어서 여러 사람들과 함께 그 집을 찾았다. 그런데 종업원이 다가와서 메뉴판을 내밀며, 뭘 시키겠느냐고 묻는 것이다.

공짜 밥을 먹을 욕심으로 그 식당을 찾았던 나는 당황하지 않을 수 없었다. 게다가 메뉴판의 음식들은 모두 내 돈 내고 먹기에 만만치 않은 금액들이었다. '함께 간 사람들의 식대까지 지불하려면 제법 지갑이 얄팍해지겠구나.' 라고 생각하며 주문을 했고, 종업원은 계산서를 살포시 가져다놓는 것이 아닌가?

잠시 후에 내 자리를 찾은 사장의 설명을 듣고 난 뒤에야 나는 겨우 안심을 하게 됐다. 직원들을 뽑아 일주일 이상 교육을 시키고, 다시 일주일 동안 리허설을 하고 있었다는 것. 주문부터 계산까지 모든 것을 연습해야 하기에 형식적으로 가져다 놓은 것일 뿐 현금을 낼 필요가 없다는 말을 듣고 나는 가슴을 쓸어내렸다.

그런데 그렇게 나흘째 리허설을 하고 있다는 종업원들이 여기저기에서 실수를 연발하고 있었다. 일주일간의 교육과 사흘간의 리허설로도 충분히 개점할만한 준비가 되지 못했음이 여기저기서 눈에 띄었던 것. 그저 밥을 주문하고, 주방에서 밥이 나오고, 그것을 상에 내놓고, 상을 치우는 것이지만 그런 일에도 '이처럼 충분한 준비가 필요한 것이구나.' 하며 나름 깨닫게 되는 바가 있었다.

아는 사람들이 개업을 하면 체면상 한 번쯤은 그 가게를 들러 음식을 팔아줘야 한다. 그들 가게 중에는 이처럼 철저하게 준비를 해서 개업을 하는 경우도 있지만 경험 없는 주인 내외가 종업원 한두 명을 두고 개업하는 집도 많아서 가끔 낭패를 보는 경우가 있다. 밥이 도대체 어디로 들어가는지 모를 정도로 혼이 쏙 빠져서 식당 문을 나서는 경우가 있다는 것.

경험이라는 것은 참 중요한 것이다. 경험 없는 종업원들의 서빙을 받다보면 주문을 잊어버리는 사람에, 주문을 했는데도 다시 와서 묻는 사람에, 찬을 빠뜨리는 사람에, 숟가락을 떨어뜨리는 사람에, 먼저 왔는데도 늦게 밥을 받아야 하는 경우는 물론이고, 계산조차 헛갈려서 셈이 틀리는 경우도 한 두 번이 아니다.

이런 식당들에게는 공통점이 있다. 서로의 일이 확실히 분화되어 있지 않다는 것이다. 다른 말로 하면 체계가 없다는 것. 이 체계가 바로 프로세스이며, 그 속에 사람들까지 채워지면 시스템이 된다.

여기에 동작 하나하나를 지정해서 프로그램화 해둔 것이 매뉴얼이다. 즉 매뉴얼은 절차를 담아놓은 문건이라 하겠다.

음식장사도 결국 사람을 상대하는 단골장사다. 오는 사람 얼굴 익혀 다음에 보면 아는 척하고, 그 사람의 특징을 파악해서 보다 나은 서비스를 하는 것이 음식장사. 그래야만 손님이 북적거리는 식당이 될 수 있다.

그런데 이처럼 체계가 없이 허둥대는 식당에서 어찌 손님 한 사람 한 사람의 얼굴을 기억할 것이며, 어찌 손님들의 취향까지 알아내 맞춤서비스를 해줄 수 있겠는가? 이처럼 효율적 분업과 체계는 식당에서조차 필요한 것이다.

프로세스의 기획이란 건물을 짓기 위한 설계작업과 같다

선거캠프 안에는 여러 사람들이 뒤섞여 있기 마련이다. 선거를 많이 경험해본 사람부터, 선거캠프라는 곳을 난생 처음 와본 아르바이트생까지 각양각색의 사람들이 혼재해 있다. 특히 지역선거의 경우에는 처음 선거를 경험해보는 사람들이 많기 마련이다.

사정이 그렇다보니 그들 모두가 목표를 공유하기는커녕, 각자의 역할조차 제대로 알지 못한 채 멀뚱히 남의 눈치만 보고 있는 경우 또한 적지 않다. 이런 문제에 이의를 제기하면, 노련한 경험자들은 '며칠만 더 있으면 다 알게 됩니다. 걱정하지 마세요.' 라고 태연하게 말한다. 그러나 이런 조직은 필패하는 조직이다.

여러 사람들이 함께 일하는 조직에 필수적인 것이 바로 프로세스다. 프로세스가 구축되어 있다는 것은 결국 그로부터 생산된 일이 확실한 결과로 나타날 수 있음을 의미한다. 이렇게 일하면 항상 이런 결과가 나타날 것이라는 믿음, 정해진 시간에 내가 이렇게 만들어 보내면, 저 사람은 꼭 정해진 시간에 내 물건을 받아 이렇게 만들어낼 수 있을 것이라는 믿음이 프로세스의 기본인 것이다.

그런데 대부분의 선거판에서는 '잘 하는 놈'이 다 한다. 잘 알고 잘 하는 사람이 하루 종일 목소리를 높여 말하고, 나머지 사람들은 멀뚱멀뚱 서로를 쳐다보며 단순한 일거리들이나 만지게 된다. 가뜩이나 모자라는 일손에 이런저런 일들이 산재해서 제 때를 맞추기 어려워도 그 일을 대신해주거나 도와줄 사람을 찾기가 어렵고, 일의 체계도 정해져 있지 않아서 우르르 몰려다니기가 일쑤다. 그러나 그런 동네축구로는 이길 수 없다.

선거라는 일 자체가 자발성을 담보로 하는 일이다보니, 여기저기 소일거리 없는 어르신들도 많이 찾는다. 하루 종일 자리를 지키고 앉아 한담을 나누는 것은 물론, 일하느라 바쁜 자원봉사자나 참모에게 커피를 끓여내라고 다그치는 것도 다반사다.

밤을 샌 선거참모가 책상에서 자고 있고, 콜센터의 자원봉사자들이 과자를 앞에 두고 수다를 떨고 있는 선거캠프. 기자로부터 걸려 온 전화를 누구에게 바꿔줘야 할 지 몰라 발을 동동 구르는 자원봉사자, 자원봉사를 하고 싶어 찾아왔지만 반겨주는 이가 아무도 없어 뭘 해야 할지 모르고 그냥 서 있다가 나가버리는 사람까지……. 많은 사람들이 '이렇게 해도 선거를 이길 수 있나?' 하며 의아해하는 사이에 선거는 끝나버린다.

그렇다면 어떻게 해야 효율적이고도 합리적인 프로세스를 기획하고, 시스템을 구축할 수 있을까? 프로세스를 기획하는 것은 건물을 짓기 위한 설계도와 시방서작업 같은 것이다. 선거에서의 프로세스는 결국 '표를 어떻게 얻을 것인가?'에서 출발한다.

　몇 표를 어떻게 얻을 것인가? 그것을 가능하게 하기 위해서는 어떤 단계와 절차를 거쳐야 하나? 그 단계와 절차를 위해서는 얼마만큼의 시간과 물적·인적 자원이 필요한가? 이런 질문들에 대한 답을 체계화시키는 과정이 바로 프로세스다.

모든 프로세스에는 목표를 해결하는 과정이 담겨 있어야만 한다

　정해진 선거일정표대로 행사를 하나하나 치러나가는 것만으로는 선거를 이길 수 없다. 더욱이 행사를 효율적으로 잘 치르기 위한 프로세스라면 그것은 선거의 승리와 전혀 무관한 프로세스다. 중요한 것은 표를 얻어나가는 과정이다. 모든 일들이 표를 얻어나가는 과정을 중심으로 짜여야만 승리에 다가설 수 있다.

　그렇기에 프로세스기획은 어려운 것이다. 한.표 한 표 세어가며 그 결과를 예측할 수 있도록 짜인 탄탄한 프로세스만이 선거의 승리를 견인한다. 그러기 위해서는 유권자들의 마음을 움직일 수 있는 방법을 알고, 그 절차를 이해해야만 한다.

　그러다보니 프로세스를 구축하는 작업은 대부분 경험자들을 중심으로 이루어질 수밖에 없다. 문제는 단기간 동안 벌어지는 선거이기 때문에 프로세스를 짜는 것 자체에 회의를 가진 사람들이 많다는 것. 설사 프로세스를 짜자고 들어도 결국은 자신들의 머릿속으로 훤하게 꿰뚫고 있는 프로세스를 그저 필요할 때마다 그때그때 지시하는 것으로 시스템이 구축되었다고 생각한다. 그러나 그래서는 효율적인 선거운동을 기대하기가 어렵다.

　조직원들 모두가 목표를 공유하고, 목표를 달성해나가는 과정을 충분히 이해한 뒤 업무를 나눠가져야 한다. 그냥 일정을 따라해서는 안 된다. 남들의 것을 보고 그것을 충실히 따라하는 것으로도 안 된다. 그것을 왜 하는지, 해서 어떤 기대효과가 있는지, 그러기 위해서는 어떤 점에 주목해야 하는지를 분명히 해야 한다.

그럴만한 여유가 없다고 말하는 사람들이 있다. 그러나 나는 반대다. 오히려 단기전이기 때문에 더욱 조직원들 내부의 공유와 결합도가 높아야 하는 것이다. 이렇게 될 때 각자가 맡은 일만 정확히 해내면 결과를 만들 수 있는 강한 조직이 구축되는 것이다.

프로세스에는 모든 사람들의 업무 범위와 내역이 규정되어야 한다. 그리고 그 업무 범위와 내역은 언제, 누가, 어떤 활동을, 왜 하는지에 대해서도 명쾌하게 규정되어야 한다. 그래야만 설사 그 자리가 비거나 잠시 빠진다 해도 그 일을 도울 사람이 있다. 이렇게 업무를 표준화해두면 업무수행도 매우 수월해질 뿐만 아니라 업무 자체를 단순명료하게 정리할 수 있게 된다.

이러한 프로세스 구축에 있어 꼭 염두에 두어야 할 것은 업무와 결과의 상관관계다. '이렇게 하면 안하는 것보다는 낫겠지, 이렇게 하면 아마도 이렇게 되지 않을까?' 식의 아마추어적인 사고로 프로세스를 기획한다면 낭패다.

업무는 늘 결과를 겨냥해야하고, 결과를 담보할 수 없는 업무는 하지 말아야 한다. 소중한 시간과 인적·물적 자원을 투입해서 한 일이 그저 분위기를 만드는 정도의 성과를 내는 것이라면 과감히 하지 않는 편이 옳다.

이렇게 구축된 업무프로세스들이 각각의 사람과 결합하면 그것이 바로 시스템이다. 그렇다고 사람을 중심으로 시스템을 짜라는 말은 아니다. 특정한 사람이 아니라 프로세스에 의해 돌아갈 수 있도록 시스템을 짜야한다는 것. 캠프의 자리배치도 이러한 업무프로세스를 고려하여 짜야만 한다. 누구와 누가 함께 있어야 하고, 어느 조직과 조직이 같은 라인 상에 있어야 하는지 등을 고려해야만 한다.

공유되지 않은 프로세스는 프로세스가 아니다

프로세스와 시스템에 대한 모든 검증이 끝난 뒤에는 매뉴얼이 작성되어야 한다. 매뉴얼은 각 업무들의 절차와 양식을 문건으로 구성하는 일이다. 이 프로세스와 시스템, 그리고 매뉴얼은 결코 머릿속에서 짜지는 것이 아니다.

이것들은 모두 문서화되어 조직원들에게 공유되어야만 한다. 이렇게 만들어진 매뉴얼들은 새로운 조직원들에게 매우 유용하다. 유입되는 자원봉사자 등을 위해 만드는 안내장이나 각종 양식들도 모두 매뉴얼에 해당한다 하겠다.

매뉴얼까지 작성되면 모든 일에 담당자를 정하고, 빈자리를 채워나간다. 체계가 잘 잡혀 있는 조직은 담당이 자리를 비워도 일이 굴러간다. 그 일을 대신할 대체요원까지 지정되어 있기 때문이다. 이렇게 프로세스에서 시스템, 그리고 매뉴얼과정까지가 탄탄하게 짜여지면 그 어떤 사람이 들어오더라도, 또 어떤 위기상황에 부딪친다 하더라도 그 일들을 흔들림 없이 처리해나갈 수 있을 것이다.

구축된 업무프로세스와 그에 따른 시스템은 캠프 내에 공유되어야 한다. 물론 모든 사람이 이 시스템을 알 필요는 없다. 하지만 후보와 참모들은 이 모든 시스템을 이해해야 하며, 그 결과를 검증해야 한다. 검증이 끝난 시스템이라면 그 속에서 자신의 역할과 그 일이 만들어낼 결과를 숙지한다. 이 과정에서 조직 내부의 모든 사람들로부터 공감대를 얻어내지 못한 프로세스와 시스템이라면 그 기획은 잘못된 것이다.

이렇게 구축된 프로세스와 시스템, 그리고 매뉴얼은 선거 승리를 위한 첫 번째 필요조건이다. 선거승리를 위한 지도(map)라고도 할 것이다. 그것은 선거기조를 정하는 전략과 더불어, 선거캠프를 운영해나가고 지역을 훑어 표를 만들어내는 전략의 핵심이 된다.

결국 전략참모들의 가장 큰 임무는 프로세스를 기획하고, 시스템을 구축하며, 매뉴얼을 작성하는 것이다. 그리고 이것들을 조직원 모두에게 공유시킬 뿐만 아니라, 그 성과를 평가해서 잘못된 것들을 바로잡고, 효과가 없는 것들을 조정해나가야 한다.

특히 조심해야 할 것은 후보자 중심의 선거다. 많은 전문가들이 후보는 배우(actor)여야 하며, 참모들이 혹은 한 사람의 참모가 감독의 역할을 수행해야 한다고 조언한다. 하지만 현실도 그러한가? 대개의 캠프들은 중요한 사안에 대한 결정의 대부분을 후보에게 맡기고 있다. 후보 스스로 독단을 행사하기도 한다.

캠프 내에서 후보자가 선거를 가장 많이 알고 있는 것도 문제다. 물론 그렇지 않은 캠프도 있겠지만, 상당수 지역선거 캠프에는 후보보다 선거에 대해 잘 아는 사람이 존재하기 어렵다. 사정이 그렇다 보니 후보가 그 캠프 안에서 그나마 선거를 경험해본 사람이기가 일쑤인 것.

후보가 제일 잘 알고, 후보가 모두 결정하는 선거는 이기기 어렵다. 선거를 기획하는 단계에서는 오히려 효율적일 수도 있을 것이다. 하지만 후보가 유권자들을 만나기 위해 밖으로 돌아야하는 시점이 되면 후보가 출타 중인 캠프는 일시에 혼란에 빠지곤 한다.

　후보가 빠진 캠프가 앙꼬 없는 찐빵이요, 오아시스 없는 사막이 되어버리는 캠프라면 그곳엔 더 이상 비전이 없다. 이러한 점도 캠프 내에서 공유가 충분히 이루어져야 하는 이유다. 프로세스와 시스템의 충분한 공유를 통해 결정권 또한 각 책임자들에게 분산시켜서 각자의 소신과 책임 하에 일을 할 수 있게 한다면 그 조직은 매우 순발력 있고, 체계적인 조직으로 거듭날 수 있을 것이다.

Point

1-8. 프로세스와 시스템 구축

- 공식 선거일정표만으로는 승리할 수 없다.
- 일정을 만들고, 모두가 공유하게 하라.
- 역할을 나누고 체계를 만드는 것이 프로세스요, 시스템이다.
- 프로세스는 일의 내용이 일의 결과를 담보하게 해준다.
- 프로세스 기획이란, 집짓기로 치면 설계도와 시방서를 만드는 작업이다.
- 프로세스 구축작업은 경험자들을 중심으로 이루어져야 한다.
- 그때그때, 사람이 프로세스가 되어서는 안 된다.
- 시스템이란 사람이 아닌, 프로세스에 의해서 돌아가는 구조다.
- 프로세스와 시스템의 공유는 교육과 매뉴얼에 의해 진행된다.
- 후보자 중심의 선거는 후보 스스로 독단을 행사하게 하며,
  이런 경우 후보가 없으면 캠프도 돌아가지 않는다는 점을 명심하자.

02

2부. 선거전략과 선거조직

2-1. 후보의 전선과 콘셉트 : 내가 하는 약속, 너를 이길 나를 만든다!

2-2. 정치지형조사와 후보프로필 : 승리를 향한 전략지도, 민심을 읽고 나를 읽자!

2-3. 선거일정과 선거조직 : 조직은 타이밍이다, 시간을 지배하라!

2-4. 캠프구성과 참모영입 : 한 몸으로 부딪혀야 승리를 쟁취한다!

2-5. 후보선출과 기초조직 : 일석이조, 수륙양용전차를 타라!

2-6. 공조직의 구축과 관리 : 알뜰한 집안 단속이 선거승리의 제1원칙!

2-7. 각급 조직의 구축과 관리 : 가려운 곳을 긁어 정책조직을 만든다!

2-8. 선거대책본부의 구축과 관리 : 모두를 위한 하나, 하나를 위한 모두!

선거 전략 & 선거 캠페인

2-1 　　2부 : 선거전략과 선거조직

　　　　후보의 전선과 콘셉트

내가 하는 약속,
너를 이길 나를 만든다!

선거에서 말하는 '전선'이란 대립되는 양쪽을 가르는 선이다. 그 선을 분명히 함으로써 잠재되어 있는 표들을 눈에 보이게 하고, 양 진영에 논쟁을 불러일으킨다. 선거에서 도화선 역할을 하는 것이 바로 이 '전선'이다.

이를 통해 부동표를 깨우고, 상대 쪽 지지자들을 우리 편으로 만들기도 한다. 이 과정은 유권자들로 하여금 커밍아웃을 하도록 유도하는 것이기도 하다. 전선을 형성한다는 것은 불확실한 것들을 확실한 것들로, 그것도 가급적이면 우리 편으로 깨워낸다는 말의 다른 표현으로 보는 것이 좋다.

다수결주의를 근간으로 하는 민주주의 사회에서는 갈등과 대립을 받아들일 수밖에 없는데, 이러한 다양성들이 가장 극명하게 대립되는 것이 바로 선거다. 출마를 하는 후보들은 사회에 존재하는 갈등과 대립을 이용해 편을 가르고, 유권자들이 누구의 편인지를 확인하고 싶어한다.

그래서 선거를 두고 모든 사람에게 칭송받는 행위가 아닌, 우리 편에게 칭송받는 행위라고 치부하는 사람들도 있다. 틀린 말은 아니다. 선거는 '열심히 하겠다.'는 약속만으로는 이길 수 없다. '상대와 어떻게 다르게 하겠다.'와 '그렇게 하기 위해 나는 어떻게 다르다'는 메시지를 각인시킬 수 있어야 한다.

'어떤 약속인가'가 선거기조, '어떤 사람인가'가 후보콘셉트

정치란 '비전을 제시하되 강제하지 않고, 설득하되 배제하지 않으며, 사회적 합의의 총량을 극대화하는 조정력의 예술.'이라는 말이 있다. 하지만 선거는 합의의 총량을 극대화하기 위해 노력하되, 사회적 합의를 조정하는 것이 아니라 그 일부를 배제함으로써 승리하는 일이다.

이런 이유로 선거는 정치와 정반대의 위치에 있다는 비난을 받기도 한다. 하지만 선거라는 전쟁에서 이기기 위해서는 이런 비난에도 불구하고, 판을 가를 수 있어야 한다. 때문에 당선이 되었다 하더라도 선거로 말미암아 갈라진 판을 다시금 봉합하고, 합의하는 능력 또한 필수적이다.

선거토론에 빠지지 않고 등장하는 주제는 바로 이번 선거의 의미다. 후보들이나 캠프 관계자들은 '부정과 부패를 몰아내는 선거다.', '국민의 살림살이를 더 나아지게 하는지를 결정하는 선거다.',

'양극화를 해결하기 위한 선거다.' 등 제각각 선거를 규정한다.

이러한 선거의 의미는 매우 오랫동안 여러 가지 데이터를 바탕으로 고심 끝에 결정되는 것이다. 때문에 후보들이 밝히는 선거의 의미 속에는 매우 많은 의도가 깔려 있다.

첫째, 그것은 후보자가 유권자들에게 하는 중요한 약속이다. 대부분의 후보들은 유권자들이 좋아할 만한 약속을 하려고 애쓴다. 그것을 판단하기 위해서 후보자와 캠프는 여론을 주시하고, 각종 조사들을 진행한다.

둘째, 선거의 의미는 곧 후보의 정체성이다. 아무리 좋은 약속이라 하더라도 그 약속을 내놓는 사람이 미덥지 못하면 소용이 없다. 상대후보가 더 잘 이행할 것 같은 약속처럼 보여도 안 된다.

선거 때가 되면 후보들은 많은 공약들을 내놓게 된다. 그것이 가능한 것이든 그렇지 않은 것이든 엄청난 양의 공약들은 유권자들을 흔들고, 표심을 유혹한다. 각종 공약들은 바로 이 '선거의 의미'를 약속하는 연장선에 있어야만 한다. 향후 이러한 약속들이 유권자들에게는 후보의 정치철학으로 인식되는 점도 감안해야 할 사항이다.

약속에 의해 선거판이 갈라지기도 한다. 노무현 후보와 이회창 후보가 맞붙었던 2002년 대선은 '보수와 진보'가 팽팽하게 판을 펼친 최초의 선거였다. 선거 초반에는 이회창 후보가 독주했다. 하지만 정몽준 후보와 노무현 후보의 극적인 단일화를 통해 진보세력이 결집하는 계기가 만들어졌다.

물론 이회창 후보의 지지율은 그러는 동안에도 노무현 후보를 앞서 나갔다. 하지만 연이어 터진 한나라당의 '차떼기사건'으로 인해 숨어 있던 진보들이 수면 위로 올라섰다. 이로써 양 후보는 백중세.

결국 승부를 갈라놓은 것은 '행정수도 공약'과 '정몽준 후보의 지지 철회'였다.

'행정수도 공약'은 아주 절묘한 시점에 터져 나왔다. TV토론의 가장 큰 쟁점으로 떠오른 '행정수도 공약'은 충청권의 표심을 돌려 놓았고, 정몽준 후보의 단일화 철회는 민노당 일부 지지자들의 사표 심리를 자극하는 한편 진보의 결집을 독려해서 노무현 후보를 당선시켰다.

이것이 일명 '판짜기', '판 가르기'다. 선거는 내 편과 네 편의 싸움이다. 그래서 내 편과 네 편을 분명히 가르되, 내 편 사람들이 더 많도록 만들어야 한다는 것. 후보들은 국민 모두가 혹은 주민 모두가 잘 사는 나라나 지역을 만들겠다고 말하지만 그 말들 속에는 언제나 자기편이 있다. 그것이 선거고, 그것이 정치다.

모든 후보들은 자신에게 유리하도록 판을 짜고 싶어한다

앞서 설명한 것처럼 2002년 대선의 경우는 이러한 판 가르기가 여러 차례 시도되었다. 그러나 한 가지 강한 이슈로 판이 갈리고, 그것으로 끝나는 선거도 얼마든지 있었다. 판 가르기에 적절한 이슈는 단순하면서도 강한 이슈다. 하지만 사회가 복잡해지면서 이처럼 단순하면서도 강한 이슈는 잘 통하지 않고 있다.

후보는 언제나 자신에게 유리한 쪽으로 판을 짜고, 세를 가르고 싶어 한다. 그것은 상대후보들도 마찬가지다. 따라서 유권자들의 관심이 있는 이슈로 판을 짠 후보가 유리해진다. 더 많은 유권자들이 원하는 약속을 하는 후보가 유리해진다는 것. 여기에 보태 이 약속을 던진 후보가 상대후보에 비해 그 약속을 더 잘 지킬 것처럼 보인다면 훨씬 유리한 국면을 맞이하게 된다.

그리고 이런 약속은 지금 당장 유권자들이 좋아할 약속과, 향후 투표일에 가까워졌을 때 좋아할 만한 약속의 두 가지로도 생각해볼 수 있다. 예상되는 선거쟁점을 정확히 알 수만 있다면 지금 당장 좋아할 약속보다는, 투표일에 가까워졌을 때 좋아할 만한 약속을 하는 것이 좋다.

예상되는 선거쟁점이 현재의 쟁점보다는 훨씬 유리한 고지다. 하지만 그보다 더 고수들은 선거쟁점을 만들어낸다. 앞서도 설명한 바와 같이 정치는 살아 있는 생물이다. 쟁점은 시간의 흐름에 따라 언제나 꿈틀거린다는 특징이 있다.

평소 아무리 쟁점에 편승해서 잘해온 후보라 하더라도 선거시점에서 자신이 그간 약속했던 쟁점보다 더 큰 태풍이 몰아쳐오면 난감해질 수밖에 없다. 처음에는 전혀 흔들리지 않을 것 같던 이슈도 예기치 못했던 사건에 의해 무너지는 경우가 있다. 2007년 최대의 이슈는 '경제'였다. 그 경제 속에는 성장도 포함되어 있었고, 양극화도 포함되어 있었으며, 나아가서는 분배까지도 포함하는 '경제'였다. 이 '경제'의 이슈를 가장 먼저 거머쥔 것은 이명박 후보였다.

이를 견제하기 위해 문국현 후보는 이명박 후보의 '경제'를 구시대경제, 토목경제로 규정하고, 자신의 '경제'를 지식사회로 가는 경제로 내세웠던 것. 권영길 후보 또한 이명박 후보의 '경제'를 기득권의 경제로 규정하고, 자신의 경제를 '서민경제'로 내세웠다.

하지만 많은 수의 유권자들이 문국현 후보와 권영길 후보의 '수권능력'에 의구심을 보였다. 토목경제의 패러다임보다는 지식사회경제의 패러다임이 더 옳다고 해도, 국민들의 머릿속에 있던 '현대그

룹의 신화'는 너무 컸고, 스스로를 서민이라 생각하는 유권자들이 훨씬 많음에도 불구하고 권영길 후보의 '서민경제'론은 수용되지 못했던 것이다.

이러한 때에 터진 BBK사건공방, 삼성사태 등은 작지 않은 파장을 몰고 왔다. 참여정부 5년을 경험한 많은 유권자들은 '설사 떡고물이 좀 묻더라도 떡 잘 만드는 떡장수'가 좋다고 공공연히 말해왔다. 하지만 이명박 후보의 위장전입, 위장취업, 국민연금 및 세금 미납 등에 이어 터져 나온 BBK사건은 '부정부패 심판론'에 적지 않은 영향을 주었다. 이러한 상황에서 알 수 있듯 새롭게 불어오는 쟁점의 대부분은 '사건'에 의해 만들어진다.

지역선거에는 지역에 맞는 '약속'이 선거기조

이처럼 대선이나 광역단체장 선거 등 큰 선거들은 이슈에 의해 판이 갈리는 경우가 많다. 하지만 총선이나 지방선거의 경우에는 정당의 큰 이슈 아래에서 각 후보들이 내놓은 '선거의 의미'는 퇴색하거나 희석되고 만다. 후보가 선거철에 내놓은 '선거의 의미'는 물거품처럼 쓸려가기 십상이라는 것.

하지만 탄탄한 조직미디어를 준비하고, 오랜 기간 준비한 '선거의 의미'는 그런 폭풍우 속에서도 버텨내는 힘이 있다. 이를테면 '아무리 부패한 정당이지만 우리 후보만은 그렇지 않다.' 식이 바로 그것이다. '아무리 저 정당이 무능한 정당이지만 우리 후보만은 유능하다.'도 마찬가지다.

그래서 후보의 약속은 정당의 약속과 꼭 같을 필요가 없는 것이다. 정당의 약속이라는 그늘 아래에서 후보는 후보 나름의 약속을 만들고 그 약속을 중심으로 선거를 치러나가야 한다는 것. 유권자들은 지역마다 모두 다른 특성을 가지고 있다. 유권자를 읽고, 경쟁자와 후보 스스로를 제대로 읽어 만든 약속이야말로 유권자를 설득할 수 있는 약속이다.

물론 이러한 약속은 약속을 전달하는 미디어, 즉 조직미디어가 탄탄할 때 그 힘을 발휘하게 된다. 만약 조직미디어가 구축되지 않은 상태에서의 약속이라면, 그것은 캠프 안에서만 맴돌다 선거가 끝나는 것과 동시에 사라질 것임을 명심하자.

앞서 약속에는 후보의 정체성이 반영되어야 한다고 밝힌 바 있다. 약속 안에는 내가 자신 있는 것과, 경쟁상대가 자신 없어할 만한 것이 대비되어 있어야만 한다. '부패를 심판하는 선거다.' 라는 말 속에는 '나는 도덕적으로 깨끗하다.' 는 의미가 들어 있다. 그런데 만일 선거기간 중에 자신의 부패가 드러나 버린다면 그것은 돌이킬 수 없는 자충수가 된다.

때문에 후보와 캠프는 우리 측과 상대후보 측 모두를 제대로 파악하여, 서로의 강점과 약점을 충분히 숙지하고 있어야만 한다. 물론 이를 위해서 후보는 전략을 구상하는 참모들이나 컨설턴트에게 자신의 모든 정보를 내놓아야만 한다.

그렇지 않을 경우, 이후에 돌이킬 수 없는 곳으로 빠져들 우려가 있다. 특히 그것이 자신의 치명적인 약점이고, 그것이 드러나 유권자들 속에서 이슈화되면 우리 조직은 순식간에 무너져 내린다는 사실을 명심해야 할 것이다. 후보는 애초에 이처럼 치명적일 만한 실수는 하지 않는 것이 좋으나, 설사 그런 일이 있었다하더라도 전략을 구상하는 단계에서 미리 대비할 수 있어야 한다는 것이다.

후보와 잘 맞는 코드의 약속을 해야만 한다

아무리 좋은 약속을 했다 하더라도, 유권자들에게 있어 당신이 그 약속을 잘 지키지 못할 것으로 생각된다면 아무 소용이 없다. 상대적으로 다른 후보가 훨씬 더 약속을 잘 지킬 것으로 보이는 경우도 마찬가지다.

이럴 경우에는 눈물을 머금고 유권자들이 두 번째로 좋아할 만한 약속을 할 수밖에 없다. 유권자들 모두가 똑같은 약속을 요구하지는 않기 때문에 두 번째로 좋아할 만한 약속, 혹은 세 번째로 좋아할 만한 약속만으로도 선거에서 이기지 말라는 법은 없다.

이를테면 우리 지역 유권자들이 이번 선거의 의미를 '부정부패 정치를 없애는 선거'(32.7%), '유능한 지역일꾼을 뽑는 선거'(28.6%), '경제성장을 이루기 위한 선거'(19.8%), '양극화문제를 해결과 사회안전망을 강화하기 위한 선거'(10.7%), '다음에 있을 대통령선거의 전초전'(7.2%)으로 보고 있다고 하자.

이 경우 가장 유리한 약속은 부정부패 정치를 없애는 선거지만, 만일 자신이나 자신의 정당이 부정부패의 이미지를 갖고 있다면 당연히 이 부분을 선거쟁점으로 끌고 들어가서는 안 될 것이다. 자신은 부정부패와 전혀 관계가 없지만 상대후보가 청렴한 이미지로 지역에 각인되어 있다면 그 역시 마찬가지다.

결국 완벽한 답은 없다. 그때마다 판단의 근거가 되는 것은 유권자들이 바라는 정치·정세적 요구와 지역적 요구, 여기에 자신의 강점과 상대후보의 약점을 대비하여 그 속에서 나의 약속을 이끌어내야 한다는 것이다.

이를 위해서는 조사가 필수적이다. 정치지형조사의 결과를 살펴보면 지역별 정치성향 차이에 놀라곤 한다. 영·호남을 포함한 우리나라 지역별 정치성향은 이미 잘 알려진 사실이다. 그러나 같은 영남 내에서도 부산과 대구, 경남과 경북, 울산이 모두 다르게 나타나고, 같은 부산 내에서도 각 구마다 정치성향의 편차는 크다는 사실을 알 수 있게 된다. 하나의 구 안에서도 각 동의 성향은 다르게 나타난다.

이러한 조사들이 마무리되면, 조사한 결과를 종합적으로 분석하여 이번 선거에서 활용할 선거기조와 후보콘셉트를 정리한다. 특별한 이변이 없는 한 이러한 선거기조와 후보콘셉트는 경선 이전에 수립하고, 선거가 끝날 때까지 일관성 있게 밀고나가는 것이 좋다.

만일의 경우, 선거쟁점의 요동으로 인해 선거기조와 후보콘셉트를 바꿔야겠다는 판단이 섰다하더라도 그 변동은 매우 신중할 필요가 있다.

선거기조는 슬로건으로 정리하고, 후보콘셉트는 친근감 있는 '별명' 등으로 정리해둔다. 별명으로는 이순신·김구·유관순·신사임당·포청천 같은 인물도 등장한 바 있으며, 소·코뿔소·곰·고래 등의 동물도 있었고, 기관차·발전소·불도저·부싯돌·횃불·등대 등의 사물이나, 청백리·목민관·항해사·선장·기관사 등의 역할로 자신을 표현하기도 했다.

그 어떤 것이든 후보콘셉트는 후보자의 정체성과 잘 어울리는 것이어야 하고, 선거기조에 잘 부합하는 이미지를 택해야 한다. 이렇게 만들어진 후보콘셉트는 각종 선거홍보물에 일찌감치 도입하여 굳혀나가는 것이 좋다. 특히 후보콘셉트는 선거구민들이 생각하는 이미지와의 연관성을 잘 파악해서 결정하는 것이 좋다. 그리고 후보콘셉트 결정에 있어서만큼은 가급적 후보의 의견을 배제하는 것이 좋다.

> **Point**
>
> ### 2-1. 후보의 전선과 콘셉트
>
> - 선거는 갈등과 대립, 그리고 분쟁을 이용해 편을 가르는 행위다.
> - 후보가 말하는 '선거의 의미'란, 유권자들에게 하는 약속이다.
> - '선거의 의미' 속에는 후보의 정체성이 반영되어야 한다.
> - 후보가 내놓는 중요한 공약들도 이 '선거의 의미'를 반영해야만 한다.
> - 선거 후반에 유권자들의 선호가 바뀔 수도 있음에 유의하자.
> - 지역선거는 정당의 큰 이슈 아래 각 후보들의 약속이 희석될 수 있다.
> - 탄탄한 조직미디어와 잘 준비된 약속은 파급효과가 크다.
> - 후보의 약속은 정당의 약속과 같은 맥락 속에 있어야 하지만, 정당의 약속과 꼭 같을 필요는 없다.
> - 좋은 약속도 후보가 잘 지킬 수 없을 것으로 보이면 아무 소용이 없다.
> - 선거기조와 후보콘셉트는 매우 상대적인 것이다.
> - 선거기조와 후보콘셉트를 추출하기 이전에 꼭 정치지형조사를 실시해야만 한다.
> - 결정된 선거기조는 슬로건으로 정리하고, 후보콘셉트는 친근감 있는 별명으로 정리해둔다.

선거 **전략** & 선거 **캠페인**

2-2

2부 : 선거전략과 선거조직

정치지형조사와 후보프로필

승리를 위한 전략지도,
민심을 읽고 나를 읽자!

앞서 우리는 후보의 전선과 콘셉트에 대해 살펴보았다. 이처럼 선거기조를 구성하고, 후보콘셉트를 정하기 위해서는 상황분석이 필수적이다. 이러한 작업은 소위 SWOT분석을 통해 가능해진다. SWOT분석은 마케팅용어로서, 내가 처한 상황에서의 장점·약점·기회·위협요인을 분석하는 것이다. 이러한 SWOT분석을 위해서는 상황분석이 우선 필요하다.

마케팅 상황분석은 시장조사, 소비자조사, 자사조사, 경쟁자조사로 이루어진다. 선거에서도 마찬가지다. 시장조사란 정치시장을 의미한다. 지금까지 진행되어왔던 투표율과 투표결과, 그동안의 당선자들 성향과 당시의 상황을 추론하는 통시적 조사와 현재의 정치상황 등 공시적 조사가 시장조사에 해당한다.

소비자조사란 유권자조사에 다름 아니다. 우리는 이를 다른 이름으로 정치지형조사라고도 부른다. 정치지형조사는 크게 정성조사와 정량조사로 나뉜다. 정성조사는 구체적인 내용을 파악해내는 수단으로 쓰이며, 기초자료 수집과 같은 기초조사를 비롯, FGI(포커스그룹인터뷰), 심층면접조사와 같은 방법이 있다.

정량조사는 정확한 수치로 나타나는 통계조사로, 주로 구조화된 질문지를 이용해 실시하는 1대1 면접조사가 많이 쓰인다. 그 외에 전화조사, 패널조사, 우편조사 등을 통해 진행되기도 한다.

유권자들의 상황, 자신을 포함한 각 후보들의 상황을 알아보는 조사

우리는 정치지형조사를 통해 다음 네 가지를 확인하게 된다. 첫째, 선거를 맞이하는 유권자들이 처해 있는 현실과 유권자들이 바라는 해당 공직에 대한 요구사항들을 확인할 수 있다. 둘째, 유권자들이 호응할 수 있는 선거기조를 확인할 수 있다. 셋째, 우리 후보에 대한 기존의 인지와 인식을 확인하고, 선거기조에 부응할 수 있는 후보콘셉트를 확인할 수 있다. 넷째, 후보구도에서 유리한 경력 및 보완적 정책능력이 무엇인지를 확인할 수 있다.

정치지형조사는 이 네 가지 내용 이외에도 기본적인 정당지지도, 소지역주의, 주요 유권자집단 등을 확인하게 해주는 수단이 된다. 이러한 조사를 할 때는 주관적 지역정서에 매몰되어 있지 않은 객관적 분석이 가능하도록 조치해야 한다. 그리고 조사구조를 제대로 이해하고, 그 내용을 분석할 수 있는 이가 조사를 기획하고 집행하는 것이 좋다. 또한 그 어떤 것보다도 선거전략 전문가의 도움이 필수적이다.

FGI를 하기 위해서는 연령별·성별로 6~12개의 그룹을 만들고, 각 그룹에는 연고지역·지지정당 등 성향을 각기 달리 배치한 8~10명 정도를 묶어 배치하여 진행한다. 진행자는 이들에게 주제를 던지고, 그 주제에 대해 사람들이 자유롭게 토론하면 그 내용을 녹취한다. 녹취된 내용을 분석하여 사람들의 속마음을 알아내는 조사의 형식이다. 그러나 FGI는 조사의 과정이 매우 복잡하고 어려워 광역단체장 선거 이외의 지역선거에서는 잘 사용하지 않는다.

개인별 대면인터뷰는 FGI를 약식으로 진행하는 것으로서, 후에 집회 동영상 자료 등으로도 활용할 수 있다는 장점이 있다. 선거운동을 위해서도 이러한 개인별 대면인터뷰를 활용하는 경우가 종종 있다. 자원봉사자가 간단히 녹음기만 들고 거리로 나가 시민들을 인터뷰하는 형식으로, 주로 정책적인 문제들을 자문 받는 형태를 취한다. 이를 통해 우리 캠프가 주민들의 이야기에 귀 기울이고 있다는 사실을 보여줄 수도 있다.

설문조사는 성별·연령별·지역별 인구를 고려하여 구성한 표본집단을 대상으로 실시하되, 조사문항을 구성하기 전에 지역의 현안과 문제점 등을 충분히 파악하여 이후 반영 가능하도록 조치해야만 한다. 이러한 설문은 전화가 아닌 대면조사를 통해 실시하는 것이 좋다. 대면조사는 보다 성의 있는 설문조사가 가능하며, 이를 통해 응답률을 높일 수도 있기 때문이다.

설문을 실시하기 위해서는 다음의 몇 가지 사항에 유의하여야 한다. 첫째, 설문지는 조사전문가에 의해 만들어지는 것이 좋다. 그렇지 않았을 경우 보기문항들의 오류와 분석의 오류로 인해 제대로 된

결과를 얻지 못할 수도 있기 때문이다.

둘째, 지역현안에 대한 사전조사 등을 통해 보기가 적절히 구성되도록 해야 한다. 셋째, 조사원들은 사전에 충분히 교육해 설문의 편향성이 배제될 수 있도록 하여야 한다. 넷째, 일정 비율 이상의 유권자들로부터 설문을 받아야 하며, 설문의 지역·성별·연령에 따라 그 수를 통제하여야만 정확한 여론이 반영될 수 있다. 다음은 정치지형조사의 샘플이다.

정치지형조사 샘플

지역 현안 관련
- 지역에 대한 평가, 정체성, 발전방향, 산업활성화방향
- 삶의 질 향상을 위해 시급하게 개선되어야 할 분야

대통령 국정운영 관련
- 대통령의 국정운영에 대한 평가, 집권 후 지역의 발전상황
- 대통령의 남은 임기 동안 국정운영에 대한 기대수준

유권자 투표 행태 및 정당 지지도
- 대선 때 투표한 후보, 총선 때 투표한 후보, 지방선거 때 투표한 후보
- 그 후보들에게 투표한 이유
- 현재 지지정당과 그 정당에 대한 생각, 지지의사의 지속성 여부

차기 선거 후보 선택 요인
- 대선에 대한 관심도, 후보 선택 시 가장 고려할 사항
- 정당에 대한 고려의 수준, 인물적 측면만 고려할 경우 가장 우선하는 점
- 인물과 소속정당의 비중, 지지후보 결정 시 가장 도움이 되는 것

현 공직자 평가
- 현재 선출돼 일하고 있는 사람의 이름 인지여부, 그 사람에 대한 평가
- 선출된 뒤 지역 내 달라진 점, 제시된 사안들에 대한 해결능력 평가
- 그 인물의 재선이 바람직하다고 보는지 여부

차기 후보와 정당 관련
- 다음 선거가 지역발전에 미치는 영향, 다음 선거에 투표할 의사
- 지역에 적당하다고 생각하는 후보의 자질, 갖추어야 할 능력

각 후보별 인지 및 경쟁 구도
- 다음 선거에 출마할 후보로 거론되는 인물들에 대한 인지 정도
- 적합하다고 생각하는 후보와 그 이유
- 거론되고 있는 인물에 대한 호감도와 평가
- 거론되고 있는 인물 중 당선되지 말았으면 좋겠다고 생각되는 후보
- 거론되고 있는 인물 중 당선가능성이 높다고 생각되는 후보
- 차기 선거에서 당선되어야 한다고 생각하는 정당
- 규정할 수 있는 차기 선거의 성격
- 지난 선거기간 동안 밝혀온 공약들의 필요성 정도 평가

자료 분류용 질문
- 직업, 결혼 여부, 학력, 가구전체의 월평균소득
- 주택 유형, 주택 소유 형태, 이 지역 거주기간
- 종교, 정치뉴스 관심정도, 소속 집단이나 모임 또는 단체 등
- 아버지의 고향(원적), 보수와 진보의 구분 등

　　기본적으로 이러한 분석들은 선거전략과 정책개발의 기초가 되기 때문에 더욱 중요하다. 위의 문항 외에도 기초자료가 되는 인구통계

라든지, 지역의 지리적·정치적·사회적·문화적·정서적 특수성 및 역대 선거결과와 투표경향도 알아놓아야 할 사항들이다.

지역에 관한 자료들을 어떻게 찾아야 할지 모르는 후보들은 선거관리위원회를 통해 선거총람이나 백서를 챙기고, 지방의회가 해온 일, 지역현안과 관련된 논문이나 여론조사 결과 등을 통해 부족함이 없도록 하는 게 좋다.

자사조사와 경쟁자조사도 중요하다. 이를 위해 그간 보도된 기사 등을 수집하고, 준비된 질문지에 의해 자신을 객관화하는 한편, 주변의 평판을 조사한다. 경쟁자 분석은 차별화된 홍보를 통해 이슈형성에서 우위를 차지하는데 중요한 역할을 한다.

정보 수집을 위한 모든 방안을 동원해서 유력한 상대후보 2~3인에 대해 모두 분석해 놓는 것이 좋다. 빠뜨리지 않아야 할 주요 내용은 이 뿐만이 아니다. 상대후보의 약력과 경력, 지역 내 인지도와 이미지, 지역 내 지지기반과 그것의 형성 과정, 인물 됨됨이와 능력, 긍정적-부정적 이슈거리, 장·단점 등도 모두 파악해 두어야 한다.

영향력 있는 관련 인물이나 단체, 자금력, 자금원이나 후원세력 등도 파악하여야 상대후보가 현역일 경우 의정활동 내용도 알아두어야만 한다. 예상 선거전략 또한 꼭 필요한 자료들이며, 이렇게 수집된 자료들을 왜곡없이 바라볼 수 있어야 한다.

우리나라 선거는 지역마다 정서의 격차가 커 이 부분에 대한 분위기도 반드시 파악해 놓아야 한다. 전통적으로 강세인 정당, 도시인지 농촌인지 여부, 연령층의 분포, 가장 많은 비율을 차지하는 연령층, 해당 지역 공무원들의 정부에 대한 반응, 해당 지역만의 독특한 심리 등이 그것이다.

위의 조사가 모두 이루어지고 나면, 이를 분석해 정리하여야 한다. 물론 후보의 프로필을 정리하는 작업은 이와는 별도로 진행되어야 하는데, 프로필의 기본 내용을 뽑아보았다. 다음은 후보의 프로필을 작성하기 위한 체크리스트의 샘플이다. 이를 참고해서 더욱 세밀하고 구체적인 조사문항을 작성할 수 있도록 한다.

후보자 프로필 체크리스트 샘플

개인신상 - 약력중심
- 출생지, 본적, 본관, 거주지, 거주기간, 군대, 가족관계
- 고향과 고향에 대한 생각과, 거처를 옮겨온 과정
- 병력, 재산수준, 거주지 규모와 시가, 재산형성의 주 수입원
- 학력과 전공과목, 학창시절 성적과 등수, 간부역임 유무
- 외국어능력과 컴퓨터 활용능력
- 현 건강상태, 신체프로필 (신장, 체중, 혈액형, 시력 등)
- 부모, 형제, 친가, 처가의 도움될 만한 가족관계
- 부모님 약력과 경제적 수준, 과거의 생활수준
- 결혼시기, 결혼방법과 과정, 배우자 약력과 자식의 병역사항

개인신상 - 기호, 습관, 성격
- 취미, 특기, 스트레스 해소법, 음주·흡연 유무, 휴대폰 번호개수
- 오래된 습관이나 버릇, 남다른 징크스, 콤플렉스, 애장품
- 성격, 장·단점, 유년시절부터 불려졌던 별명
- 가장 친한 친구들 (이름/연락처/거주지/직업)
- 나에 대한 주위사람들의 평가, 나만의 외모평가, 나만의 매력
- 종교 여부, 본인 종교에 대한 입장과 타종교에 대한 입장

- 사람들과의 관계, 희노애락의 순간, 화났을 때 · 슬플 때 행동
- 평균 수면시간과 하루 중 규칙적으로 하는 생활습관
- 가장 친한 친구의 수와 친구라 말할 수 있는 사람의 수
- 정기적으로 만나는 친구 수와 만남 횟수, 친구와의 에피소드
- 학창시절 데모참여 여부, 기억에 남는 사건
- 즐겨찾는 인터넷 사이트 3곳, 좋아하는 영화, TV프로그램
- 좋아하는 가수, 꽃, 색, 배우, 운동선수, 운동, 계절, 음식
- 자주 듣는 칭찬과 비판, 그에 대한 생각과 미치는 영향
- 본인이 소개할 수 있는 가족만의 장점(특성), 가족과의 관계
- 배우자 · 이혼에 대한 생각, 부모님 · 자식에 대한 생각
- 이상적인 여성상과 남성상
- 지역에 대한 생각, 상징, 대표음식, 명소, 자랑스러웠을 때

정치철학 · 소신
- 각종 이슈와 현안들에 대한 입장
- 존경하는 인물과 존경하는 정치인, 그 이유
- 이상적으로 생각하는 공직인상과 요건
- 생활신조와 좌우명, 가훈, 정치적 성향 (진보적, 보수적)

사회경력
- 직장경력, 봉사활동 경력, 훈 · 포상 내용, 언론에 보도된 경험
- 내세울만한 주요경력과 논문과 저술 관련 사항, 소지 자격증
- 참여하고 있는 모임, 개인조직 (단체명, 모임성격, 회원수 등)
- 배우자와 관계있는 공 · 사조직 (성격, 영향력, 회원수 등)
- 사회단체 · 정치활동 경력 (가입년도, 직위 등)
- 업무 추진 스타일과 조직관리 스타일
- 평소 잘 알고, 도움 받을 수 있는 지역 내 유력인사

- 가족 · 친척 · 친구와 관계된 지역 내 조직(성격, 영향력, 회원수, 관계자 등)

출마동기와 입장
- 출마결심의 이유, 시기, 지역과 그 이유
- 예상 지지유권자, 그 집단의 성격과 지지이유
- 예상 경쟁상대, 상대후보가 제기할 약점과 강점
- 나의 출마를 가장 지지해주는 사람과 집단, 유리한 점
- 가족들의 입장과 지원수준과 승리 위한 준비정도
- 유권자들이 지지해야하는 이유, 현재의 당에 소속된 이유
- 유권자들에게 바라는 점, 당선이후 꼭 해결할 지역현안
- 낙선이후 재도전 의사

이러한 과정을 거쳐 상황분석이 마무리되면, 그 내용을 토대로 SWOT분석을 실시하고, 선거기조와 후보콘셉트를 확정한다. 선거기조를 바탕으로 각종 정치공약과 지역발전공약을 준비하고, 후보콘셉트를 바탕으로 후보의 인물 됨됨이를 알리는 자료들을 준비하도록 한다.

선거에 나서는 후보는 곧 '상품'이다. 이러한 조사를 거치면서 후보는 스스로를 객관적으로 분석해 자신의 상품성과 가치를 찾아낼 수 있어야 할 것이다. 그리고 이렇게 찾아낸 상품성과 가치를 어떻게 포장해서 확산시키느냐가 선거 승리의 관건이다. 많은 후보들이 유권자를 파악할 틈도 없이 선거를 치르고, 참패하는 경우를 많이 보았다.

특히 현역의원들의 경우, 스스로가 본인의 지역구를 잘 알고 있다

고 자만하여 가장 기본이 되는 조사조차 게을리 하다가 석패하는 경우도 종종 있다. 하지만 선거에 나서는 후보라면 누구나 '민심은 지속적으로 변화하는 것이다.' 라는 생각을 잊지 않도록 해야 할 것이다. 따라서 후보는 전략을 구축하기 이전에 필요한 조사를 실시하고 전략의 실효성을 보다 더 높일 수 있도록 준비해야 하겠다.

> **Point**
>
> ### 2-2. 정치지형조사와 후보프로필
>
> - 선거기조와 후보콘셉트를 추출하기 위해서는 상황분석이 필수적이다.
> - 상황분석의 결과는 SWOT분석표로 도출된다.
> - 정치상황, 유권자들의 상황, 자신과 각 후보자들의 분석이 상황분석이다.
> - 유권자조사에는 정성조사와 정량조사가 있다.
> - 정성조사는 구체적인 내용을 파악하는 것으로, FGI가 대표적이다.
> - 정량조사는 통계수치를 구하는 조사로, 1대1면접조사가 대표적이다.
> - 이러한 조사를 통해 유권자들의 해당 공직에 대한 요구, 호응할 수 있는 선거기조, 요구하는 후보콘셉트 등을 확인해야 한다.
> - 조사의 정확성을 위해 전문가들의 도움을 받는 것이 좋다.
> - 조사 외에도 문헌자료들을 찾아 챙기는 일이 필요하다.
> - 경쟁자분석을 위해 자체발행 자료, 언론기사 등을 참고할 수 있다.
> - 선거에 나서는 후보는 상품이다. 자신을 객관적으로 분석해서 자신의 상품성과 가치를 찾아야 한다.
> - 상품성을 어떻게 포장해서 확산시키느냐가 선거 승리의 관건이다.
> - 전략을 수립하기 이전에 필요한 조사를 먼저 실시, 전략의 실효성을 더 높일 수 있도록 준비하자.

2-3 선거일정과 선거조직

2부 : 선거전략과 선거조직

조직은 타이밍이다, 시간을 지배하라!

법적으로 국회의원 후보가 선거운동에 돌입할 수 있는 시기는 투표일 120일 전부터다. 후보는 예비 후보자등록을 신청함으로써 본격적인 선거운동을 실시하게 되는데, 이때부터 후원회 등록도 가능하다.

지역구별 정당선거사무소도 투표일 120일 전부터 설치할 수 있으며, 예비 후보자등록을 마친 후보는 곧바로 선거사무소를 설치할 수 있다. 예비 후보자홍보물을 발송할 수도 있고, 명함을 이용해서 선거운동을 하는 것도 가능하다.

투표일 90일 전부터는 각종 저술·연예·연극·영화·사진 기타 물품의 광고출연이 금지된다. 또한 방송·신문·잡지를 통해서 이

름을 알릴 수도 없다. 의정보고회와 출판기념회도 금지되며, 통·
리·반장이나 주민자치위원을 맡고 있었다면 이를 사직해야 한다.
공무원들은 투표일 60일 이전까지만 그 직을 사직하면 된다.

선거법상 정해진 선거일정은 그저 선거일정일 뿐이다

선거인 명부는 투표일 19일 전부터 작성되며, 후보자등록은 투표
일 15일 전부터 2일간 실시된다. 부자재신고기간 만료일 다음날 부
재자신고인명부가 확정되며, 후보와 캠프는 명부작성기간 만료일
다음날부터 3일간 선거인명부를 열람·공람할 수 있으며, 이의신청
을 할 수 있다.

후보자등록 마감일인 투표일 13일 전부터가 본격적인 선거운동기
간이며, 이 선거운동은 투표일 전날까지 계속된다. 선전벽보, 선전
공보, 부재자용 공보는 후보자등록 마감일 후 3일 이내까지 제출하
여야만 한다. 이렇게 제출된 선전벽보는 제출마감일 후 2일까지 첩
부되며, 부재자 투표용지는 투표일 전 9일까지 발송된다.

선거공보는 후보자등록 마감일 후 6일까지 제출하여야 하며, 제
출마감일 후 3일까지는 각 세대로 발송된다. 투표일 7일 전까지는
선거인명부가 확정되며, 투표일 6일 전부터 2일간 부재자 투표가
실시된다. 투·개표 사무원을 위촉하고, 공고하는 것은 투표일 3일
전까지이며, 선거기간 동안에는 당원모집도 금지된다.

선거 이후에도 여러 가지 남은 일정이 있다. 선거비용 보전청구는
투표일 후 10일까지, 법정회계마감일은 투표일 후 20일이고, 기탁
금 반환과 종합회계보고는 투표일 후 30일까지이며, 선거비용보전
은 투표일 후 60일까지 실시하도록 되어 있다.

대략적인 선거일정을 살펴보았다. 실제로 선거법상 정해진 일정들은 더 세밀하고 구체적으로 명시되어 있다. 또 선거법은 자주 개정되므로 후보와 캠프는 선거관리위원회 웹사이트 등을 통해 해당 선거에 적용되는 공직선거법의 내용들을 숙지해 두어야 할 것이다.

대부분 캠프들은 이 일정표를 캠프 안에 신주단지 모시듯 붙여놓고 있다. 그러나 이처럼 선거법상에서 정해놓은 기한에 맞춰 선거를 운용하겠다고 생각한다면 순진한 발상이다. 이것은 그야말로 선거법상 정해놓은 기한일 뿐, 선거를 운용하는 진짜 일정표가 아니다.

보통 선거캠프는 특별한 경우가 아니면 최소 5개월 전부터 가동된다. 물론 1년여의 준비기간을 갖는 경우도 있고, 현역의원들의 경우에는 평소 지역구활동을 통해 4년 내내 선거를 준비하는 경우도 있다. 그러나 지역 내 조직을 가지고 있지 못한 정치신인이라면 최소 6개월 이상의 시간을 두고 선거를 준비해가야 할 것이다.

선거일정은 크게 네 단계로 나눠 생각해볼 수 있다. 첫 번째는 캠프를 구축하고 전략을 수립하는 단계다. 두 번째는 조직을 구축하는 단계, 세 번째는 예비 후보자운동기로 지지를 확산하고, 강화하는 단계. 네 번째는 본 선거운동기이다.

조직은 이러한 캠프 전체의 일정에 준해서 구축되어야 한다. 1단계에서는 실무를 책임지고 전략을 구축할 참모조직의 인선이 가장 중요한 미션이다. 이러한 과정에서 조직교육과 활성화를 위해 각종 워크숍이 활용된다.

2단계에서는 조직을 기획하는 파트에서 공조직을 중심으로 동별 책임자들을 인선하고 하부조직을 구축한다. 이때 전략파트와 총무파트는 힘을 모아 각종 외주처들을 준비해 두어야 한다. 이때부터 본격적인 당직자워크숍과 일반당원교육을 포함한 각종 교육들이 시작된다.

이와 더불어 후보의 친위조직을 정비하고, 친위조직을 통해 당내 경선 통과에 대비하여야 하는 시기도 바로 이 2단계이다. 하지만 대부분의 정치신인들은 이 시기까지도 조직을 완비하지 못하거나, 완비했다 하더라도 충분히 준비가 되지 못한 경우가 많다. 따라서 평소 궁여지책으로 관리해오던 친위조직을 당내로 흡수시켜 이들을 중심으로 경선의 벽을 뚫어가게 된다.

3단계는 조직이 완편되는 시기다. 캠프의 사정에 따라 공조직을 확장시켜나가는 한편 직능조직과 사조직 및 자원봉사자조직을 구축해야 한다. 이러한 조직 활동이 모두 끝나면 본 선거운동기를 대비해서 선거대책본부를 구축한다. 선거대책본부 구축과 함께 유세조직을 포함한 청년조직과 선거운동원조직 및 투·개표참관인조직을 중심으로 하는 여성조직도 준비해야 할 것이다.

3단계가 되면 본격적인 교육과 홍보가 펼쳐지게 된다. 각 조직을 보다 세분화하고, 그에 맞는 교육프로그램으로 각종 교육을 실시해야 하는 것. 교육뿐만 아니라 본 선거운동을 위한 각종 준비도 바로 이때 실시된다. 그리고 교육과 준비는 일정 이상 맞물려 움직이게 된다.

참모조직을 꾸리는 일로 선거준비가 시작된다

실무조직의 핵이라 할 수 있는 것은 참모조직을 꾸리는 일이다. 꼭 필요한 실무조직은 모두 네 개의 분야로 나뉜다. 전략기획, 조직기획, 후보지원, 총무 파트가 이에 해당한다. 참모들이 이러한 네 분야의 책임자를 겸하는 것이 보통이다.

전략기획은 다시 다섯 개의 팀으로 나뉜다. 정치지형조사, 선거전략 기조수립, 선거일정 기획 등은 전략팀이 담당한다. 정책 및 공약 개발 등은 정책팀이 담당한다. 홍보전략, 홍보물기획, 언론홍보, 방송연설 및 토론대책 등은 홍보팀이 담당한다. 각종 교육자료 및 프로그램의 구성과 교육은 교육팀이 담당한다. DB관리, 전화홍보, 웹사이트, 문자를 이용한 선거운동 등은 전산팀이 담당한다.

이러한 기획작업은 전략을 구상하고, 각종 캠페인의 도구들을 기획하는 것이 주 업무이지만 중반에 들어가면서부터는 조직을 지원하는 야포부대의 역할을 감당해야 한다. 그리고 선거운동에 필요한 각종 홍보물을 제작하고, 선거운동기간에는 방송국이나 신문사 등을 대상으로 언론활동을 펼치는 역할을 담당하게 된다.

별도의 TV토론대책팀이 구성되지 않는 한 방송연설과 토론 등을 위해 방송국을 섭외하는 일, 후보의 리허설을 주선하는 일, 각종 홍보물은 물론 후보의 사진을 찍는 일까지가 모두 홍보팀의 일이 되곤 한다.

그 외에도 각 조직의 주요 콘텐츠를 생산하는 것이 바로 이 홍보팀이다. 뿐만 아니라 조직이 필요로 하는 여러 가지 조직 활동을 지원해 가야하는 부서이니만큼 선거의 노하우와 함께 홍보에 대한 기초지식이 있는 이를 홍보책임자로 선임하는 것이 중요하다.

조직기획은 지역을 몇 개로 쪼개어 권역별로 맡는 한편, 공조직·사조직·직능조직·자봉조직 등을 분담하여야 한다. 그러나 정작 중요한 것은 각 권역이나 부문마다의 핵심 활동가를 발굴해내고, 조직원들을 조직화하는 일이다.

그러나 이보다 더 중요한 것은 기획이다. 발굴된 조직이 일정 이상의 능력을 발휘하고 애정을 갖도록 만드는 조직기획이야말로 참모들이 가장 신경을 써야 하는 분야다. 이를 위해 조직기획은 가급적 '찍새' 역할은 조직에 맡기고, 스스로 '딱새'를 자처해야만 한다.

비서실장을 포함한 수행비서들은 후보의 또 다른 얼굴이다

후보지원은 단순히 후보를 따라다니며 후보가 필요한 것을 해결해주는 자리가 아니다. 후보를 지원하는 일은 일정기획, 수행, 지역순방, 면담섭외, 코디 등 후보의 이미지 관리까지를 맡게 된다. 후보지원은 비서실장이 맡아하며, 차량을 운전할 운전기사와 수행비서가 한팀을 이루는 것이 보통이다.

이렇게 구성된 참모조직 중에서 특별히 신경을 써서 인선해야 할 사람이 비서실장과 수행비서다. 후보지원 업무를 총괄하는 비서실장은 매우 고된 업무를 처리하는 자리다. 후보를 만나고자 하는 많은 사람들이 비서실장과 수행비서를 통하게 되기 때문에, 이들은 곧 후보의 분신과 다름없다.

후보는 언제나 비서실 참모들을 신뢰하고, 그들에게 예의를 갖춰야 한다. 비서실 참모들이 실수를 한다고 해서 남들이 보는 앞에서 면박을 주거나 호통을 치는 일은 삼가야 한다. 어떤 후보는 고육지계의 대상으로 비서실을 이용하는 경우도 있다고 들었다. 하지만 그것은 역효과를 불러일으킬 뿐이다. 후보가 지근거리에 있는 수행원들에게 예의를 갖추는 모습이야말로 많은 사람들로 하여금 신뢰를 얻는 첫 걸음이다.

비서실 참모들은 이러한 후보의 배려 속에서 늘 친절하고 겸손한 자세를 견지해야 한다. 권위적인 참모는 후보의 표를 깎아먹는다. 설사 후보에게 도움이 되지 않는 사람이라 하더라도 비서실 참모들은 그 사람을 친절하고 겸손한 자세로 돌려세워야 한다.

총무는 재정관리, 회계, 선거법과 관련한 사항들의 책임을 진다. 선거마다 새로운 선거법으로 선거를 치른다고 할 만큼 수시로 선거법이 개정되고 있어 섬세한 확인작업이 필요하다. 대개 재정이나 회계문제는 선거법의 테두리 내에서 엄격하게 제한을 받는다. 뿐만 아니라 각종 홍보물들과 선거운동 역시 선거법의 테두리 안에 있으며, 결국 이러한 문제들 대개는 돈과 관련이 있다. 때문에 총무야말로 후보가 가장 신뢰할 수 있는 사람이어야만 한다.

후보는 꼼꼼한 성격과 차가운 이성을 가진 총무를 선임하되, 그가 전체 조직에 군림하지 않도록 견제하여야 한다. 총무가 가장 먼저 해야 할 일은 선거법을 정리하는 것이다. 해도 되는 것과 해서는 안 되는 것들을 분리하고, 선거예산을 짜기 위한 예산제한을 파악, 각 파트별 운영예산을 정리하는 것이 중요한 일이다.

하지만 선거초기부터 이 모든 파트를 완편할 필요는 없다. 우선은 각 분야별로 4~5명 정도로 운영해야겠지만 캠프의 규모가 커지고, 일정이 진행됨에 따라 그 수는 자연스럽게 늘어나게 될 것이다.

다음으로 알아볼 것은 당내경선을 대비한 친위조직의 정비다. 후보에게 있어 친위조직이란 여러 조직들 가운데 후보의 정체성을 가장 잘 드러낼 수 있는 조직으로, 선거에 적극적으로 참여할 수 있는 집단을 의미한다. '노사모' 정도를 대표적 친위조직이라 할 수 있겠다. 이처럼 자발적 친위조직이 있는가하면 후보가 직접 친위조직을 구성하는 경우도 많다. 물론 이러한 조직에 금전적 지원 등을 보태는 것은 모두 불법이다.

이렇듯 친위조직이 후보의 정체성을 반영하고 있기 때문에 유권자들 대다수로부터 환영받지 못하는 성격의 친위조직은 수면 아래에서, 그렇지 않은 조직은 대중적으로 활동하게 된다.

친위조직이야말로 경선은 물론 향후 본 선거에서도 다른 조직들에 비해 분위기를 띄우고, 앞서 달릴 수 있는 조직이다. 하지만 친위조직은 급조하기 어렵다. 이러한 이유로 정치에 나서려는 사람들은 오랫동안 각종 친위조직 구축에 공을 들인다.

친위조직들을 직접 만들고, 챙겨서 선거에 활용하고자 하는 예비후보들도 적지 않지만, 이미 만들어진 조직 속에 들어가서 함께 그 조직에 결합하는 형태도 많다. 어떤 조직이 되었든 스스로가 공들인 만큼 큰 힘을 되돌려주기 마련이다.

타이밍을 맞춘 조직구축이라야 실효성이 생긴다

다음으로 알아볼 조직은 공조직이다. 공조직은 2단계와 3단계에 걸쳐 만들어지는 선거의 핵심조직이다. 실제로 모든 공식적 선거운동은 이 공조직의 책임 하에서 운영된다. 공조직은 이후 선거대책본부의 중심조직으로 활동하게 된다.

군대로 치자면 공조직은 주력 예하부대다. 앞서 다뤘던 참모조직은 사령관의 직속 참모조직이며, 사조직을 포함한 친위조직은 화기부대 내지 선봉부대이고, 직능조직은 정찰대 및 특수부대에 비유할 수 있다.

공조직이 없는 선거란, 보병이 없는 전쟁과 같다. 예전에는 정당의 공조직을 법적으로 인정했으나 지금은 선거법으로 제한하고 있다. 하지만 공식적 조직이 아닐 뿐 각 선거캠프에서는 나름의 공조직체계를 구축하고 이를 통해 선거운동을 펼쳐나가고 있다.

3단계에서는 직능조직, 사조직, 자원봉사자조직 구축 등의 조직활동이 전개된다. 직능조직은 실제 명단이 존재하는 조직이라고 보기가 어렵다. 만약 특정직능이 캠프에 매우 우호적일 경우, 결국 이 특정직능은 사조직으로 변화된다. 오히려 중요한 것은 지역 내 각종 단체들의 직능을 파악하고, 그 성향을 분석하여 이들을 우리의 사조직으로 끌어들이는 일이라 할 것이다.

사조직은 각 조직체의 특성에 따라 별도 관리하기도 하고, 이들 모두를 하나로 연대시키기도 한다. 하지만 어떠한 경우에도 선거에 임박하면 사조직들은 자원봉사자조직으로 변화되어야 한다.

자원봉사자조직은 선거사무소 내 일정 공간에 자리를 잡고, 각자 시간과 활동역량에 따라 임무를 부여받아 활동하게 된다. 전화를 통한 선거운동, 유권자 접촉과 지지 확보, 캠프 내의 여러 가지 선거관련 업무, 선거유세 참석 및 적극적인 선거운동 합류 등의 임무가 주된 활동내용이다.

조직이 모두 꾸려지고, 본격적인 활동 준비가 마무리되는 사이에 선거대책본부가 구축되어야 한다. 본격적인 선거운동을 위한 유세조직과 선거운동원조직, 투표참관인조직 등이 구축되는 시기도 바로 이 3단계다.

중요한 것은 조직효율을 높일 수 있는 체계로 조직을 구성하는 것이다. 이처럼 효율적으로 조직을 구축하기 위해서는 일정을 정교하게 할 필요가 있다. 너무 늦게 구축한 조직은 활용이 불가능하며, 너무 일찍 구축되면 조직의 힘을 빼놓기 일쑤다. 따라서 조직기획은 이러한 점에 유의하여 조직을 구상하여야만 한다.

> **Point**
>
> ### 2-3. 선거일정과 선거조직
>
> - 선거법상 각종 시한들의 정리표는 선거일정표가 아니다.
> - 선거캠프는 최소 5개월 전부터 가동되며 1년 이상 공을 들이기도 한다.
> - 조직은 캠프 전체의 일정에 준해서 구축되어야 한다.
> - 1단계에서는 참모조직을 인선하고 워크숍을 통해 활성화한다.
> - 2단계에서는 조직기획파트를 통해 공조직을 구축한다.
> - 친위조직의 정비와 이를 통한 당내경선 대비도 2단계의 미션이다.
> - 3단계는 조직이 완편되는 시기다. 이때에는 공조직을 확장하며, 직능조직, 사조직, 자원봉사자조직을 구축한다.
> - 본 선거운동기를 대비해 선거대책본부를 구축하고, 유세조직을 포함한 청년조직·선거운동원조직 및 투·개표참관인조직을 구성하는 것도 3단계다.
> - 참모조직을 중심으로 한 실무조직은 전략기획, 조직기획, 후보지원, 총무의 네 개 분야로 구성한다.
> - 전략기획은 다시 전략팀, 정책팀, 홍보팀, 교육팀, 전산팀으로 구성된다.
> - 조직기획은 권역별·조직별로 업무를 분담하며, 가장 핵심적인 업무는 조직구축의 용이성과 모아진 조직의 활성화를 위한 기획업무다.
> - 후보지원은 후보의 또 다른 얼굴이다. 특별히 관리해야 한다.
> - 총무는 후보가 가장 신뢰할 수 있는 사람으로 선임한다.

2-4 선거전략 & 선거캠페인

2부 : 선거전략과 선거조직

캠프구성과 참모영입

한 몸으로 부딪혀야
승리를 쟁취한다!

후보가 선거에 출마하겠다고 마음먹은 후 가장 먼저 해야 할 일은 자신과 함께 선거를 치러낼 참모들을 모으는 일이다. 참모란 후보와 모든 것을 터놓고 말할 수 있는 최측근으로, 선거 과정에서 후보와 운명을 함께 해야 할 중요한 위치에 있는 사람들이다.

참모라고 해서 꼭 후보보다 나이가 어린 사람일 필요도 없고, 지식이 적은 사람일 필요도 없다. 후보의 당선이 곧 자신의 당선이라는 마음으로 선거기간 내내 함께 할 수 있는 사람이라면, 참모의 기본조건을 갖추었다 하겠다. 때문에 후보는 이들을 단순히 '가까운 부하'로 생각해서는 안 된다.

참모조직은 준비단계에서 구성되는데 보통은 4~5명으로 출발하여, 선거 중·후반에는 10명 안쪽의 사람들로 완편된다. 이들이 하는 역할은 크게 세 가지다. 첫째는 각 분야의 전문가가 되어 선거에 나선 후보를 조언하는 일이고, 둘째는 선거 전략의 중심에 서서 제반업무를 기획하는 일, 셋째는 각 분야를 책임지고 실무진을 지휘하는 일이다.

참모란 일대일로 조언이 가능한 후보의 조언그룹이다

이들은 선거 내내 언제든 후보자와 일대일의 관계를 열어놓고 중요한 문제들을 서로 상의해야 하는 그룹이다. 체면 때문에 혹은 관계가 서먹해서 후보에게 필요한 얘기를 쉽게 할 수 없다면 참모가 아니라 그저 실무자들일 뿐이다.

때문에 참모들은 전문가가 되어야하며, 늘 레이더를 세우고 수집된 상황정보들을 중심으로 선거와 관련된 일을 후보와 상의하여야 한다. 선거에 있어 후보가 배우라면 이들 참모들은 스텝의 역할을 맡은 것이다.

앞서 우리는 선거캠프 내에 '찍새'와 '딱새'가 있어야 한다고 말한 바 있다. 참모들이야말로 이 관계를 기획하는 사람들이다. 그리고 이들 대부분은 '딱새'의 역할을 담당하게 된다. 탁월한 기획능력과 아이디어를 가지고 주동적으로 선거에 임하는 것이 중요하다. 그저 묵묵하고 성실하기만 한 사람이라면 참모로서의 자질이 부족하다고 말할 수 있다.

참모들은 자신이 맡은 분야를 책임지고 실무선을 지휘한다. 때문에 그에 필요한 리더십을 갖춘 사람이 좋다. 뿐만 아니라 참모들은 조직 내·외부와 적극적인 교류를 담당하기도 한다. 때문에 유기적인 소통을 이끌어 낼 수 있는 사람일 필요가 있다. 담당분야가 만들어낸 일들은 대부분 해당조직들과의 긴밀한 관계 속에서 결실을 맺게 된다. 따라서 참모들은 각 조직들과 유기적이고 원활한 관계를 통해 캠프의 의도대로 일이 마무리될 수 있도록 해야 할 것이다.

바람직한 참모란 어떤 사람일까? 선거경험이 풍부한 사람, 지역에 오래 거주해서 선거구 내 상황이나 인맥에 정통한 사람, 조직과 잘 융화할 수 있는 인성으로 리더십을 갖춘 사람, 후보와 오랜 관계로 믿음을 나누고 있는 사람 등이 참모 인선에 고려되는 요건들이다.

물론 이러한 조건들을 두루 갖춘 사람이 있다면 좋겠지만, 그런 사람을 찾는 것은 그리 쉽지 않다. 오히려 정치적 야망으로 위에서 말한 조건들을 갖추기 위해 노력하는 사람을 찾는 편이 훨씬 용이할 것이다.

그래서 후보들은 정치권에서 잔뼈가 굵은 후배들을 참모로 영입하게 된다. 물론 그것도 좋은 방법이다. 하지만 그런 후배들만으로는 캠프를 구성할 수 없다. 출마를 결심한 후보라면 다양한 정보망을 통해서 인선을 위한 분야별 리스트를 마련해야 한다.

그와 함께 진행해야 하는 것이 캠프장 인선이다. 캠프장은 소위 '전략기획단장', '선거기획단장' 등으로 불리며 실질적 선거운영을 책임지게 된다. 이때 유의할 것은 친·인척을 배치해서는 안 된다는 점. 만약 친·인척을 배치할 경우 참모들은 자연스레 눈치를 보게 되며, 이러한 상황은 선거에 좋지 않은 영향을 미치게 된다.

꼭 필요한 인선은 앞서 설명한 바와 같이 전략기획, 조직기획, 후보지원, 총무의 네 개 분야다. 캠프장이 이 중 한 분야를 맡을 수도 있으나, 가급적 별도로 선임하는 것이 좋다. 후보는 캠프장과 함께 참모진으로 유력한 인물들의 리스트를 정리하고, 적임자들을 섭외하게 된다.

후보는 삼고초려 하는 마음으로 참모를 맞이하여야만 한다

적임자는 앞서 말한 참모의 조건들을 바탕으로 한 객관적인 평가에 의해 선발되어야 할 것이다. 보통 후보와 오랜 관계로 믿음을 나누고 있는 사람들을 중심으로 해당 분야의 전문가가 적소에 참여하게 되는 경우가 대부분이다.

그러나 이럴 경우 조직 내에는 주류와 비주류의 묘한 경계가 생긴다. 이런 경계는 조직이 커지면서 불화로 이어질 공산이 크다. 따라서 후보는 어떠한 경우에도 주류그룹이 만들어지지 않도록 인선과정에서 노력을 기울여야만 한다.

향후 불가피 주류그룹이 만들어졌을 때에는 오히려 비주류들을 더 배려하고 가까이 함으로써 조직 내에 위화감이 조성되지 않도록 해야 할 것이다. 때문에 후보는 겉과 속을 모두 터놓고 이해할 수 있는 사람을 찾기보다는 모든 참모와 터놓고 말할 수 있는 관계를 만들어 가는데 주력해야만 한다.

특히 선거에 가까워질수록 후보는 캠프 내부에서라도 지근거리의 사람들보다는 생면부지의 사람들을 더 많이 만나게 된다. 이때 후보가 가까운 사람들을 먼저 챙기는 모습이 보이거나, 분명한 주류조직이 존재하면, 앞서 말한 것처럼 조직 내에 그룹이 생기고 위화감이 조성되며 불화와 긴장이 만들어진다. 후보가 가장 크게 신경을 써야 할 대목이 바로 조직의 융화문제다. 후보는 조직의 융화를 위해 매사 필요한 노력을 아끼지 말아야 할 것이다.

　지역선거가 끝나고 나면 참모들 사이에서 가장 많이 듣게 되는 것은 '이제 이사라면 이골이 났다.' 는 말이다. 비록 짧은 기간이지만 일의 선후를 잘 계획하지 못하면 이처럼 자주 이사를 하거나 방의 배치를 바꾸게 된다.

　직위나 책임자도 마찬가지로 이동이 심하다. 매우 짧은 기간이지만 그 사이 참모들이 속속 보강되기 때문에 그때까지는 책임자였던 사람이 새로 들어온 사람에 의해 책임자 자리를 내놓아야 하는 경우도 생기기 마련이다. 후보와 캠프장은 이러한 혼란과 잡음을 최소화하기 위해 철저한 계획 하에 캠프를 구성하고, 자연스럽게 확대해가야만 한다.

　참모조직에 대한 윤곽이 짜여지고, 리스트가 완성되어 인선대상과 우선접촉대상자가 결정되면 후보는 이들과 접촉하여 그들을 설득해야만 한다. 하지만 그에 앞서, 상대를 추천했거나 상대를 잘 아는 사람이 먼저 그를 만나 설득하는 과정을 갖는 것이 좋다. 이를 통해 그가 생각하는 선거와 요구사항 등을 우회적으로 파악할 수 있다. 이후 후보가 그를 만난다면 후보는 그에게 보다 적극적인 자세를 취할 수 있게 될 것이다.

　후보는 되도록이면 최종결정단계에서 상대를 만나는 것이 좋다. 많은 후보들은 이미 상대가 스스로 마음의 결정을 내린 상태에서 만나기도 하지만, 설사 상대방이 이미 결정을 내렸다하더라도 그냥 캠프로 입성하게 하는 것은 바람직하지 않다.

　후보는 삼국지의 유비가 그러했듯 삼고초려하는 마음으로 참모를 맞이하여야 한다. 이를 위해 사전에 후보가 상대를 만나 정중히 부탁하고, 그에게 힘을 실어주는 절차를 생략해서는 안 된다.

앞서 말했듯 후보는 그를 부하로 맞이하는 것이 아니다. 그는 후보를 선거승리로 이끌어줄 머리요, 손이요, 발이 될 사람이다. 때문에 최대한 성의를 보여 그를 모실 수 있도록 노력해야만 할 것이다. 특히 초기단계에서 결합하는 참모들의 경우에는 더욱 그러하다.

후보는 참모들에게 명분과 자긍심을 선물해야만 한다

기본적으로 그들은 후보의 승리를 위해 노동법이 정한 최소한의 보장들도 버리고 모여든 사람들이다. 선거를 치르는 참모들은 밤샘이 다반사며, 아예 짐을 챙겨와 한 달 이상씩 숙소에서 생활을 하기도 한다. 그렇지 않다 하더라도 새벽부터 밤늦게까지 동고동락하며 오로지 후보의 당선을 위해 일할 사람들이다.

후보는 그들의 땀을 어떻게 요구할 것인지에 대해 깊이 생각해야 한다. 그러기 위해 가장 필요한 것은 명분과 자긍심(pride)이다. 후보 스스로가 그들에게 명분과 자긍심을 선물해야 한다는 것이다. 명분은 그들 스스로의 마음가짐을 다잡게 만들고, 힘들고 고된 기간을 견딜 수 있게 해준다.

이러한 명분과 자긍심을 가질 수 없다면, 그들은 자신들이 가진 능력 이상을 발휘할 수 없다. 명분과 자긍심은 후보와의 첫 만남을 통해 절반 이상 만들어진다. 이것은 반대로 후보가 하기에 따라 이미 절반 이상의 사기를 꺾어놓을 수도 있다는 것이므로 후보는 각별히 유의해야 한다.

후보가 참모 인선대상자들을 만날 때는 '나를 따르라.'가 아니라 '나를 사용하라.'는 메시지를 핵심으로 지녀야 한다. 참모에게 친절하고 사려 깊은 사람, 활달하고 카리스마 있는 후보로 비춰질 첫 기회가 바로 이 순간이다. 후보는 이 순간을 놓쳐서는 안 된다. 그것이 바로 참모를 후보가 직접 맞이해야하는 이유다.

참모의 기본구성이 끝나고 나면, 각 분야별로 향후 선거의 방향에 대해 구상하는 시간을 주어야 한다. 일정시간을 정해두고 각자의 분야에 대해 현황을 파악하고, 진행방향에 대해 정리하게 한 뒤 1차 워크숍을 실시한다.

1차 워크숍에서는 선거의 기본개념과 최근 선거의 경향 및 전략의 핵심사항 등을 강의해줄 전략전문가, 선거캠페인의 전개를 위한 배경과 각 단계별 캠페인을 설명해줄 홍보전문가, 해당 지역의 현황과 기본적인 정책방향 등을 강의해줄 정책전문가 등을 초빙하는 것도 좋은 방법이다.

강의와 함께 각 분야 참모들이 자신이 맡은 분야의 현황과 나아가야 할 방향을 설명하고, 이를 하나의 큰 흐름으로 모으는 일이 1차 워크숍의 핵심이다. 각자 자신의 분야를 설명한 뒤에는 전체 참모들의 의견을 모아 캠프의 일정과 선거기본방향 등을 정리한다.

당일 워크숍보다는 1박 혹은 2박 이상의 워크숍이 조직강화에 더 유리하다. 밤을 함께 지새우며, 식사나 술을 하는 것도 중요한 일정의 한 부분이 된다. 자연스레 후보와 일대일 대화시간을 갖는 것도 유도해야 한다. 이런 과정을 통해 후보와 참모들은 동지애를 만들어 갈 수 있을 것이다.

이렇게 1차 워크숍이 끝나고 난 뒤에는 2차 워크숍까지 각 분야마다 필요에 따라 의견을 나누고 조율하는 정기 회의체를 결성하고, 이 회의체를 통해 선거기본전략을 구상해나간다. 물론 그 세부적인 기획은 분야별로 심도 있는 회의를 거쳐 해당 분야의 참모들이 진행하게 된다.

참모들 모두가 각자의 분야를 소신껏 해결해갈 수 있도록 하라

이렇게 각 분야의 방향이 기본적으로 완성되면 2차 워크숍을 통해 기본전략을 공유하도록 한다. 그리고 각 분야별 진행에 대해서도 모든 참모들이 충분히 공유하고, 협조구조를 만들어낸다.

이러한 과정이 끝난 뒤에는 선거캠프 운영원칙을 합의하도록 한다. 앞서 말한 바와 같이 참모들의 캠프 합류 시점은 각기 다르다. 그러나 빨리 캠프에 합류한 사람이 뒤에 온 사람들보다 조직에 대한 충성도나 진정성이 크다고 단언할 수는 없다. 그것은 단순히 합류시점일 뿐이다. 하지만 그 짧은 시간에도 불구하고, 기득권을 주장하거나 행사하려는 사람들이 있다.

이러한 문제를 해소하기 위해 스스로 규칙을 만들어 이를 지키겠다는 의지를 밝힘으로써 향후 합류하는 조직원들까지 아우를 수 있어야 한다. 이렇게 만들어진 원칙은 누군가가 지시해서 따르는 원칙과는 본질적으로 다르게 받아들여진다.

캠프의 운영원칙 안에는 의사결정을 위한 협의체의 범위와 단위는 물론이고, 구체적인 일정 등 세부사항이 포함되어 있어야 한다. 그리고 이러한 원칙들은 평가와 보상에 따라 지속적으로 유지될 수 있도록 구성하는 것이 좋다.

1,2차 워크숍이 잘 끝났다면 참모들의 사기는 충천했을 것이고, 책임감을 느끼게 될 것이다. 또 이들 책임자들은 필요한 각 분야 간 협의나 협조, 조정에도 적극적인 사람으로 변모해 있을 것이다. 그

만큼 소통의 중요성을 인식했기 때문이다.

'모든 분야는 선거승리라는 목표를 위해 달려가는 것이다. 때문에 각 분야는 각자의 맡은 바 책임을 완수해야 하며, 이를 위해 다른 분야들과 긴밀한 공조를 유지해야한다.' 는 너무나도 당연한 사실을 인식했다면, 여기에 보태 참모들의 가슴이 뜨거워졌다면, 그것만으로도 워크숍은 충분히 제 몫을 다한 것이다.

워크숍 이후, 참모 내부에서 발생하는 문제는 캠프장을 중심으로 해결될 수 있도록 배려해야 한다. 때문에 캠프장의 가장 중요한 자질은 인화력이다. 참모 개개인의 어려움을 듣고, 이해하며, 해결하려는 노력을 통해 참모들에게 주어진 명분과 자긍심을 유지하고 고양시킬 수 있도록 해야한다.

후보는 이를 위해 참모장에게 일정 이상의 권한과 자산을 부여함으로써 힘을 실어주어야 할 것이다. 그러나 그와는 별도로 후보는 참모들과 모두 일대일의 개별적인 관계를 열어두어야만 한다. 수시로 교류하고, 각 분야의 상황을 점검하면서 조언을 받아야 한다. 캠프장을 존중하되, 캠프장과는 또 다른 영역에서 참모들과 관계를 형성할 필요가 있다는 것.

후보는 참모들 모두에게 각자의 책임과 권한을 분명히 하여 스스로 각자의 분야를 소신껏 해결해갈 수 있도록 해야한다. 언제나 그들의 말에 귀를 기울이는 노력이 필요하다. 그들과의 긴밀한 교류를 통해 친밀한 관계를 유지하는 일도 게을리해서는 안 된다.

하지만 그들 스스로가 방종에 빠지지 않도록 적절히 견제하는 일도 중요하다. 이처럼 양쪽의 조화를 갖추기란 말처럼 쉽지 않다. 참모조직의 열정과 능력이 선거의 절반 이상이라고 할 때, 후보가 참모들에게 기울여야할 노력은 결코 헛되지 않을 것이다.

> **Point**
>
> ### 2-4. 캠프구성과 참모영입
>
> - 참모란, 후보와 겉과 속을 모두 터놓고 말할 수 있는 최측근이다.
> - 후보가 참모를 단순히 '가까운 부하'로 여겨서는 승리할 수 없다.
> - 참모조직은 4~5명으로 시작해서 선거 중반 10명 안쪽으로 완편한다.
> - 후보는 '배우', 참모는 '스텝'이고, 조직이 '찍새'면 참모는 '딱새'다.
> - 참모는 분야를 책임지고 실무진을 지휘할 수 있는 리더여야 한다.
> - 참모는 조직에 잘 융화할 수 있는 인성을 갖춰야 한다.
> - 선거경험이 있고 정치적 야망이 있는 사람도 참모로 좋다.
> - 객관적 기준을 가지고 참모를 영입해야 한다.
> - 결정된 참모는 후보가 직접 만나 최대의 성의를 표해야만 한다.
> - 후보는 참모들의 땀을 요구하기 위해 그들에게 명분과 자긍심을 선물해야 한다.
> - 참모구성이 끝나면 분야별로 각자 선거의 방향을 구상한다.
> - 1차 워크숍에서는 각 분야에 대한 강의, 참모들이 생각한 선거방향제시, 전체 일정과 선거의 기본방향 정리, 후보와의 스킨십 등을 실시한다.
> - 1차 워크숍 이후 참모들은 그룹화하여 선거기본전략을 구상한다.
> - 2차 워크숍의 목표는 전략공유, 협의구조 마련, 운영원칙 결정이다.
> - 워크숍 이후에는 참모장 중심으로 운영하게 하되, 참모들과 후보와의 관계는 늘 열어두어야 한다.

2-5 후보선출과 기초조직

2부 : 선거전략과 선거조직

일석이조,
수륙양용전차를 타라!

지역선거에 나서기 위해서는 각 정당의 공천을 받는 것이 여러모로 유리하다. 하지만 유력 정당의 공천을 받기 위해서는 까다로운 절차와 과정을 거쳐야 한다. 그리고 이 절차와 과정은 매 선거 때마다 계속 변화하기 때문에 당해 선거 이전에 후보자 선출방식에 대해 충분히 숙지하고, 준비하여야만 한다.

민주적 경선과정을 거쳐 당원들의 손에 의해 후보가 추천되는 것이 바람직하지만 지금까지의 선거에서는 그렇지 않은 경우가 많았다. 특히 당선가능성이 높은 정당일수록 공천권은 일종의 권력으로 작용해왔던 것이 사실이다.

당과 당이 어떤 목적으로 합쳐질 때에도 지분문제에 예민해지는 이유가 바로 이 공천권 때문이다. 대통령선거 경선에서 승리한 쪽이 이후 공천권을 행사하는데 유리하기 때문에 대통령선거 때가 되면 당내 후보 진영 간 치열한 신경전이 벌어지기도 한다.

정당 내의 세력 확보와 지역의 세력 확보, 그 모두를 신경써라

그렇다면 앞으로 벌어질 지역선거에서 당의 공천은 어떠한 식으로 이루어질 것인가? 정치는 점점 더 투명해지고 있다. 이렇게 정치가 투명해진 데에는 미디어의 증가와 인터넷의 발달이 기여한 바 크다. 정치인들의 행보가 국민들에게 속속들이 읽히고 있으며, 정당 역시 국민들의 눈치를 보는 시대가 도래한 것이다.

이런 시대상황 속에서 정당은 국민들의 정당민주화 요구를 무시하기가 매우 어려워질 것이다. 그렇게 되면 매 선거 때마다 행해졌던 '밀실공천'이나 '공천장사'라는 말도 줄어들 수밖에 없을 것이다. 대부분의 정당들이 현재 후보를 공천하는 방법으로 전략공천과 경선이라는 두 제도를 운영하고 있다.

전략공천이란, 경선이 불필요할 만큼 후보의 윤곽이 뚜렷한 선거구를 대상으로 정당에서 후보를 지목하는 공천이다. 그렇지 않은 경우에도 선거 국면을 보다 유리하게 가져가기 위해 전략적으로 매우 중요한 지역에 특정 후보를 내세우는 것도 포함된다.

한편, 경선은 하나의 선거구에 둘 이상의 동일 정당 후보들이 각축을 벌일 때, 당원들의 의견을 묻는 방식이다. 이처럼 경선을 진행하게 될 경우에는 일정 이상의 당원, 혹은 대의원들의 추천을 받은 후보들을 대상으로 자격을 갖춘 당원과 대의원들이 투표를 통해 후보를 결정하게 된다. 그러나 정당에 따라 투표 이외의 방법이 동원되기도 한다.

앞서 설명한 바와 같이 경선규칙도 정당에 따라, 상황에 따라 달리 정해진다. 당원들만을 대상으로 한 투표로 경선이 치러질 수도 있고, 오픈 프라이머리(open primary)를 도입해 일반 주민들의 의견을 묻는 경우도 있다. 여기에 더해 여론조사방식 또한 지지율을 묻거나, 단순 인지도를 물어 이를 반영하기도 한다.

지난 2002년 17대 총선을 기점으로 많은 정당들이 후보경선을 실시하고 있다. 하지만 하루아침에 당이 사라지거나 이름을 바꾸고, 두 개의 당이 하나로 합쳐지는 까닭에 이 경선규칙은 수시로 바뀌고 있는 것이 현실이다. 때문에 경선규칙에 대해 정확히 이해하고 준비하지 않으면 후보공천에서 배제될 가능성이 있다.

특히 총선을 겨냥해서 만들어진 정당은 당세가 제대로 수습되지 않아 경선에 큰 혼란이 생길 수밖에 없다. 이럴 경우 당의 지도부와 공천심사위에 의해 공천 여부가 결정되기 쉽다. 형식적으로는 경선방식을 도입한다 하더라도 급조된 정당의 당원명부는 대개 지역을 책임지고 있는 특정 후보의 손에 의해 만들어지게 되므로, 결국 공정한 경선을 치르기 쉽지 않다.

정당의 공천을 받기 위해서는 두 가지 노력을 기울여야 한다. 그 중 하나는 정당 내의 세력을 확보하는 것이고, 또 다른 하나는 지역의 세력을 확보하는 것이다. 정당 내의 세력을 확보하라고 해서 공천장사의 판 속으로 들어가라는 것은 아니다. 정당의 공천을 받는다는 것은 결국 그 정당의 정체성을 가지고 선거를 치르는 것이다. 때문에 정당이 당선가능성만을 기준으로 후보를 공천할 수는 없는 일이다.

그간 보여온 행보, 정당에 대한 기여도와 후보의 영향력도 무시할 수 없는 공천의 기준이다. 정당은 오랜 세월 동안 어려운 일과 좋은 일을 함께 겪으면서 뿌리를 만들어온 조직이다. 그 정당에 이제 막 발을 디뎌놓은 사람이 지역 내의 영향력과 자신의 당선가능성만 믿고 공천을 요구한다면 정당 내의 반발에 휘말릴 수도 있을 것이다.

경선규칙을 충분히 파악하고, 경선을 대비해야만 한다

때문에 정치를 하려는 사람, 선거에 임하려는 사람이라면 자신의 정체성에 맞는 정당을 선택해서 오랫동안 그들과 하나의 뿌리로 뒤섞이는 일이 우선되어야 한다. 물론 전문성을 바탕으로, 비례대표나 정당에 꼭 필요한 인물이 공천되는 경우가 왕왕 있다. 그러나 그것은 정당의 필요에 의한 것이지, 후보가 요구할 수 있는 일은 아니다. 정치신인의 경우 이러한 정당의 사정을 특히 잘 이해해야 한다. 자신의 정체성에 맞는 정당을 선택하고, 사전에 충분히 정당 인사들과 교감하는 일 또한 피할 수 없는 과정임을 인식하자.

많은 정당들이 경선을 하는 추세로 나아가고 있다. 하지만 여전히 공천심사위원회를 꾸리고, 이를 통해 집행하는 전략공천의 당위성 또한 많은 정치인들로부터 합의되어져 온 것이 사실이다. 아무리 투명한 공천심사위원회를 꾸린다 해도 후보가 그간 정당에 보여온 행보는 공천심사의 중요한 기준이 됨을 잊지 않도록 해야할 것이다.

물론 정당과의 교감, 혹은 일부 정치세력이나 정치인들과의 교감만으로는 공천을 장담할 수 없다. 정당의 목적은 정권을 획득하는 것이다. 때문에 결국 공천에 있어 중요하게 작용하는 기준은 당선가능성이다. 하지만 이 당선가능성이라는 것의 기준이 매우 모호해서 후보자들은 공천이 되기 전까지 불안해 할 수밖에 없다.

과연 인지도가 높은 사람이 당선가능성이 있는 것인가, 지역활동을 오래 해온 사람이 당선가능성이 있는 것인가? 혹은 다른 장점이 당선가능성으로 작용하는 것인가? 그것을 확언하기는 그리 쉽지 않다. 때문에 전략공천이 아닌 경우에는 매 선거마다 새로운 경선규칙이 만들어지게 되는 것이다.

경선규칙은 대의원들의 선거·당원들의 선거·비당원지지율 조사·비당원인지도 조사 등의 방법 중 선택하거나, 이들 방법을 일정 비율로 적용하는 형태로 정해지는 것이 보통이다. 그 어느 것 하나 중요하지 않은 것은 없다.

정치신인이라면 어떤 방법도 만만치 않다. 그래서 특히 정치신인들은 경선을 통과하기 위해 많은 준비를 한다. 우선 신경 써야 할 것이 지역 명망가집단과의 접촉이다. 지역 명망가라는 개념이 모호하긴 하지만 여기서 말하는 지역 명망가란 기존 정치세력을 말한다.

이러한 접촉과정을 통해 자신의 출마를 추인받는 한편, 지지와 도움을 요청한다. 명망가들은 나름의 세력을 가지고 있기 때문에 그들의 지지와 도움을 받게 될 경우 경선통과에서 훨씬 유리한 고지를 점할 수 있다.

다음은 친위조직의 입당을 통해 정당 내 자신의 세력을 키우는 것이다. 물론 당내에 일정 이상의 자기세력이 있다면 유리하겠지만, 선거구 내 정당조직은 이미 현역의원이나 기존 정치인들이 가지고 있는 경우가 많다. 이런 상황에서 정치신인이 대의원이나 당원들을 대상으로 한 투표에서 이길 수 있는 가능성은 희박하다.

때문에 정치신인들은 자신의 친위조직을 당이 정한 기간 내에 최대한 많이 입당시키고, 선거구 내 정당조직을 장악하여야 한다. 기존 정치인이라면 기존의 당원들을 규합하여 자신의 편으로 끌어들이는 일이 필요할 것이다.

친위조직 구성과 당내 진입은 경선의 필수조건

그러나 이런 모든 것들이 어려운 정치신인들의 경우에는 어떻게 친위조직을 구성할 수 있을까? 많은 정치신인들이 봉사단체, 지역 정치이슈모임, 사회적 기업 등 자신의 정체성과 행적에 부합하는 모임을 통해 친위조직을 구성하고 있다. 가장 손쉬운 친위조직으로는 연고조직을 들 수 있다. 연고조직이란 동문, 향우, 종친 등의 조직이다. 그러나 생각보다 이 연고조직은 결집도가 약하다.

또 다른 방법은 봉사단체를 만들고, 이 봉사단체 사람들과 함께 땀 흘리고 일함으로써 관계를 다진 후, 선거가 도래하면 이들의 도움을 받는 경우이다. 지역정치이슈 모임은 보다 적극적인 방법이다. 이러한 모임은 지역의 정치현안을 해결하고자 하는 뜻으로 모인 모임으로, 그 속에서 주민들과 함께 생활정치를 실현해나가는 방법이다. 향후 정치활동의 새로운 가능성을 제시해주고 있다.

사회적 기업을 활용하는 방법도 있다. 이들은 영리법인과 비영리법인의 중간단계에 있는 기업들로, 사회적 일자리 창출을 위해 만드는 일종의 사회연대다. 이러한 사회적 기업을 만들고, 이를 적극적으로 추진해나가는 사이에 그들 속에서 그들과의 연대를 조성하고, 선거에 활용하는 경향도 나타나고 있다. 여기에 생활체육모임이나, 학습모임 등도 정치신인들이 염두에 둘만 한 조직들이다.

하지만 비정치적인 조직들을 정치세력화 한다는 측면에서 이러한 조직의 구성이나 활용에 비판적인 여론도 있다. 또 이 조직들이 선거에 즈음해서 조직적으로 선거를 돕는다는 보장도 할 수 없다. 때문에 이러한 조직을 직접정치에 동원하는 것보다는 활동과정 중에서 만들어진 개인의 이미지와 관계를 중심으로 친위조직을 구성하는 것이 바람직한 방법이라 하겠다.

물론 정치인 개인의 지명도와 인기에 따라 자발적 친위조직이 구성되기도 한다. '노사모' 이후 우후죽순으로 생겨난 정치인들의 친위조직은 자발성을 근거로 스스로 결집되었다. 물론 이 중 많은 친위조직이 후보에 의해, 혹은 후보의 지원에 의해 모인다는 말이 있기는 하지만 아직까지 뚜렷하게 확인된 바는 없다.

후보와 조직간 스킨십을 위해 후보의 저서 발간에 따른 출판기념회 등 사적모임도 자주 활용되는 방법이다. 산행 등의 스킨십도 많은 후보들로부터 호응을 얻고 있다. 그 속에서 사람들은 때론 감동을 받기도 하고, 때론 함께 눈물을 흘리기도 한다. 결국 이것은 후보의 입장에서 보면 자신의 선거에 그들을 끌어들이는 수단인 셈이다. 어떠한 방법으로든 친위조직이 구성되었다면 이 조직이 당내에 들어와 경선에서 활동을 해야한다.

평당원을 비롯, 정당의 지역대의원을 많이 확보한 후보는 당연히 공천에서 유리한 고지를 점하게 된다. 이를 독려하기 위해 후보는 그들에게 어떤 메시지를 준비하여야 할지 고민할 필요가 있다. 그리고 이처럼 입당이 가능한 시기가 별도로 정해져 있음을 알아야 한다. 선거법상으로는 선거기간 중 당원모집이 금지되어 있지만, 각 정당마다 경선투표가 가능한 당원을 제한하고 있음에 유의하자. 경우에 따라서는 선거 6개월 전까지 입당한 당원들에 한해서만 경선

투표권을 주는 경우도 있다. 각 정당의 경선규칙을 미리 알고 있어야 하는 이유 중 하나다.

예비 선거홍보물도 경선 통과를 위해 중요한 도구

친위조직과는 별도로 지역 내 인지도를 올리는 것 또한 중요한 과제다. 대체로 경선시기, 즉 특별히 선거운동을 하지 않은 상황에서의 인지도는 곧 경선지지도로 나타난다. 이름 정도 들어본 사람이라면 지지한다고 응답하게 된다. 특히 그 정당을 지지하지 않는 유권자라면 더더욱 그러할 것이다.

그런데 이 인지도는 허수가 많다. 경선 전 인지도조사의 경우는 더욱 그러하다. 실제로 그 지역 정치인이 아닌 사람을 공천예정자라고 말하며 여론조사를 실시해본 적이 있었다. 이때 국회의원 후보라고 세 사람을 제시했는데, 그들 중 인지도 15% 미만은 한 사람도 없었던 것. 특히 김씨, 이씨, 박씨 등 흔한 성씨를 가진 후보들의 경우에는 20% 정도의 인지도를 이끌어냈다.

따라서 이 인지도조사는 경선기준으로는 부적합한 조사라 할 것이다. 하지만 관심이 매우 낮은 상황, 지지도를 측정하기 어려운 상황에서 치르는 것이 인지도조사인 탓에 후보의 입장에서는 준비하지 않을 수 없다.

인지도조사에서 현역 국회의원들은 50% 안팎의 인지응답을 받는 것이 보통이다. 물론 현역 국회의원들 가운데에서도 30% 미만의 인지율을 보이는 의원들도 적지 않다. 이것은 총선이 지역구도에 의한 정당지지도의 영향을 많이 받고 있기 때문인 것으로 풀이된다. 지역적 정당지지성향이 높은 선거구에서는 두말 할 나위도 없다.

정치신인이라면 앞서 말한 것처럼 20% 내외의 인지도가 기본. 이 것을 좀 더 높이기 위한 수단으로 활용 가능한 것이 예비 후보자 선거홍보물이다. 이 예비 후보자 선거홍보물은 선거구 내 가구 수의 10% 범위 내에서 발송할 수 있게 되어 있다.

경선을 고려하지 않아도 되는 후보라면 적당한 타이밍을 잡아 발송하면 되겠지만, 경선이 중요한 고비가 될 것이라고 판단된다면 경선 2주 전 정도에 발송하는 것이 좋다. 이 예비 선거홍보물을 기술적으로 활용하면 자신의 인지율을 상당히 높일 수 있다. 자세한 내용은 3부에서 설명하도록 하겠다.

결국 경선은 자신의 친위조직을 통해 넘어야 하는 산이다. 그러나 '경선 따로 본 선거 따로'의 생각을 가질 필요는 없다. 그 친위조직을 사조직과 직능조직의 열쇠로 쓰면서 본 선거에 적극적으로 동참시킬 수 있으면 된다는 것이다.

경선과 본선을 따로 치르겠다고 생각한다면 후보가 들여야 하는 공력 또한 두 배가 될 것이다. 때문에 일석이조, 하나의 돌맹이로 두 마리 새를 잡을 수 있도록 기획해야만 한다. 그러기 위해서는 선거철이 아니라 하더라도 꾸준한 지역구 활동을 통해 표밭을 가는 노력이 필요하다.

그리고 친위조직을 활용하겠다는 생각보다는 그들의 도움을 받을 수 있도록 준비하는 자세가 필요하다. 당신은 그들의 땀을 요구하게 될 것이다. 그러기 위한 당신의 준비는 무엇인가? 페퍼스와 로저스는 말했다. '고객은 똑같은 대우를 원치 않는다. 그들이 바라는 것은 개별적인 처우다.' 과연 당신은 그들을 위해 어떤 개별적인 처우를 해줄 수 있는가? 지금부터 고민해봐야 할 것이다.

Point
2-5. 후보선출과 기초조직

- 지역선거 승리를 위해서는 정당의 공천을 받는 것이 유리하다.
- 유력 정당 공천을 받기 위해서는 까다로운 절차를 거쳐야 한다.
- 정당 공천에는 전략공천과 경선의 두 가지 제도가 있다.
- 각 정당의 경선규칙은 선거 때마다 바뀌어왔다. 때문에 후보는 이를 정확히 파악하고 준비해야 한다.
- 경선통과를 위해서는 정당 내 세력 확보와 지역의 세력 확보라는 두 가지 노력이 필요하다.
- 당선가능성이 가장 중요한 기준이지만 정당에 대한 기여도나 영향력 역시 공천의 매우 중요한 판단 기준이다.
- 정당과의 교감, 정치세력 및 정치인들과의 교감도 매우 중요하다.
- 친위조직의 입당을 통해 정당 세력을 키우는 방법이 주효하다.
- 친위조직이란, 후보자의 정체성을 가장 잘 드러낼 수 있으면서 선거에 가장 적극적으로 참여할 수 있는 집단이다.
- 후보는 친위조직 구축을 위해 선거 이전부터 많은 노력을 기울이게 된다. 이미 만들어진 조직 속으로 들어가는 방법도 있다.
- 친위조직과는 별도로 지역 내 인지도를 올리는 것도 중요하다.
- 인지도 제고를 위해 예비 선거홍보물은 매우 큰 역할을 한다.
- '경선 따로, 본 선거 따로'가 아닌 이 모두를 연계하여 운용할 수 있는 준비가 필요하다.

선거**전략** & 선거**캠페인**

2-6 공조직의 구축과 관리

2부 : 선거전략과 선거조직

알뜰한 집안 단속이
선거승리의 제1원칙!

앞장에서 우리는 선거전을 크게 네 가지의 단계로 나누어 살펴보았다. 공조직의 구축은 이 네 가지 단계 중 두 번째 단계에서 진행된다. 그리고 이 공조직 구축의 성공여부는 이후 세 번째와 네 번째 단계에서 결과로 나타나게 된다.

조직파트의 참모들은 선거구를 지역의 지지성향, 소득 격차나 지역 색채의 차이, 주거지역과 상업지역 등을 고려하여 서너 개의 권역으로 나눈다. 그리고 그 권역을 한 사람씩의 참모들이 맡는다. 참모들은 지난 선거에 참여했던 지지자들, 혹은 선거경험이 있는 유력 인사 등을 통해 지역의 활동가들을 소개받는다.

그 리스트에 의해 한 사람 한 사람을 직접 만나며, 그들의 성향과 생각을 파악해야 한다. 동별 책임자들을 만들기 위해서이다. 앞서도 밝힌 바 있지만 동별 책임자란 각 동의 협의회장, 부녀회장, 청년회장, 총무 등 동4역을 이르는 말이다. 이런 동별 조직을 공식적으로 두는 것은 법적으로 금지되어 있다.

그러나 지금까지의 선거에서 이런 역할을 맡았던 사람들 스스로가 역할에 대해 인식이 굳어져 있으므로, 직함에 맞는 대우와 역할을 부여해야만 한다. 결국 하나의 동에 두 명의 책임자를 두어서는 안 된다는 것.

참모는 동별로 가장 영향력 있고 활동성이 있는 책임자들을 발굴하고, 그들로 하여금 선거를 책임지는 역할을 충실히 하도록 해야 한다. 이를 위해서는 가급적 많은 사람을 만나고, 많은 이야기들을 나누어야만 한다. 그리고 그때마다 릴레이식으로 사람들을 소개받고, 각각의 사람들을 크로스(cross) 체크를 함으로써 인선을 정리해야 한다.

이처럼 동별 책임자를 선택함에 있어 참모들은 신중해야 한다. 그 사람의 말만 믿고 그를 동별 책임자로 선택했는데, 후에 그보다 훨씬 더 영향력이 있고, 활동성이 있는 책임자감이 발견되면 사태를 되돌리기 어렵기 때문이다.

평판, 영향력, 활동력을 크로스 체크하라

그렇다면 참모는 어떤 기준으로 책임자들을 선발해낼까? 가장 중요한 것은 '그 사람이 그 지역에서 어떤 평판을 가지고 있는가.'이다. 지역의 여러 일에 발 벗고 나서고, 지역의 많은 사람들로부터 좋은 평판을 가지고 있으며, 그 사람의 말에 지역의 사람들이 모두 인정해줄 수 있다면 가장 좋다.

그러나 만일 그 사람이 나서기는 좋아하지만 지역 사람들로부터 좋지 못한 평판을 가지고 있다면 피해야 한다. 그런 사람을 책임자로 만든다면, 그 동에서의 선거는 이미 진 것이나 다름없다.

또 다른 기준은 '그 사람이 얼마나 많은 사람들과 친분관계를 유지하고 있는가?' 하는 것이다. 필요에 따라 많은 사람들을 동원할 수 있는 사람인가 하는 점도 매우 중요한 판단기준이다. 물론 어떠한 사람도 명분 없이 사람을 모을 수는 없다. 분명한 명분이 있기만 하다면 충분히 많은 사람들을 하나로 묶어낼 수 있는 사람이 책임자의 조건이라 하겠다.

우리 측 정당과 후보에게 얼마나 우호적인가 하는 것도 기준이 될 것이다. 아무리 영향력이 있고 활동력이 있어도 당에 대해 좋지 않은 인식을 가지고 있거나, 후보에게 우호적이지 않다면 그 사람을 우리 측 선거운동원으로 끌어들이기는 쉽지 않다.

이런 판단의 근거는 그 사람과의 대화에서 일차적으로 판단되며, 다른 사람들의 평판에 의해 이차적으로 판단할 수 있다. 때문에 그 사람을 만났을 때는, 그 사람을 설득하기에 앞서 그 사람의 생각을 듣는 일에 더욱 신경을 기울여야 한다.

그리고 다른 사람들을 통해서 평판을 확인할 때도, 그 사실이 본인에게 알려지지 않도록 우회적인 방법이 동원되어야 할 것이다. 만일 누군가가 나에 대해 평가하고 있다는 사실을 알게 된다면 기분 좋을 사람은 없기 때문이다. 이야기를 마치고 돌아설 때에는 아무리 가치가 없다고 판단한 사람이라 할지라도 여지를 남겨둬야 한다. 좋은 사람이라고 판단했다 해서 그 자리에서 덥석 약속을 하는 것도 피해야 한다. 그래서 늘 헤어짐의 인사는 '곧 다시 찾아뵙겠습니다.'로 일관하는 것이 이상적이다.

책임자들과 활동가들이 조직되면 그들의 가슴에 불을 지펴라

동별 책임자를 맡길만한 적임자의 윤곽이 3배수 이상으로 드러나면, 참모들과 후보는 그간의 자료들을 중심으로 동별 책임자를 결정하게 된다. 물론 아무리 이 사람을 동별 책임자로 임명한다 한들 본인의 결정이 남아 있다. 때문에 명단은 3배수 이상으로 잡되, 평가기준에 적합하지 않은 사람은 명단에서 빼야 할 것이다.

동별 책임자 후보가 결정되면, 그 사람이 부녀회장, 청년회장, 총무 등의 그룹을 형성할 수 있는지, 형성 후에는 활동적인 조직이 가동될 수 있는지를 판단하여, 최종적인 우선순위자 명단을 작성한다. 이 명단이 만들어졌으면 다음은 그들을 설득하는 단계로 넘어가게 된다.

설득을 위해 권역별 참모는 이미 접촉했던 동별 책임자 후보를 한 번 더 만나, 의사를 타진하여야 한다. 의사 타진방법은 의외로 간단하다. '저희 후보께서 선생님을 꼭 한번 뵙고 도움을 청하고 싶답니다. 시간을 내주실 수 있으시겠습니까?' 라고 물어보면 그만이다.

후보와 약속을 잡고, 후보는 동별 책임자 후보에게 정중히 부탁한다. 설사 본인이 여러 가지 여건으로 그 일을 맡기 어렵다고 거절하더라도, 삼고초려 해야 한다. 그래도 설득되지 않는다면, 그 사람으로부터 동별 책임자 후보를 추천받는 것이 좋다. 내가 가지고 있는 명단과 후보들을 내놓고 추인 받는 것도 좋은 방법이다. 그러나 만일 이 사람이 승낙하지 않는다고 해서 다른 사람을 덜컥 동별 책임자로 세워놓았을 경우, 훗날 그 두 사람의 충돌이 발생할 수도 있으므로 주의해야 한다.

이렇게 모든 동의 책임자들이 후보와의 스킨십을 통해 최종결정되었다. 다음은 그 책임자들을 중심으로 나머지 동의 핵심활동가들을 선발하는 단계다. 이것은 조직파트의 참모가 직접 나서는 것보다는 동별 책임자가 직접 조직을 꾸리도록 하는 것이 좋다. 참모는 동별 책임자를 조력하는 수준에서 활동하여야 한다.

동별로 4~5명의 책임자들과 핵심활동가들이 선발되면 가장 먼저 해야 할 일은 입당절차를 밟는 것이다. 만약 입당을 하지 않은 상태에서 모임을 갖게 된다면 그것은 사전선거운동에 해당되기 때문이다. 입당신청서를 쓰고, 당적이 만들어지면 그들은 모임을 가질 수 있다. 당원교육이나 집회가 가능한 시기는 선거운동 30일 전까지이므로 충분한 시간이 있다.

이렇게 모아진 동별 책임자들과 핵심활동가들의 가슴 속에 불을 지피는 일이 당원교육과 집회다. 때문에 이 활동에서는 지지의 분명한 이유, 우리 선거구의 문제점과 확실한 해결방안 및 향후 나아갈 방향, 지지자들을 모아내는 프로세스, 승리에 대한 확신이 그들의 가슴 속에 심어져야만 한다.

감동을 주는 것은 문제점과 해결방안이 아니다. 지지의 분명한 이유는 후보의 인간된 면모와 능력이다. 후보가 그들과 하나 되는 방법에 대해서는 다른 장에서 충분히 설명했다. 잦은 스킨십과 관심으로 그들을 감동시켜야만 한다.

우리 선거구의 문제점과 확실한 해결방안은 그들이 피부로 느낄 수 있게 구성되어야만 한다. 도시개발계획이나 발전계획 같은 것들을 보여주는 것으로는 그들을 공감시키기 어렵다. 집값·주거환경·교육문제·환경문제·교통사정·편의시설·생활환경·소득수준 등을 짚되, 그것들 모두가 그들의 언어로, 그들의 생활로 연결될 수 있게 설명할 필요가 있다.

필요한 것은 그래프나 그림으로 만들어 쉽게 이해할 수 있게 전달해야 한다. 그리고 그런 어려움들을 극복하기 위한 방법이 선명하게 제시되어야만 한다. 그래서 이렇게 좋은 환경으로 만들기 위해 자신들의 노력이 필요하다는 생각을 갖게 하는 일이 필요하다.

이런 자부심들이 충만해지면, 선거의 전략을 설명해야 한다. 다른 어떤 것들보다는 우리가 생각하는 '표' 만드는 계획을 그들에게 설명해야 하며, 그들로 하여금 그것이 생각보다는 훨씬 간단한 문제임을 이해시켜야 한다. 그들의 역할을 분명히 하고, 그들로 하여금 각기 경쟁하도록 하여야 한다.

각자 자신의 워딩과 방법으로 표밭을 갈게 하라

마지막으로 승리에 대한 확신을 심어주는 방법이다. 그것은 결국 후보와 조직의 몫이다. 후보의 자신감 있는 표정과 말, 행동이 불씨가 되고, 모여든 조직이 땔감이 된다. 그래서 그들이 모였을 때는 늘 일정 이상의 사람들이 함께 해야 하고, 박수소리는 커야 하며, 웃음소리가 울려 퍼져야 한다.

이를 위해 레크리에이션 진행자 등을 동원하는 것도 좋다. 그렇게 어울리다보면 이 일을 위해 뛰는 것이 나 혼자가 아니라는 사실을 체감하게 된다. 함께 어깨 걸고, 소리치고, 박수치는 사이에 승리에 대한 확신이 그들의 가슴 속으로 파고드는 것이다.

이렇게 가슴이 뜨거워진 사람들은 이제 선거구라는 표밭으로 달려 나가야 한다. 그들에게 단 한 줄의 워딩(wording)을 전달해야한다고 말하는 사람들이 있다. 하지만 나는 반대다. 그렇게 외워서 전달한 워딩이 상대를 설득하는 일은 쉽지 않다.

오히려 이 전체 내용들을 통해 스스로 가슴이 뜨거워진 사람들이라면 이런 내용들을 옮기지 않고도 얼마든지 상대를 내 편으로 만들 수 있다. 각자 자신만의 워딩과 방법으로 말이다. 오히려 정확한 목표를 주고, 그 목표를 달성하기 위한 방법을 스스로 고민하게 하는 것이 훨씬 효율적이라는 것.

선거를 위한 지지구축은 의외의 곳에 있다. 이를테면, '이번에 나온 ○○○후보가 내 조카다. 꼭 좀 부탁하자.' 일 수도 있고, '이번에 나온 ○○○후보가 내 동문인데, 나와 참 친하다. 이 사람이 되어야 내가 ○○한 이익이 생긴다. 너 내 친구 아니냐. 꼭 좀 부탁하자.' 일 수도 있다. 문제는 그렇게까지 상대를 설득하고 싶어지는 가슴이다. 어떤 이는 들은 내용들의 줄거리를 이용해서 설득할 것이고, 어떤 이는 자원봉사자용 홍보물을 들고 설득해도 좋다.

후보의 가슴이 그들에게 전달되었다면, 이젠 그들의 가슴이 지지자들에게 전달될 차례다. 그 많고 어려운 내용들을 자신의 방식으로 체화하여, 자신의 언어로 전달해야만 한다. 간단한 몇 줄로 추려서 외우게 하고, 그들로 하여금 앵무새처럼 말하게 해도, 상대가 다른 지지를 가지고 있다면 반박논리들만 쏟아져 나오게 될 것이다.

공조직에게 부여되는 미션은 단 두 가지다. 당신과 같은 사람을 몇 사람 더 만들어내는 일이 첫 번째이고, 두 번째 일은 그렇게 만들어진 사람들과 함께 입당원서를 가급적 많이 받아내는 일이다. 첫 번째 미션에 의해 모을 활동가들은 1단계에서 각 투표구 범위까지다. 이렇게 조직이 완료되면, 그 조직 규모는 100~200명 가량. 2단계에서는 통반의 단위까지이다. 통반 단위까지 조직이 완료되면 조직의 활동가 수는 무려 400~800명 수준이 된다.

혼자서는 쉽지 않은 일이다. 그러나 동별 책임자 4~5명이 힘을 합치면, 투표구범위까지 이르는 일은 그리 어렵지 않다. 또 투표구 범위까지 모아진 각 동별 15명가량의 사람들이 힘을 합치면 통반에 이르기까지의 활동가들을 모아내는 것도 얼마든지 가능한 일이다.

물론 전제조건은 그들의 가슴이 얼마나 뜨거우냐이다. 각 단계의 목표가 완성되면 그때마다 그들을 당원교육이나 당원집회로 모아 가슴을 뜨겁게 해주어야만 한다. 충분히 가슴을 뜨겁게 해주고, 그 위에 명분을 심어주는 것만이 그들의 활동성과 충성도를 높이는 방법이다.

'나를 봐서, 내 얼굴을 봐서, 이거 한 장 적어줘.'

입당원서를 받아내는 일은 그리 어려운 일이 아니다. 우리는 가끔 카드신청서를 할당받은 은행원의 부탁을 받곤 한다. 돈 드는 일도 아니고, 그저 종이 한 장을 받는 일은 의외로 간단하다. 그들에게 지지를 부탁할 필요도 없다. '나를 봐서, 내 얼굴을 봐서, 이거 한 장 적어줘.' 라는 부탁을 하는 일이다. 의외로 힘 안들이고, 받을 수 있는 것이 입당원서라는 것.

입당원서를 받기에 앞서 캠프는 당원배가 운동기간을 설정하고, 기간을 몇 단계로 구분하여 단계별 목표를 각 동별로 배분한다. 그래프로 만들어진 목표 옆에 모아진 입당원서의 수만큼 스티커를 붙이는 등의 방법으로 각 동별 조직을 독려한다. 목표를 달성한 동에 대해 후보는 여러 가지 형태로 보상을 하게 된다.

후보가 거는 전화가 보상이요, 후보와 함께 하는 자리가 보상이고, 후보의 칭찬이 보상이다. 선거운동원들의 선발권한을 동별 조직에 주는 것도 일종의 보상이다. 후보는 생판 모르는 사람을 대상으로 명함을 나눠주고, 인사를 하고, 전화를 거는 것이 아니라, 이처럼 자신의 집안을 단속하는 일에 최선을 다해야만 한다.

이러한 과정을 통해 입당원서가 목표하는 만큼 걷힌다면 이미 선거는 반쯤 이긴 것이나 다름이 없다. 그렇게 받은 입당원서가 뭐 그리 대단하냐고 느낄지도 모른다. 하지만 입당원서의 위력은 대단하다. 우선은 그 입당원서를 쓰는 순간, 무의식적으로 커밍아웃을 하게 된다. 선거기간까지 몇 달 동안 그 사람은 자신이 어느 당의 입당원서를 썼다는 사실을 인지하고 있게 된다.

뿐만 아니다. 입당원서를 받은 사람에게는 당원용 홍보물을 배송할 수 있다. 캠프는 매우 효율적이고도 합법적인 방법으로 당원들에게 사전선거운동을 펼칠 수 있다. 문제는 그들을 설득하는 도구다. 그것은 전략파트와 홍보파트의 몫이다.

조직은 가지고 있는 명단과, 활동가들과의 관계를 활용해서 그들을 정책설명회나 후원회, 당원교육이나 집회, 선거대책본부 발대식 등으로 모이게 할 수도 있다. 역시 그 집회를 통해 가들의 가슴을 뜨겁게 하고, 그들을 우리의 지지자로 만드는 일은 조직이 아닌, 전략파트와 홍보파트, 그리고 후보의 몫이 되는 것이다.

이렇게 해서 당원은 지지자가 되고, 당원 가족까지를 합친 수는 당신의 표로 나타나게 된다. 이렇게 지지를 만드는 사이, 공조직은 다양한 방법으로 입당원서를 쓴 사람들과 접촉을 갖게 되고, 최종적으로는 투표일에 해당 명단에 대한 투표독려로 결실을 맺게 되는 것이다.

> **Point**
>
> ### 2-6. 공조직의 구축과 관리
>
> - 공조직 구축을 위해 참모들은 각 권역별로 담당을 정한다.
> - 선거경험을 가진 유력인사들을 통해 지역의 활동가들을 소개받는다.
> - 참모들은 리스트의 사람들을 만나며 그들의 성향을 파악해야 한다.
> - 사람들을 만나면 릴레이식으로 사람들을 소개받도록 한다.
> - 평판, 영향력, 활동성이 판단기준이다. 이를 크로스체크 하도록 한다.
> - 우리 당이나 후보에게 우호적인가 하는 것도 기준이 될 것이다.
> - 동별 책임자를 결정하면 후보로 하여금 접촉하도록 한다.
> - 동별 책임자가 직접 나서 각 동의 핵심활동가들을 모으도록 한다.
> - 당원교육과 집회들을 통해 책임자들과 활동가들의 가슴에 불을 지펴라.
> - 후보의 인간적 감동과 선거의 의미를 설명하여 자부심을 만들라.
> - 승리를 확신시켜야 하며, 이를 위해 참여하는 프로그램을 운영하라.
> - 각자 자신의 워딩과 방법으로 지지자를 모으게 하라.
> - 투표구책을 거쳐 통반 단위까지 활동가들을 모으게 하라.
> - 통반 단위까지의 활동가들이 모이면 입당원서를 받도록 한다.
> - 당원배가운동기간을 설정, 단계별 목표를 정해 경쟁하도록 하라.

선거**전략** & 선거**캠페인**

2부 : 선거전략과 선거조직

2-7 각급 조직의 구축과 관리

가려운 곳을 긁어
정책조직을 만든다!

앞에서 우리는 참모조직과 친위조직, 공조직에 대해서 알아보았다. 그렇다면 선거대책본부가 만들어질 때까지 더 구축해야 하는 조직으로는 어떤 것들이 있을까? 물론 조직관리의 주체는 선거캠프이므로 캠프 나름대로의 방법을 구사해야겠으나, 일반적으로 선거에 있어 꼭 챙겨야 하는 조직은 직능조직과 사조직이다.

대표의 영향력만으로 표를 몰아줄 수 있는 직능단체는 없다

먼저 직능조직에 대해서 알아보자. 직능조직이란, 통일주체국민회의 · 한국자유총연맹 · 새마을운동지도자 · 바르게살기운동협의회 등의 관변단체에서부터 각종 여성단체, 청년단체, 노인단체, 군 관련단체 등이 있다. 환경단체 등 각종 사회단체, 교육관련 단체, 종교단체, 각급 노동조합, 봉사단체, 문화예술단체, 각종 장애우단체, 중견기업은 물론 약사회, 요식업, 미용업, 개인택시조합 등 각종 직업과 관련된 단체들도 있으며, 특히 생활체육협의회를 포함한 각종 체육단체나 동호회 등도 직능단체에 해당한다.

후보들은 한 사람 한 사람 지지자를 늘려가는 것보다 이처럼 특정 단체 하나씩을 지지단체로 만들면 훨씬 손쉽게 선거운동을 할 수 있을 것이라 생각할 것이다. 사실 예전에는 이처럼 직능단체를 중심으로 선거를 치르기도 했었다. 그러나 이제는 그러한 일이 쉽지 않게 되었다. 요즘 같은 시대에 주관 없이 누군가의 말에 충성을 다하는 조직은 아마도 '조폭' 밖에는 없을 것이기 때문이다.

그럼에도 불구하고 후보를 유혹하는 손길은 여기저기에서 뻗쳐온다. 그러나 '내가 가진 표가 몇 표다. 이러저러한 조직이 있으니 잘 지내자.'고 접근해 금전적 보상을 요구하거나, 구체적인 자리를 들먹거리는 사람들을 경계해야 한다. 스스로를 정책브레인이라고 자처하거나, 언론을 책임져주겠다고 공언하며 접근하는 경우도 있다.

이런 행태를 보이는 사람들은 대부분 속칭 '선거브로커'라고 불리는 사람들이다. 후보는 어떠한 경우에도 흔들리지 말고 단호히 대처해야만 한다. 그 방법은 간단하다. 그들이 제시하는 표수에 해당하는 구체적인 명단을 요구하고, 확인하는 것만으로도 이런 사람들의 접근을 차단할 수 있다.

아주 드물지만 실제로 영향력을 가진 사람들이 후보를 찾아올 때도 있다. 하지만 그렇다고는 해도 그 사람이 금전이나 즉각적인 보상을 요구하면서 접근한다면 정중히 거절하는 것이 좋다. 그러나 만일 그들이 자기 단체의 이익이나 민원을 들고 후보를 찾아왔다면 그 사람을 내 사람으로 만들어야 할 것이다.

그런 활동들이야말로 본원적 의미에서의 직능조직을 키울 수 있는 좋은 기회가 되기 때문이다. 이렇게 스스로 캠프를 찾아와서 자신의 명단이나 조직을 대상으로 선거운동에 나서겠다는 자원자가 있을 경우에는 캠프가 적절한 일을 그에게 주어야만 한다.

그들의 이야기를 듣는 것에서 직능에 대한 선거운동은 시작된다

후보는 직능단체들로부터 무엇을 얻어야 할까? 물론 최종적으로는 표를 얻고 싶을 것이다. 이들 모든 단체들과의 좋은 관계를 통해 표를 얻고 싶을 뿐만 아니라 또 그들의 좋은 여론도 얻고 싶다. 하지만 그것은 현실적으로 불가능하다.

이들 단체 중에서는 후보에게 우호적인 단체도 있겠지만 그렇지 않은 단체도 있다. 중립적인 단체는 더욱더 많을 것이다. 만일 이들로부터 지지를 얻고 싶다면 후보는 어떻게 접근해야 할까? 직능조직이라는 말은 언뜻 이들 조직들을 마치 자신의 친위조직처럼 조직도를 그려가며 관리하는 것으로 착각하기 쉽다. 그러나 현실적으로 그런 관계는 쉽지 않다.

일반적으로 직능조직은 그 분야를 담당하는 활동가들을 두고, 그들을 중심으로 활동을 펼쳐나가게 해야 한다. 활동가들은 후보나 정당에 특별히 우호적인 직능단체들을 우리 편으로 끌어들인다. 그리하여 그들이 지지선언을 하게 하는 한편, 그들 중 조직적 활동이 가능한 단체와 사람들을 자원봉사자로 이끌어낼 수 있을 것이다.

이쯤 되면 이들은 직능단체라기보다는 사조직이며, 자원봉사자 조직이 된다. 이런 단체들을 많이 만들 수 있다면 좋겠지만 결코 쉽지 않다. 애초부터 단체의 성격이 정당과 일치하는 경우, 혹은 후보가 그 직능에서 활동하였거나 평소 긴밀한 관계를 유지했던 경우가 아니라면 위에서 말한 바를 달성하기는 쉽지 않을 것이다.

그렇다면 일반적으로는 직능단체들과 어떻게 교섭하고, 그들을 우리의 지지자들로 만들 수 있을까? 우선은 단체의 대표 내지는 영향력 있는 인사를 설득해서 그 단체 전체를 자신의 지지자로 만드는 방법이 있을 것이다. 하지만 단체의 대표라 하더라도 전체의 정치적 의견을 모으는 일이 쉽지 않다.

때문에 대부분의 대표들은 매우 우호적인 후보가 있다하더라도 자신들의 행사나 모임에 참석시켜 연설을 할 수 있게 해주는 수준에서 도움을 주고자 할 것이다. 그러나 이 정도로는 그 직능단체를 지지조직으로 변화시키기 어렵다.

직능단체의 조직원 한 사람 이상을 지지조직으로 만들어, 그가 단체 내부에서 지지자를 모아내고 단체의 여론을 환기시키게 하는 것도 좋은 방법이다. 많은 선거캠프들은 이러한 방법으로 직능단체들을 하나하나 관리해나간다.

하지만 이러한 방법 또한 한계가 있다. 최근 선거법이 강력하게 작동하고 있어서 직능단체를 중심으로 한 조직을 구성하기가 더욱 어렵게 되었다. 때문에 직능단체에 대한 시각을 다시 정립하는 것이 바람직하다.

기본적으로 직능단체들은 선거와 무관한 조직들이다. 따라서 그들을 정치세력화하려는 시도는 어떤 경우에도 성공하기 어렵다. 하지만 그들도 대부분 조직의 이해와 관련된 바가 있고, 무언가 요구를 가지고 있기 마련이다. 때문에 향후 직능조직은 보다 정책적인 관점으로 접근하는 것이 바람직할 것이다.

자원봉사자 조직으로 전환된 사조직만이 선거를 돕는다

직능조직과 공식적인 대화의 자리를 만들고, 그 자리에 정책담당자가 참여하여 여러 의견들을 정책에 반영하는 것. 그들의 현실을 이해하고, 그들에게 필요한 것과 그들에게 도움이 될 만한 것들을 함께 머리 모아 상의할 수만 있다면 자연스럽게 그들로 하여금 우리 후보를 지지하게 만드는 것은 어려운 일이 아니다.

이러한 활동들을 통해 우리 캠프가 보다 정책적 노력을 기울이고 있다는 이미지를 만들 수 있다. 그들에게 관심을 갖고, 실태를 파악하며, 보다 나은 방안을 찾기 위해 노력하는 모습이야말로 표를 구하는 가장 좋은 방법이라는 것이다. 그러나 이러한 정책 활동이 선거후반에 실시되어서는 실효성을 얻기가 매우 어렵다.

이 방법을 구사해서 직능조직을 구축하고자 한다면 선거의 극초반에 이미 접촉 가능한 직능단체들을 파악하고, 리스트를 작성해 두었어야 한다. 그리고 그들과 접촉할 수 있는 방법을 모색하고, 그들과 접촉하는 일이 필요하다. 필요에 따라서는 후보가 직접 만날 수도 있으며, 그렇지 않다면 정책담당자가 그들과 회합을 갖도록 해야 할 것이다.

그들과 나눈 대화의 내용은 모두 정리하여 다시 전달되어야 하며, 이후 각 단체들과의 교섭결과를 실현해내기 위한 노력을 지속적으로 그들에게 통보하여야만 한다. 그 내용이 지극히 사적인 것이 아닌 이상, 가급적 구체적 공약으로 가시화하는 것이 좋다. 이것이 바로 현대에 있어서의 직능조직 구축방법이다.

사조직은 직능조직과 성격을 달리한다. 사조직이란 후보의 문중조직, 학맥조직, 종교조직, 향우조직 등을 아우른다. 물론 직능단체들 중에서도 후보가 참여하고 있는 조직이나 후보와 밀접한 관계에 있는 조직은 사조직이라 할 수 있겠다. 여기에 캠프 내 영향력 있는 인사들의 사조직도 후보의 사조직 범주에 보탤 수 있을 것이다.

하지만 후보가 꼭 염두에 두어야 할 것이 있다. 그것은 자신의 연고조직을 모두 자신의 사조직으로 착각해서는 안 된다는 것이다. A고등학교를 졸업했다고 해서 A고등학교 졸업생 전체가 본인의 사조직은 아니다. A고등학교 졸업생이라는 것은 단지 사조직이 될 수 있는 가능성 높은 자원일 뿐이다. 이들 하나하나를 깨워내서 사조직화하지 못한다면 그들은 후보가 출마한 사실조차 모른 채 선거를 지나칠 수 있다.

따라서 사조직을 구성하기 위해서는 후보가 후보와 유관한 조직의 조직원들을 별도로 접촉해서 사조직 구축의 협조를 받아야 한다. 그렇게 협조를 구하고, 작성된 명단 안의 사람들만 비로소 우리 캠프의 사조직이 되는 것이다.

이렇게 구축된 사조직망은 활동가들의 활동을 통해 명단으로 드러나고, 대부분 자원봉사자라는 이름으로 활동하게 된다. 만일 직접적으로 선거운동을 돕지는 못하겠지만 지인명단을 준다거나, 주변 사람들의 지지를 이끌어주겠다거나, 혹은 자신과 가족만이라도 지지하겠다고 말한다면 그들은 그저 지지자일 뿐이다.

그렇다고 그런 사람들을 만드는 일이 무의미한 것은 아니다. 활동가들은 자원봉사자를 늘려가는 한편, 지지자를 만드는 것으로 외연을 확장해야 한다. 자원봉사자가 확보되었다면 그들을 직접 캠프로 나올 수 있게 조치하여야만 한다.

물론 그들 중에는 시간적·공간적 제약으로 말미암아 캠프에서 활동하기 어려운 사람들도 많을 것이다. 그들은 캠프 내부가 아닌 자신들의 생활근거지에서 선거운동을 해도 좋다. 하지만 오리엔테이션을 받기 위해서 꼭 한번 이상 캠프에 들러야 한다. 캠프에 오랜 시간 상주하며 선거운동을 펼치는 자원봉사자들이 많으면 많을수록 선거에 큰 도움을 받을 수 있을 것이다.

어렵사리 찾아온 자원봉사자들을 그냥 돌려보내지 말라

자원봉사자들이 캠프를 찾으면 우선은 그들을 맞이할 사람이 필요하다. 따뜻하게 환영을 표하고 그들이 어색하지 않도록 맞이했다면 다음은 그들에게 명확한 업무를 나누어주어야 한다. 그러기 위해 대부분의 캠프들은 '자원봉사자 업무배정을 위한 질문서'를 비치해 놓고 있다.

그 질문서에는 기본적인 신상정보는 물론 선거활동 경험과 업무, 컴퓨터 사용기술 등 각종 업무 능력, 소속된 단체와 성향, 자원봉사 기간과 시간 및 가능 장소, 하고 싶은 일 등이 구체적으로 명기될 수 있도록 마련되어 있어야 할 것이다. 이러한 질문서를 토대로 각각의 자원봉사자들에게 업무를 나눠줄 수 있을 것이다.

자원봉사자들의 업무는 전화 선거운동, 컴퓨터를 이용한 데이터베이스입력·게시판 검색이나 댓글달기·메신저나 메일을 이용한 선거운동, 자료 수집 및 정리, 지역여론 모니터, 상대후보 연설이나 대담 내용 정리, 후보자 수행, 운전, 탁아활동, 우편발송, 식음료 준비 또는 청소, 후보자 홍보 및 여론 조성, 상대 후보에 대한 부정선거 감시활동, 후보자와 직능단체의 연결 업무 등 매우 다양하다.

이처럼 업무를 배분함과 동시에 후보자에 관한 정보, 선거운동본부 조직도와 주요 구성원, 후보에 관한 언론보도자료 및 신문스크랩, 선거운동에 관한 전반적인 방향과 일정, 자원봉사자 행동지침 등 자원봉사자 교육 자료를 통해 선거기조와 후보자콘셉트 등을 숙지할 수 있도록 해야 한다.

많은 선거캠프들은 바쁘다는 핑계로 자원봉사자 관리에 소홀한 경우가 많다. 그러나 좋은 마음으로 선거캠프를 찾은 자원봉사자들이 자신을 맞이해주는 이가 없어 발길을 돌리게 해서는 결코 선거에서 승리할 수 없다. 때문에 자원봉사책임자를 선임하고 자원봉사자 연락이나 내방에 만전을 기해야 한다. 책임자는 전문성과 책임감, 조직 관리경험 등을 두루 갖춘 사람이 좋다.

책임자는 자원봉사자 충원에서부터 교육과 업무배치, 관리가 주업무라 하겠다. 책임자는 자원봉사자들을 부리는 사람이 아니다. 그들로 하여금 일할 수 있는 분위기를 제공하고, 그들의 고민을 듣고 반영할 수 있는 사람이어야 하며, 그들의 활동에 감사를 표할 수 있는 사람이어야만 한다.

책임자는 먼저 캠프 내에서 필요한 자원봉사 영역을 세밀하고 구체적으로 정리해두어야 한다. 그리고 그 일들이 효과를 발휘하기 위해 필요한 구체적 사항을 업무절차와 지침으로 정리해두어야 한다. 이것이 매뉴얼이다. 이러한 매뉴얼들은 가급적 쉽고 상세하게 만들어 한다. 예컨대 전화 자원봉사자가 전화를 걸 리스트와 멘트의 내용은 물론 가상 시나리오까지 꼼꼼하게 정리되어 있어야 한다는 것.

그러기 위해서는 준비에 많은 시간이 소요된다. 따라서 본격적인 선거운동기간 전에 모두 준비해 놓아야 한다. 이러한 준비 없이 선거기간을 맞이한다면 어렵사리 찾아온 자원봉사자들이 손 놓고 있다가 돌아가게 될 것은 물론, 캠프 안의 모든 사람들 또한 허둥지둥하다가 선거가 끝나게 될 것이다.

앞서 설명한 직능조직과 사조직의 핵심자들을 중심으로 자원봉사단이 꾸려지면 그 속에서 선거실무를 볼 수 있는 봉사자들도 발굴할 수 있으며, 이렇게 만들어진 자원봉사단은 각 지역을 담당하는 지역조직과 합류하여 선거대책본부에서 큰 힘을 발휘하게 된다.

좋지 않은 사람들도 그냥 돌려보내서는 안 된다

선거에 임하는 후보는 좋은 사람들을 많이 가져야 한다. 후보는 후보 자체보다 주변에 모여든 사람들에 의해 평가된다. 어떤 사람이 후보에 대해서 말하고, 지지하게 하고, 설득하느냐가 선거를 좌우하는 것. 활동가와 지지자는 곧 후보의 다른 이름이다. 그러니 평판이 좋지 않은 사람이 선거운동에 끼어 있는 것은 후보에게 불리할 수밖에 없다.

그렇다면 어떤 사람이 좋지 않은 사람인가? 돈을 요구하는 사람, 자신의 영향력을 침소봉대하는 사람, 캠프에 위화감을 조성하는 사람, 행동보다는 말이 앞서는 사람 등이 좋지 않은 부류의 사람들이다. 그렇다고 찾아온 사람이 좋지 않다고 해서 무작정 되돌려 보내서도 안 된다.

한 사람이 열 표를 모으는 것은 쉽지 않지만 한 사람이 백 명을 적으로 돌리는 일은 손쉬운 일이기 때문. 후보는 옥석을 가리되 모든 사람들을 다 포용할 수 있는 자세로 선거를 치러나가야만 한다.

> **Point**
>
> ### 2-7. 각급 조직의 구축과 관리
>
> - 직능조직이란 지역 내에 있는 각급 단체들을 묶어내는 작업이다.
> - 후보에게 우호적인 직능조직을 만들어야 하지만, 대표 한 사람을 설득하거나 단체에서 연설하는 정도로는 가능하지가 않음을 명심하라.
> - 직능조직을 사전에 파악, 접촉하여 그들이 필요로 하는 것을 물어라.
> - 공식적인 대화의 자리를 만들고, 정책을 공조하는 것이 효과적이다.
> - 이렇게 협의된 내용은 공약 등으로 A/S되어야만 한다.
> - 사조직은 후보 및 캠프의 영향력 있는 인사들이 관련된 각종 조직이다.
> - 그렇다고 연고조직 모두가 자신의 사조직은 아니라는 점을 알라. 사조직은 활동가들의 활동을 통해 명단으로 드러나며, 그들 대부분은 자원봉사자라는 이름으로 활동하게 된다.
> - 자원봉사자들의 업무를 미리 준비하고, 이를 매뉴얼과 지침으로 정리하라.
> - 캠프를 찾은 자원봉사자들이 일이 없어 방황하게 하지 말라.
> - 자원봉사자들에게 업무배치를 위한 질문지를 작성하게 하라.
> - 캠프에 도움이 되지 않는 사람도 잘 관리해야만 한다.

선거 전략 & 선거 캠페인

2-8 2부 : 선거전략과 선거조직

선거대책본부의 구축과 관리

모두를 위한 하나,
하나를 위한 모두!

선거법의 영향력이 커지면 커질수록 조직활동은 위축되기 마련이다. 많은 사람들은 조직선거의 시대는 끝났다고 말하고 있지만, 앞서 밝힌 바와 같이 자발적 조직에 의한 조직미디어선거가 향후 조직선거를 대체하게 될 것이다.

 이를 위해서 후보는 최소한의 조직을 확보하고 있어야 하며, 이들을 느슨한 네트워크로 조직화 해내는 일이 필요하다 하겠다. 이렇게 되면 예전의 그 공고했던 점조직 형태에 비해 일사불란함이 떨어지는 대신 조직비용이 줄고 보다 자발성에 기초한 선거운동이 가능해질 것이다.

 본 선거운동기간을 앞두면 이렇게 만들어졌던 각급 조직들이 결합하여 선거운동본부를 구성하게 된다. 그 시기는 캠프사정에 따라 다를 것이나, 보통은 투표 2개월 전에서부터 선거운동 개시 10일 전 사이에 만들어지게 된다. 아무리 늦어지더라도 본 선거운동기간 20일 전까지는 구성을 마무리 하여 손발을 맞출 필요가 있다.

선거대책본부 구성의 첫 번째 포인트는 구축시기다

　이렇게 만들어지는 선거대책본부는 선거운동의 하나부터 열 가지를 모두 운영해가는 가장 중요한 조직이다. 더불어 모든 조직이 결합된 형태의 가장 큰 조직이기도 하다. 각각 움직이던 조직들이 한데 뭉쳤기 때문에 그 사이에 마찰이나 갈등이 벌어질 소지도 많다.

　이러한 점에 비추어볼 때 선거대책본부를 구성하는 시기는 매우 중요하다 할 것이다. 너무 일찍 만들게 될 경우에는 비용도 많이 발생할 뿐만 아니라 각 조직 간의 갈등도 증폭되기 쉽고, 그렇다고 너무 늦게 만들 경우에는 선거운동을 위한 호흡이 잘 맞지 않게 될 것이다. 각 캠프의 실정에 따라 시기를 결정하는 일에 더욱 신중을 기해야만 한다.

　선거준비를 위한 초기단계에는 후보를 중심으로 참모조직들이 움직이게 된다. 전략기획 · 조직기획 · 후보지원 · 총무의 네 개 분야를 중심으로 외연을 넓혀가며, 각종 조직을 구성하는 것. 조직은 크게 지역조직을 중심으로 한 공조직 · 사조직 · 자원봉사자 조직이 만들어지고 이러한 조직들이 충분해질 즈음에 선거실무진의 충원과 지역명망가들의 영입을 통해 선거대책본부를 발족하게 된다.

　선거대책본부의 구성이나 업무분담은 캠프사정에 의해 각기 다를 수 있다. 여기서는 가장 일반적인 모델을 소개하기로 한다.

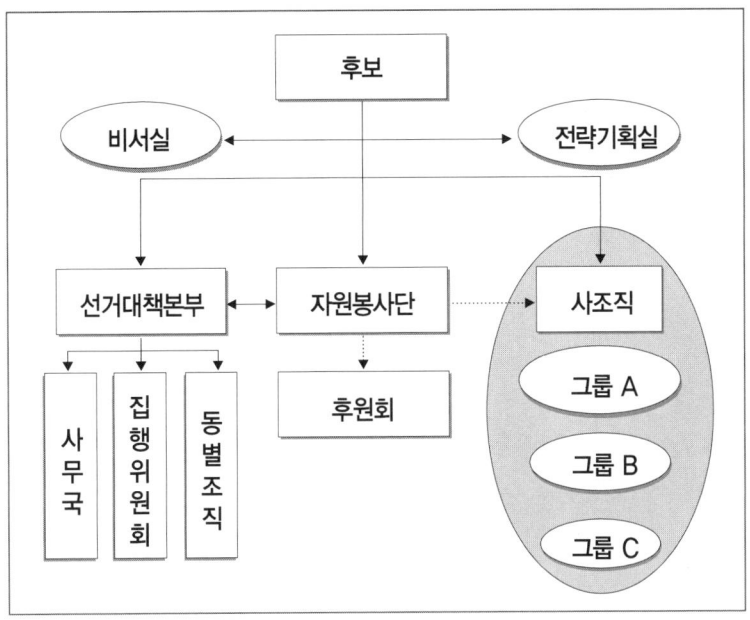

표 1 : 총괄 선거관련조직의 예시

먼저 후보의 직속조직이라 할 수 있는 비서실과 전략기획실에 대해 알아보기로 하자. 비서실에는 비서실장을 중심으로 일정팀, 후보수행팀, 배우자수행팀을 배치한다. 일정팀에서는 지역 내 행사와 경조사 모임 등을 접수받는 일, 선거대책본부로부터 후보일정 요청을 접수받는 일, 후보와 배우자의 일정을 조정하고 배치하는 일 등을 진행하여야 한다. 후보와 배우자 수행팀에도 최소한의 수행비서와 운전기사가 포함되어 있어야 한다.

큰 선거에서는 수행팀 외에 선도팀을 따로 두기도 하는데, 이때 선도팀은 후보의 일정을 앞서가며 자리를 정리하는 한편, 후보수행팀과의 긴밀한 연락을 통해 일정을 조정하는 역할을 맡는다. 상황에 따라 경호팀이 함께 배치되기도 한다.

전략기획실에는 전략기획실장을 중심으로 기획팀·정책팀·홍보팀·사이버홍보팀·교육팀·TM&DB팀 등이 배치된다. 이 중 정책팀과 홍보팀의 경우에는 외곽에서 이를 지원하는 지원팀이나 관련 회사들이 배치되기도 한다.

먼저 기획팀은 모든 조직활동을 기획하고 지원한다. 특히 미리 정리해둔 전략이 선거운동 내내 기조를 유지할 수 있도록 하는 일이 기획팀의 가장 중요한 업무라 하겠다. 정책팀은 선거정책과 이슈를 발굴하고, 공약을 수립하고 이를 확산시켜야 할 책임을 맡고 있다.

홍보팀은 홍보전략을 수립하고, 홍보논리를 개발하며, 홍보콘텐츠를 제공하는 일을 맡는다. 선거인쇄홍보물을 제작하고 후보의 연설문을 작성하기도 한다. 사이버홍보팀은 웹사이트, 이메일, 모바일 등으로 이루어지는 모든 사이버선거전을 수행한다.

교육팀은 활동지침을 수립하고, 홍보논리와 이슈를 교육하며, 각급 조직 활성화를 위한 교육을 실시한다. TM&DB팀은 데이터를 입력하고 이를 관리하는 한편, 전화홍보에 대한 계획을 수립하고, 이를 자원봉사단과 적극적으로 결합시킨다.

선거대책본부는 지역의 명망가들을 총망라하여야 한다

선거대책본부 내에는 자문위원단과 고문단을 두고, 선거대책본부장 밑으로는 사무국·집행위원회·조직위원회를 두는 것이 일반적이다. 지역의 대표성을 가진 사람이 선거대책본부장에 선임되는 것이 보통인데, 후보의 콘셉트를 고려하여 무난한 지역인사를 고르는 것이 포인트다.

선거대책본부장 아래에 선거대책 부본부장을 두는 경우도 있는

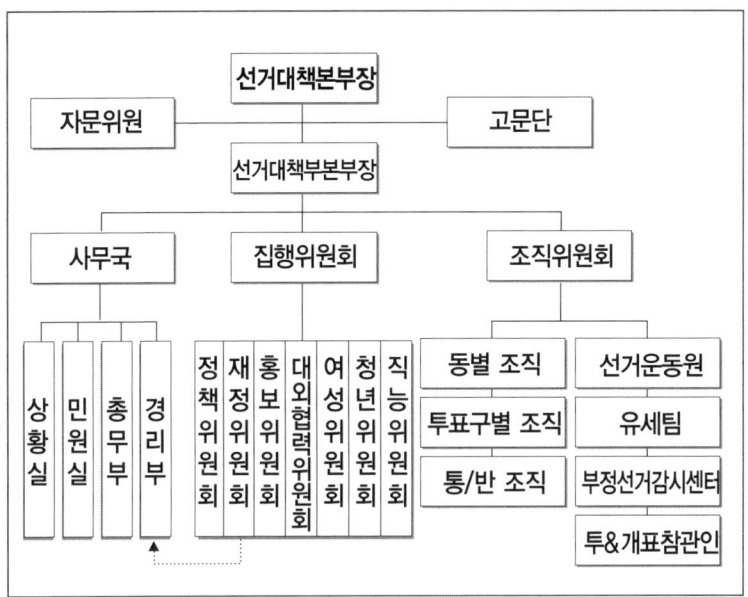

표 2 : 선거대책본부 구성의 예시

데, 이것은 지역의 주요 인사들을 모셔오기 위한 명분용 보직이다. 다수로 구성하되 각 보직별로 균형이 잘 맞지 않을 경우에는 갈등의 소지가 될 수 있으므로 유의하여야 한다.

　부본부장급으로는 각 동별 책임자들을 포함하는 것도 좋으며, 각 단체의 명망가들도 포함시킬 수 있겠다. 자문위원단과 고문단 역시 마찬가지이나, 고문은 주로 원로그룹을, 자문위원은 여성과 청년그룹을 적극적으로 포괄하는 것이 좋다.

　사무국에는 사무국장과 사무차장을 두고 다시 아래에 상황실·민원실·총무부·경리부를 두는 것이 보통이다. 사무국장은 선거대책본부를 구성하기 훨씬 이전에 가급적 지역 현지의 인사로 인선하는 것이 좋다. 실제 사무국 업무보다는 공조직 관리 차원에서 역할을 수행하는 것이 보통이기 때문이다.

사무차장이 사무국 업무를 총괄하며, 선거관리위원회 업무를 포함하는 선거사무와 선거대책본부의 활동을 지원한다. 상황실은 선거운동의 진행상황을 파악하여 이를 조정하고, 필요한 사항을 각 조직에 하달하는 역할을 맡는다. 특히 유세 등의 동원이나 긴급한 상황에 대한 대처 책임은 상황실이 지도록 해야 할 것이다.

민원실은 사무국에 상주하면서 유권자들의 민원을 접수받고 처리해주는 곳이다. 캠프를 찾아오는 사람들을 접대하고, 전화민원을 접수하는 일도 맡는다. 친화력 있는 지역 인사들로 구성하되, 상근 여직원을 배치하는 것이 일반적이다.

총무부는 총무부장과 3명 정도의 부원으로 구성하며, 선거사무, 사무실 관리, 비품 및 문서관리를 담당하고, 일반적인 총무업무를 맡는다. 경리부는 선거회계전문가 1인과 사무원 1인으로 구성하며, 선거회계의 전반을 담당한다. 경리부의 경우 체계상으로는 사무국 관할이지만, 업무적으로는 재정위원장의 직할로서 활동하는 것이 일반적이다.

각종 위원회는 선거기조와 이슈에 의해 가감될 수 있다

집행위원회에는 정책·재정·홍보·대외협력·여성·청년·직능 등의 각종 위원회를 두고, 각 위원회별 활동을 실시한다. 필요하다면 다른 위원회를 둘 수도 있으며, 신설위원회의 경우에는 각 캠프의 선거기조를 반영하는 것이 좋다.

정책위원회는 지역 현안 및 세부 이슈 수립을 위한 협의를 진행하며, 정책팀과 공조하여 공약수립과정을 자문한다. 재정위원회는 경리부의 직할이며, 후원회와 선거회계를 총괄한다. 때문에 재정위원회장은 내부인사로 선임하는 것이 좋다.

홍보위원회는 홍보와 유세 관련된 일들을 처리하며, 홍보팀과 공조하여 제반 홍보과정을 자문한다. 대외협력위원회는 지역 내 관변단체, 사회단체를 대상으로 한 조직활동을 펼치며, 각종 관공서 관련 업무를 담당하며 그들과 우호관계를 유지한다.

여성위원회는 여성조직을 관장하며, 지역 내 각종 여성관련 조직을 공략한다. 청년위원회는 구역 내 청년관련 조직을 공략하며, 선거대책본부의 기동대 역할을 맡는다. 가장 중요한 업무는 선거실무를 진행하기 위한 실전동력을 제공하는 것이다. 직능위원회는 각종 직능단체와 시장 및 상가번영회 등을 공략한다.

조직위원회는 동별조직과 투거구별조직, 그 아래로 통·반에 이르는 조직까지를 꾸리고, 한편으로는 선거운동원·유세팀·부정선거감시센터·투개표참관인 등을 운영해야 한다. 결국 지금까지 구축한 공조직을 관리하고, 이 공조직과 청년위원회 및 여성위원회를 결합시켜, 선거와 관련된 공식선거운동을 관할하는 것이 조직위원회의 책임이라 하겠다.

자원봉사단은 후원회와 사조직을 관리하는 한편, 양쪽으로부터 지원을 받아 운영되는 조직이다. 그 구성은 사조직의 구성에 맞추어 팀을 구성할 수도 있으며, 부문에 따라 팀을 구성할 수도 있다. 사조직의 역량이 클 경우에는 각 사조직별로 팀을 따로 배정할 수 있다는 것. 기본적인 구성으로는 고문·자문·기획위원 등의 아래로 지원팀·조직팀 등을 둘 수 있다. 고문·자문·기획위원은 주로 후보에게 우호적인 단체들을 공략한다. 자원봉사단 중 특화된 인맥과 경

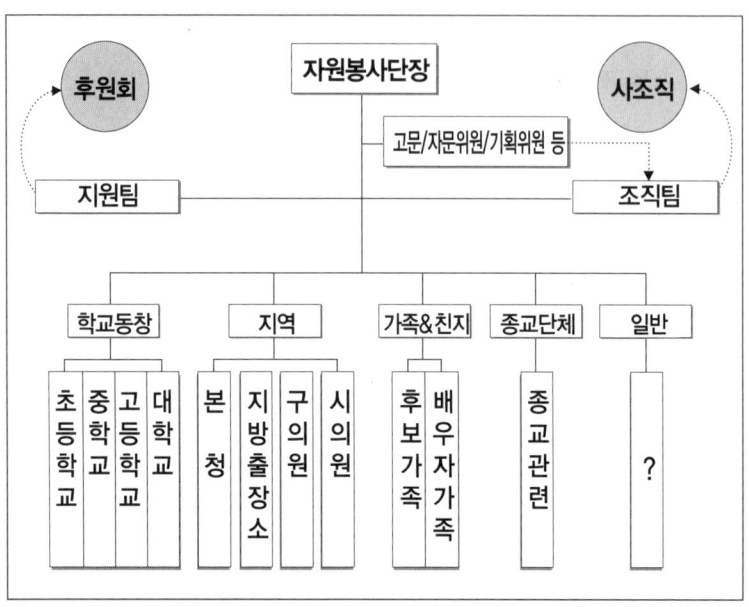

표 3 : 자원봉사단 구성의 예시

력을 보유한 인사를 중심으로 하되, 비상근 외부지원인사 등을 대상으로 구성하는 것이 보통이다. 이들은 단체회원 중 지역거주자를 발굴하고 지역지부의 공략기반을 조성하며, 지역 내 직능·사회·자생단체 등을 공략한다.

지원팀은 후원회 구성 및 후원회 행사를 준비하고 집행하는 일을 포함한 후원회의 일상적 관리를 진행해야 한다. 이들은 또 자원봉사단의 각종 활동 및 관련사무를 지원해야 하며, 가두유세 및 각종 행사의 인원동원을 총괄한다.

조직팀은 자원봉사단의 그룹별 전략과 활동을 관리하는 일을 주업무로 한다. 자원봉사자들의 업무를 분담하고, 각 업무들에 대한 매뉴얼과 지침을 만들어서 진행하는 일을 총괄한다.

이렇게 선거대책본부의 구성을 설명하였지만, 그 구체적인 조직은 각 캠프의 사정에 맞추어 구축하여야 할 것이다. 특히 기초위원 선거 등을 위한 조직을 필요 이상으로 크게 꾸리는 것은 바람직하지 못하다. 하지만 아무리 작은 선거라 하더라도 각 분야의 일들은 모두 필요한 것이기 때문에 조직은 작게 하되, 담당업무가 빠지지 않도록 구성하는 일이 중요하다는 말이다.

결국 선거대책본부는 시스템이다. 선거를 위해 집행하는 모든 활동들이 이 선거대책본부를 중심으로 진행된다. 따라서 선거대책본부의 각 조직들은 유기적으로 움직일 수 있도록 구성하는 것이 중요하다. 그러나 여러 조직들이 각각 활동하다가 선거대책본부로 들어오게 되면 마찰과 갈등을 피하기가 쉽지 않다.

그래서 사전에 이러한 마찰과 갈등을 조정하기 위한 노력이 필요하다. 물론 이를 가장 잘 컨트롤 할 수 있는 것은 후보다. 조직 활동에 있어 후보가 끼치는 영향력은 실로 대단한 것이기 때문이다. 대부분의 조직 활동가들은 선거 이후의 상황을 나름대로 그려가며 선거운동에 임하기 때문에 회의석상에서의 자리배치, 후보의 대면자세, 발언권, 성과에 대한 보상 등이 모두 그들의 심리내부에서 작용하고, 서로가 이러한 문제들로 서열을 매기기도 한다.

누군가가 후보와 좀 더 가까워졌다는 이유로 등을 돌리는 사람도 부지기수다. 그러나 후보로서는 이러한 조직의 문제들에 깊숙이 관여해서 문제를 해결하고 조정할 만한 여유가 없다. 심지어 아주 가까운 친인척들조차 후보가 직접 챙기기는 어려운 상황이다. 따라서 이러한 제반의 조정은 선거대책본부장이 맡는 것이 좋다. 선거대책본부장은 인화를 가장 잘 실천할 수 있는 사람을 선임하는 것이 좋으며, 후보는 선거대책본부장에게 조직융화에 관한 사항을 위임하여야 한다.

　결국 이처럼 조직을 꾸리고 운영하는 것은 모두 선거승리를 위한 과정일 뿐이다. 자칫 그저 조직을 위한 조직을 만들게 될 경우 후보의 선거승리는 물거품이 되어버릴 것이다. 따라서 후보는 이러한 점을 염두에 두고, 조직을 꾸려나가야만 한다. 또 누누이 강조한 바와 같이 후보는 캠프 안의 모든 사람들을 모시는 마음으로 조직활동에 임해야 할 것이다.

Point

2-8. 선거대책본부의 구축과 관리

- 선거대책본부는 각급조직의 최종적인 결합형태다.
- 너무 일찍 구성하면 예산과 융화에 문제가 있을 수 있고, 너무 늦게 구성하면 선거를 대비하기가 어려워진다.
- 비서실과 전략기획실은 후보 직속으로 두는 것이 좋다.
- 선거대책본부장 외에 부본부장을 임명할 수도 있으며 이들은 지역 주요 인사들로 하되, 보직의 균형에 유의하라.
- 경리부는 사무국 소속으로 하되, 재정위원회의 관할을 받도록 하라.
- 각종 위원회는 선거기조와 이슈에 따라 가감하라.
- 자원봉사단은 사조직과 후원회를 포괄하는 형태로 구성하라.
- 선거대책본부는 시스템이다. 유기적으로 움직일 수 있게 해야 한다.
- 마찰과 갈등을 조정할 수 있는 선거대책본부장을 선임하라.
- 후보는 모든 사람들을 모시는 마음으로 조직활동에 임하라.

03

3부. 선거운동과 선거캠페인

3-1. 캠페인타워 구축과 캠페인일정 : 도대체 그 홍보물은 무엇에 쓰려는가?

3-2. 캠페인전술의 기획과 활용 : 목표가 분명하면 튀는 생각이 절로 난다!

3-3. 정책캠페인과 정책이벤트 : 그들 속으로 들어가야 내 정책이 보인다!

3-4. 예비 후보자등록과 선거운동 : 봄나비캠페인, 주목받지 못하면 백전백패!

3-5. 본 선거홍보물과 본 선거운동 : 한 사람씩 상대해야 한 표씩을 거둔다!

3-6. 선거유세와 선거운동 : 승기가 충만해야 승리를 낚는다!

3-7. 언론과 방송의 활용 : 상대후보는 버리고, 유권자와 대화하라!

3-8. 디지털과 여론조사의 활용 : 알고 쓰면 약이지만, 모르고 쓰면 낭비다!

선거 **전략** & 선거 **캠페인**

3-1

3부 : 선거운동과 선거캠페인

캠페인타워 구축과 캠페인일정

도대체 그 홍보물은 무엇에 쓰려는가?

성공한 캠페인이란 무엇인가? 그것은 사람의 마음을 움직인 캠페인이다. 선거과정에서 우리는 많은 미디어들을 운용하게 된다. 현수막, 명함, 동영상 하나에서부터 각종 집회나 당원교육, 정당홍보물, 당원용 홍보물, 본 선거홍보물, 방송연설과 방송토론, 유세차 영상, 연설, 로고송에 이르기까지 선거에 사용되는 미디어들은 수십 종에 달한다.

이 모든 미디어들이 모여 일련의 캠페인을 구성하고, 이 캠페인은 궁극적으로 선거 당일까지 가능한 한 많은 표를 얻기 위해 운용된다. 때문에 캠페인의 뼈대가 선거기조와 그에 따른 후보콘셉트라면, 각각의 미디어들은 피와 살이다.

캠페인일정을 기획하는 일에는 홍보전문가를 참여시켜라

큰 흐름이 없이 필요에 따라 그때그때 생산된 미디어들은 제 힘을 발휘하기 어렵다. 얘기도 제각각일 수밖에 없다. 제작의 효율성도 많이 떨어진다. 그래서 캠프는 캠페인타워를 구축하고, 이 일련의 미디어들을 효과적으로 통제한다.

특히 선거 막바지에 이르면 캠페인타워에는 각종 언론과 단체들의 요구가 숨 가쁘게 쏟아져 들어온다. 캠페인타워는 캠프가 주관하는 미디어들을 잘 운용하는 한편, 이러한 요구들에도 적절히 대응해가야만 한다. 이 경우 정리된 선거기조와 후보콘셉트를 일관성 있게 외부로 노출시키는 시스템이 없다면 그때마다 각기 다른 이야기들이 외부로 흘러나갈 수밖에 없다.

캠페인타워를 구축하기 위해서는 기본적으로 전략수립이 선행되어야 한다. 전략에서 선거기조와 후보콘셉트가 결정되고, 조정된다. 캠페인타워는 이 선거기조와 후보콘셉트라는 대명제 아래에서 캠페인을 기획한다.

이때에 그간 진행해왔던 각종 정책들도 캠페인타워로 이관된다. 교수진이나 자문위원, 후보, 참모들에 의해 만들어진 정책은 결국 그 소비자가 되는 유권자들에게 전달되기 위해 가공되어야 하며, 그 주체는 캠페인타워가 되어야 한다는 것.

각 단체들과 언론이 물어오는 정책에 대한 질의나 중점 공약사항들을 캠페인타워가 숙지하고 효율적으로 관리하지 않을 경우, 정책이 오인되거나 왜곡되는 일이 발생할 수 있다. 유권자들이 올바르게 이해하도록 하고, 그들의 지지를 이끌어낼 수 있는 중요한 이슈들이 이 과정에서 희석되어버리는 경우를 종종 보게 된다.

때문에 캠페인타워는 전략과 정책을 확실하게 인계받아 숙지해야만 한다. 그리고 그 내용을 예상되어지는 형식들에 맞춰 미리 준비해두어야 한다. 이런 이유로 전략이나 정책의 조정이 불가피할 경우에는 그 내용을 캠페인타워가 가장 먼저 확인해야 하는 것이다.

캠프의 규모에 따라 캠페인타워를 자체적으로 구축하기도 하고, 외부의 도움을 받아 회의의 형태로 운영하기도 한다. 혹은 완전히 아웃소싱을 하고, 위원회가 아웃소싱업체로부터 정기적으로 보고를 받아 중요사항을 결정하는 형태로 운영하기도 한다. 그러나 어떤 운영형태를 갖는다하더라도 상근 담당자 1~2명을 배치하는 것은 필수사항.

상근 담당자는 미디어운용의 최일선이다. 미디어의 프로그램을 확정하고, 이를 직접 실행하는 것은 결국 상근 담당자의 몫. 담당자는 그 외에도 필요한 각종 자료와 아이디어를 모으고, 캠페인일정을 관리하며, 매 미디어마다 목표 대비 실적을 평가해야 한다. 언론사 및 각종 단체, 캠페인타워 구성원들과의 연락을 담당해야 하는 것은 물론이다.

캠페인타워에는 전략, 정책, 홍보, 조직의 주요참모들이 포함되어야 한다. 후보가 결합할 수도 있고, 후보가 결합하지 않는 경우에는 후보에게 보고할 수 있는 장치가 마련돼야 한다. 특히 중요한 것은 이 캠페인타워에 한 명 이상의 홍보전문가가 참여해야 한다는 사실이다.

선거에 동원되는 각 미디어들과 그 역할에 관한 사항은 매우 전문적인 것들이다. 때문에 이러한 내용을 처음 접하는 비전문가들은 그 중요성이나 역할에 대해 생소할 수 있다. 때문에 전문가가 참여하여

캠페인일정을 주관할 때 그 효율성을 극대화할 수 있다.

만일 전문가가 캠페인타워에 상시 결합할 수 없는 사정이라면 최초 캠페인일정을 기획할 때만이라도 참여하도록 해야 한다. 그리고 이후 구체적인 각 미디어의 기획이나 제작물의 제작 시, 그 내용을 담당자로 하여금 전문가와 협의하도록 조치해야만 한다.

언제, 누구에게, 어떤 목표로 말하려 하는가?

캠페인은 하나의 목표를 향해 나아가는 미디어들의 유기적 집합체다. 각 미디어들은 캠페인이 지향하는 하나의 기조 위에서 실행되어야 한다. 그렇다고 모든 미디어들이 똑같은 얘기만 해야 한다는 것은 아니다. 기조를 같이 하는 것과 같은 얘기를 반복하는 것은 다르다.

최종적으로 유권자들에게 던질 메시지를 확실히 하고, 그곳에 이를 수 있도록 각 미디어들의 역할은 세분화되어야 한다. 각 단계별 목표와 해당 단계에 설득해야 할 타깃들을 분명히 하고, 그 타깃들에게 어떤 메시지를 각인시킬 것인지, 어떤 역할을 부여할 것인지를 분명히 하는 일이 먼저다.

선거 종반에나 해야 할 이야기를 선거 초반에 꺼내놓는다거나, 선거 초반에나 함직한 이야기를 선거 종반에 해서는 효과를 보기가 어렵다. 우리 편을 모아놓고, 부동층들에게나 함직한 이야기를 중언부언하게 되면 우리 편들의 가슴이 식을 것이고, 전혀 지지의사가 없는 사람들을 모아놓고 우리 편에게나 할 만한 이야기들을 한다면 오히려 역효과를 볼 수도 있다.

각 미디어들이 제대로 효과를 발휘하고, 그 힘이 모여 시너지를 내기 위해서는 선거 당일까지의 일정과 미디어의 결합도를 최대한 끌어올려야 한다. 여기서 일정이라는 것은 결국 조직의 일정이다. 후보를 포함한 조직이 목표하는 바를 잘 달성하기 위해 미디어는 수단으로서의 역할을 수행해야 한다. 때문에 각 미디어들은 '누구를 대상으로 무엇을 얻기 위해 무엇을 말할 것인지'를 분명히 해야만 한다.

결국 미디어일정은 조직의 상황과 맞물려 돌아간다는 것. 미디어일정을 구성하기 위해서는 조직의 목표와 일정을 충실히 반영하는 것이 가장 중요하다. 기껏 당원교육일정을 잡아놓고 준비를 했지만 조직이 당원들을 제대로 모으지 못해 당원교육을 할 만한 여건이 마련되지 못하면 아무 소용이 없을 것이다.

따라서 미디어일정을 잡을 때에는 조직과 상의해야 하며, 이후 일정에서도 조직과의 긴밀한 협의와 상황예측은 필수사항이다. 미디어가 달성하려는 목표 또한 마찬가지다. 각각의 완성도보다 훨씬 더 중요한 것이 그 미디어로 이루고자하는 목표. 그리고 그 목표들은 조직이 이루고자하는 목표와 크게 다르지 않다. 미디어는 늘 수단일 뿐이다. 미디어 자체가 목표가 되어서는 안 된다.

집회를 준비했다고 하자. 그 집회의 성공여부는 무엇으로 결정되는가? 매끄러운 연출인가? 무대의 화려함인가? 게스트들의 실수 없는 진행인가? 그 집회에 참석한 사람들이 우리가 의도한 대로 마음의 변화를 일으켜야 한다. 그리고 그들이 그 마음의 변화를 행동으로 옮기도록 해야 한다. 그것이 여의치 않다면 최소한 그 집회가 그런 마음으로 가는 징검다리 구실을 하도록 해야만 한다.

집회는 사람들의 마음을 의도한 방향으로 변화시키기 위한 수단에 불과하다. 설사 집회 중에 프로그램으로 넣은 공연들에 실수가 있었고, 진행이 매끄럽지 못했다 하더라도 단지 그 사실만으로 그 집회가 실패했다는 평가를 내릴 수는 없다는 것이다.

미디어는 목표를 달성하기 위한 수단일 뿐이다

초기에는 우리 사람들을 발굴해내는 것이 중요하다. 그들의 가슴을 뜨겁게 하여 로열티를 높여내고, 필요한 사항을 알리며 지지확산의 방법을 교육하는 일이 중요하다. 각각의 미디어들은 이러한 목표를 해결하기 위해 동원된다.

이때 주로 사용되는 것은 당원용 홍보물이나 자원봉사자 교육용 자료, 그리고 각종 교육 및 집회와 그에 필요한 콘텐츠들이다. 그러나 이것은 모두 활동가들과 지지자, 그리고 당원 및 자원봉사자 중심으로 활용해야 하는 도구들임에 유의하자.

중반에 들어서면 지지자를 늘리고, 외연을 확대하며 후보를 알리는 일이 중요하다. 이를 위해 각종 이슈를 선점하고, 이슈를 확산시켜 부동층의 마음을 돌리는 일이 필요하다. 후보자의 인지도 제고도 중요한 과제다. 후보콘셉트를 구축하고 확산하기 위한 충분한 근거와 분위기 조성이 중요한 시기이다. 이때 주로 사용되는 것은 예비선거홍보물들이다.

후반에 들어서면 이슈와 조직을 동원한 세 과시가 필요하다. 이를 통해 지지자들이 승리를 확신하도록 하고, 당선 후의 비전을 공유하고, 우리 지지자들의 결집을 최대한 높일 수 있도록 미디어들을 동원해야만 한다. 그간 준비해두었던 완성도 있는 선거이슈와 이에 부합하는 후보콘셉트를 펼쳐낼 수 있도록 미디어들이 준비되어야만 할 것이다. 이때 주로 사용되는 것은 본 선거홍보물들이다.

본 선거운동이란 결국 디펜스다. 상대후보나 우리나 모두 똑같은 조건에서 똑같은 물량을 쏟아 붓는 게임이기 때문에 여기서 전세를 뒤바꾼다는 것은 그리 쉬운 일이 아니다. 박빙의 승부라면 모를까, 지지세의 차이가 두드러지게 나타나는 선거판에서 본 선거운동을 잘한다고 선거에서 승리하는 것은 그리 쉽지 않은 일. 결국 본 선거운동의 가장 큰 골격은 우리의 승리를 확신시키고, 마지막 결집을 도모할 수 있도록 짜여야만 한다.

이러한 점에 기초해볼 때 캠페인타워의 구축과 가동에 적당한 시기는 선거일 6개월 전이다. 그리고 이 캠페인타워에 전략을 제공해 줄 전략파트의 구축과 가동은 그보다 더 앞선 시기로 잡아야 한다. 만일 이 시기를 놓친다면 그만큼 중요한 선거운동의 과정들을 생략할 수밖에 없거나 우왕좌왕하게 될 것이기 때문이다.

이처럼 각각의 시기마다, 각 층위마다 집행되는 미디어의 목표는 달라질 수밖에 없다. 때문에 각각의 미디어가 가진 특성을 최대한 반영해서 각각의 목표를 수행하는데 이바지할 수 있도록 배치하여야 한다.

현수막에 많은 정보를 담으면 외면당한다. 인물에 대한 이야기에 감성적인 요소가 빠지면 그 글은 읽히지 않는다. 사람이 모인 자리에서는 연대감과 감동을 전하기가 훨씬 수월하다. 길거리에서 트는 동영상은 길게 만들거나 내용중심으로 만들면 실패한다.

이런 미디어들의 특성을 최대한 활용해서 필요한 목표에 도달시키는 것도 캠페인타워의 중요한 임무다. 중요한 것은 목표를 성취하는 것이다. 그에 맞는 미디어들을 활용하는 지혜가 필요하다. '다른 캠프에서는 이 시기에 이런 미디어를 쓰더라.' 식의 고정관념을 버려야 한다.

우리의 목표는 따로 있고, 그 목표를 가장 잘 달성할 수 있는 미디어가 무엇인지를 고민하라. 거듭 강조하지만 미디어는 목표를 달성하기 위한 수단일 뿐이다. 목표 중심의 사고를 해야 한다. 미디어 중심 사고를 하는 순간부터 주객이 전도된다. 목표를 먼저 정하고, 그에 알맞은 미디어를 채택하는 것이다.

앞서 밝힌 바와 같이 각각의 미디어들은 각기 다른 목적을 수행한다. 사용되는 시기도 다르고, 미디어의 종류도 다양하며, 그것을 접하게 되는 사람들도 다르다. 그러나 이처럼 각기 다른 목적을 수행한다고 해도 그 사이에는 엄연한 통일성이 존재해야만 한다. 결국 그 미디어들이 쌓여 최종적으로 캠프의 선거기조와 후보콘셉트를 만들기 때문이다.

시각적인 통일성 확보도 그러한 차원에서 매우 중요하다. 현대는 디자인의 시대다. 동일한 색, 동일한 패턴, 동일한 글자체, 지속적으로 노출된 사진 등이 글자보다 더 큰 힘을 발휘하기도 한다. 만일 각 미디어들이 통일성 없이 그때그때 만들어진다면 유권자들은 이 미디어가 누구의 것인지 헷갈리고 말 것이다.

캠페인일정표가 없다면 모든 미디어는 불발이다

이러한 일련의 과정을 통해 큰 기조가 정해진다. 그리고 조직의 일정을 확보해서 원활한 조직목표 달성을 위해 각각의 미디어들이 수행해야 할 역할, 대상, 내용이 정리되면 이 모든 미디어들을 한 장의 종이 위에 일정으로 표시한다. 머릿속에서만 맴돌고 있어서는 체계적으로 이 일들을 해낼 수 없다.

　한 눈에 볼 수 있도록 정리된 캠페인일정표는 모든 조직이 공유하여야 한다. 완성된 캠페인일정표를 모든 사람들이 수첩에 붙여 소지할 수 있도록 하고, 벽면에도 붙여 늘 염두에 두도록 해야 한다. 그리고 이 일정표에는 정해진 각각의 미디어들마다 목표와 대상, 그리고 내용이 상세히 표기되어야만 한다.

　물론 캠페인일정표는 상황의 전개에 따라 조정될 수 있다. 그렇다고는 해도 선거기조나 후보콘셉트 자체가 바뀌어서는 안 된다. 상황의 변화에 따라 전술이 바뀌듯, 선거에서도 각종 환경적 요인들로 말미암아 계획이 수정되는 경우가 있다.

　이 경우, 각 미디어의 목표나 대상, 혹은 내용이 바뀌게 된다. 그때마다 담당자는 새롭게 조정된 일정표를 모든 조직이 공유할 수 있도록 조치해야 한다. 일이 진행될 때마다 그때그때 미디어를 고민하는 선거, 캠페인타워에서만 알고 있는 미디어집행으로는 이기는 선거를 치를 수 없다.

　이처럼 모든 홍보물들은 전략에 의거해서 캠페인타워가 결정하도록 해야 한다. 홍보물들을 최종결정할 때에 가장 중요한 것은 민주적 의사결정을 하지 말라는 것. 과정을 거치는 동안 전체와 충분히 협의하도록 하되, 최종적인 결정은 전문가적 식견을 가지고 있는 해당 분야의 책임자가 소신 있게 결정해야 한다는 것이다. 그렇지 않다면 각 부문의 책임자를 둘 필요가 없다.

　비전문적인 견해를 가진 사람들이 빙 둘러앉아 화백제도처럼 만장일치로 결정해서는 안 된다. 선거홍보물이 나오면 모두 각자의 시각으로 '카피가 어떻다, 디자인이 어떻다.' 하며 모두가 말을 거들게 된다. 하지만 그래서는 좋은 결론을 내리기 어렵다. 특히 후보가 자신의 사진이나 슬로건을 가지고 '감 놔라, 배 놔라.'를 해서는 이기는 선거를 치를 수 없음을 명심하자.

> **Point**
>
> ### 3-1. 캠페인타워 구축과 캠페인일정
>
> - 성공한 캠페인이란 사람의 마음을 움직이는 캠페인이다.
> - 선거과정에는 많은 미디어들이 모여 일련의 캠페인을 구성한다.
> - 캠페인의 궁극적인 목적은 가능한 한 많은 표를 얻는 것이다.
> - 캠페인은 하나의 목표를 향해 나아가는 미디어들의 유기적 집합체다.
> - 미디어의 통합과 제작 효율성을 위해 캠페인타워를 구축하자.
> - 모든 캠페인 관련 오더들은 캠페인타워를 거쳐 송출되어야 한다.
> - 선거기조와 후보콘셉트는 물론 정책기조까지 캠페인타워로 모아라.
> - 캠페인타워의 구축방법은 아웃소싱을 포함해 여러 가지가 있다.
> - 상근 담당자 1~2명을 배치해야 하며, 그들은 미디어운용의 최 일선이다.
> - 캠페인타워에는 전략, 정책, 홍보, 조직의 주요참모들이 포함되어야 한다.
> - 전략적 결정들은 후보를 통해야 하며, 필히 홍보전문가를 참여시켜라.
> - 단계를 설정하고, 각 단계별 미디어의 타깃, 메시지, 역할을 분명히 하라.
> - 선거 당일까지의 일정과 미디어, 조직의 결합도를 최대한 끌어올려라.
> - 조직이 목표하는 바를 잘 달성하기 위한 수단이 바로 미디어다.
> - 시기와 층위에 따라 미디어의 목표는 달라진다. 미디어 특성을 고려하라.
> - 미디어들은 제각기 목표에 충실하되, 시각적 통일성을 유지해야 한다.
> - 캠페인일정표를 작성하고, 공유하게 하라.

선거**전략**&선거**캠페인**

3-2

3부 : 선거운동과 선거캠페인

캠페인전술의 기획과 활용

목표가 분명하면
튀는 생각이 절로 난다!

캠페인 전체가 기획되고, 이를 수행하기 위한 캠페인타워가 구성되었다면 이제 미디어 하나하나를 기획해야 할 차례다. 미디어기획이란, 특정 미디어로 사람들의 마음을 움직여 캠프가 그 시기에 얻고자하는 목표를 달성해낼 수 있게 하는 최적의 프로그램 개발이다.

변사가 등장한 출판기념회, 후보는 무엇을 노렸는가?

　우리가 하고 싶은 말을 일방적으로 전달하는 것만으로는 결코 사람들의 마음을 변화시킬 수 없다. 이는 곧 감동을 만들 수 없다는 말과 같다. 커뮤니케이션의 성패는 결국 발신자와 송신자 사이를 잇는 매개체의 완성도에 의해 결정된다.

후보가 자신을 알리기 위해 자서전을 쓰고, 그 자서전의 출판기념회를 치루는 상황을 생각해보자. 억지로 모셔다놓은 지역 유권자들과 그동안 네트워크를 가져왔던 지인들을 대상으로, 내빈인사로 20분, 후보인사로 20분, 축사로 20분의 시간을 보낸다. 그리고는 축하케이크를 자르고, 후보자 딸아이의 바이올린연주를 들려주는 것으로 출판기념회가 끝났다.

그 출판기념회에 참석했던 유권자들은 어떤 기분과 생각을 가지고 집으로 돌아갈까? 이렇게 식상한 행사를 다음과 같이 기획해보는 건 어떨까? 출판기념회 시작 전, 미리 자리를 잡은 유권자들을 대상으로 레크리에이션을 한다. 노래도 한 곡 같이 부르고, 서로 안마도 해주며 분위기를 띄운다. 한결 가벼워진 마음이 된 그들에게 퀴즈를 낸다. 모두 후보가 쓴 책에 있는 내용들이다. 그 퀴즈를 맞추는 사람들에겐 간단한 선물도 제공한다. 그 퀴즈를 통해 후보자 인생역정의 줄거리가 잡힌다.

출판기념회가 시작되면 내빈인사 대신 동영상이 스크린에 나타난다. 후보의 어린 시절부터 지금까지의 모습들을 찍은 사진들이 스크린을 따라 흐르고, 변사목소리로 구성된 멘트가 장내에 울려 퍼진다. 사람들은 배꼽을 잡으며 웃기도 하고, 후보의 어렵던 시절 얘기에는 눈물이 글썽해지기도 한다.

그렇게 십 분쯤의 동영상 상영이 끝난 뒤, 후보가 등장해서 어려운 결심을 하게 된 계기와 앞으로 살아갈 인생과 정치에 대한 결의의 말로 간단한 인사를 올린다. 그 뒤에는 책 내용의 몇 토막들을 하나씩 낭송해주고, 그때에는 당시의 시대 상황들이 담긴 동영상이 스크린에 등장한다. 그리고 한 토막씩이 끝날 때마다 당시를 회고하는 후보의 주변 사람들이 스크린에 펼쳐진다.

그렇게 해서 출판기념회가 정점에 오르면 후보를 잘 알고 있는 내빈이 후보의 비전에 찬사를 보내는 짧은 축사로 식을 마감하고 다함께 조촐하게 마련된 떡을 먹으며 담소를 나눈다. 앞서 말한 출판기념회와 비교해서 어떤 차이점이 있는가? 중요한 것은 이 출판기념회를 통해 얻고자 하는 것을 얻었느냐 하는 것이다.

화려한 무대와 많은 관객, 매끈한 진행과 돈을 들여 구성한 연출과 특수효과, 커다란 케이크와 잘 차려진 밥상만으로는 참석자들에게 감동을 줄 수 없다. 그들로 하여금 그 책을 읽게 만들 수도 없거니와, 후보에 대해 어떠한 감정도 새롭게 구축할 수 없다.

그저, '사람들이 많이 왔더라. 식이 성대하더라.' 정도의 반응을 얻게 될 것이며, 이런 반응으로는 후보자의 지지를 확산하는데 아무런 영향도 미치지 못한다. 결국 출판기념회에 많은 사람들이 참석하도록 하는 공력만 낭비한 셈이다.

특히 개정된 선거법의 강력한 시행으로 말미암아 조직 동원의 길이 막힌 지금에 와서 자칫 이런 행사는 유권자들로 하여금 '이 후보의 행사에 다시는 오지 말아야지.' 라는 생각을 갖게 할 수도 있다. 세를 불리기 위해, 후보자에 대한 지지의 마음을 갖도록 하기 위해 마련된 행사가 오히려 후보로부터 멀어지는 계기가 될 수도 있다는 사실을 명심해야 하겠다.

감동이 없으면 변화도 없다, 보통보다 따뜻해야 감동을 느낀다

감동이 없으면 변화도 없다. 그러나 고작 작은 명함 하나, 작은 현수막 하나로 사람들을 감동시킬 수 있을지는 의문스러울 것이다. 하지만 어떻게 구성하느냐에 따라 결과는 달라진다. 그렇다면 사람들은 어떤 경우에 감동하는가? 사람들을 감동시키기 위해서는 무엇이 필요한가?

먼저, 사람들의 감정이 감동으로 가는 순서를 살펴보도록 하자. 우선 눈에 띄어야만 한다. 눈에 띄지 않아 그냥 스쳐지나간다면 아무런 소용이 없다. '어느 자리에 놓을 것인가? 어떻게 사람들의 시선을 잡을 것인가?' 가 후보와 캠프의 첫 번째 고민거리다.

만약 눈에 띄었다면 그 다음 진행되어야 할 것은 '바로 당신에게 하는 말이야.' 하고 지각하게 하는 것이다. 사람들에게 이런 의사표시를 어떻게 할까 하는 것이 두 번째 고민거리다.

그것이 눈에 띄었고, '나에게 하는 말이구나.' 까지 해결했다면 세 번째는 이해를 시킬 차례다. 이 장면에서 특히 유의할 점은 기왕이면 보통과 다르게 해야 한다는 것. 보통보다는 높은 수준으로 해야 한다. 보통보다 많아야 한다. 보통보다 훨씬 더 따뜻해야만 한다.

'높은 수준' 과 '많은 것' 에 대해서는 인정하게 되고, '보통보다 따뜻한 것' 에 대해서는 감동하게 된다. '이정도만 신경 써줄 줄 알았는데, 이렇게나 많이 신경써주는구나.', '이 정도만 하겠다고 할 줄 알았더니, 이렇게나 많이 하겠다고 하는구나.', '이 정도만 줄줄 알았더니, 이렇게나 많이 주는구나.'

지금껏 내가 경험한 사례들 중 캠페인 전술을 제대로 구현한 기획 몇 가지를 소개하고자 한다. 먼저 입당신청서와 관련된 아이디어들과 그 실현과정에서 경험한 내용들이다. 선거에 있어 유권자들을 당원으로 만드는 것은 매우 중요한 일이다. 선거법 상 당원에게만 정당 홍보물 및 당원용 홍보물을 보낼 수 있도록 되어 있기 때문이다. 당원들은 이미 입당신청서를 쓰면서 후보 및 정당에 대해 커밍아웃을 한 것이 되므로 일정 이상의 부담을 갖게 된다는 것.

입당신청서 경쟁이 붙었던 어느 캠프회의에서 참모 하나가 의견을 냈다. 입당신청서가 A4용지로 만들어져서, 들고 다니거나 받아서 보관하는 일이 만만치 않다는 것이었다. 그 캠프는 곧바로 휴대하기 간편한 수첩형 입당신청서를 만들었다. A4 반만 한 크기로 입당신청서의 사이즈를 줄이고, 100page 단위로 제본을 하도록 했다. 입당신청서를 받는 일이 한결 가벼워진 것은 물론 더욱 많은 당원을 모집할 수 있게 됐다.

거울이 들어 있었던 '땡큐카드'의 감동

어느 캠프에서는 입당신청서를 쓴 사람들을 대상으로 확인전화를 해야 한다는 의견이 나왔다. 과다한 실적경쟁으로 말미암아 입당신청서에 허수가 많다는 지적이었다. 이렇게 되면 보유당원의 숫자가 아무런 의미를 갖지 못한다. 더 큰 문제는 당원들을 대상으로 발송한 당원용 홍보물이 위법한 것이 되는 것.

이러한 폐해를 막기 위해 입수된 입당신청서를 작성한 사람들은 모두 확인되어야만 했다. 확인전화의 멘트를 작성하기로 했던 참모는 확인전화가 아닌 '땡큐콜'이라는 이름을 쓰자고 했다. 다짜고짜 전화해서 'ㅇㅇㅇ님이시죠? 여기는 ㅇㅇ당 ㅇㅇㅇ후보 선거캠프입니다. 이번에 입당신청서를 쓰셨나요?' 하는 것은 상대방의 기분을 매우 나쁘게 할 것이라는 생각에서다.

이렇게 해서 만들어진 '땡큐콜'의 멘트는 휴대폰으로 전달되었다. 그 내용은 '안녕하십니까? ○○○님이십니까? 여기는 ○○당 ○○○후보 선거사무실입니다. 이번에 ○○당 당원으로 입당해주셔서 진심으로 감사드립니다. 저희 ○○당은 ○○○을 위해 최선의 노력을 기울이고 있습니다. ○○○님께서도 당에 건의하고 싶으신 일이 있으시면 언제든지 연락 주십시오. 이제 ○○당은 ○○○님의 손발이 되어 최선을 다하겠습니다.' 였다.

단순히 입당을 확인하는 사무적 전화로도 가능했던 일이 감동적으로 전달되는 효과적인 메시지로 변신을 하게 된 것이다. 이러한 '땡큐콜'은 이어 '땡큐카드'로 이어졌다. 한 참모에 의해 제안되었던 '땡큐카드'는 겉봉을 뜯어 속을 꺼내면 당을 상징하는 색깔과 문양에 다음과 같은 글이 적혀 있었다. '저희가 이 세상에서 가장 소중하게 생각하는 분을 당신께 소개시켜 드리겠습니다.' 이 카드를 받은 신입당원들은 대개 카드를 열면 후보자의 얼굴이 들어 있겠거니 생각했을 것이다.

하지만 카드를 연 신입당원들은 놀라지 않을 수 없었다. 그 안에는 거울로 쓸 수 있는 은박지가 붙어 있었고, 그 은박지에는 자신의 얼굴이 비춰졌던 것. 그리고 그 아래에는 '지금 거울에 비치는 당신이야말로 저희가 가장 소중하게 여기는 분이십니다. 최선을 다하겠습니다.' 라고 쓰여 있었다.

이어 신입당원들에게는 당원용 홍보물들이 발송되었다. 그 중 하나는 당보였다. 지역당보이니 당의 소식이 들어 있었을 것이라 생각하겠지만, 그 지역당보 네 면 중 두 면을 해당 지역구의 후보자 이야기로 채웠다. 후보자의 딱딱한 정견이 아니라 후보자의 살아온 이야기, 후보자가 생각하는 세상 등이 읽기 쉽게 들어 있었다.

또 하나는 만화정책집이었다. 그 지역의 어려운 사정들이 하나하나 제시되었고, 그 모든 것들을 일거에 해결하기 위한 새로운 마스터플랜이 만화로 그려져 있는 36page책자를 만들어 발송했던 것. 사람들은 글로 만들어진 정책집에 비해 훨씬 손쉽게 그 만화정책집을 읽게 되었고, 해당 지역에 화제가 되었다.

거기에서 끝나지 않고, 마지막 당원용 홍보물인 일명, '○○구 발전 청사진'이라는 '카드킷'을 발송했다. 딱딱한 종이로 만든 케이스 안에는 각기 다른 색깔과 사이즈의 카드들이 들어 있었다. 그리고 그 카드에는 지역구의 오래 묵은 현안들과 시급한 현안들에 대한 청사진이 담겨 있었다.

하나하나의 카드에는 '○○○를 위한 ○○○설립계획' 등의 타이틀이 붙었고, 사안에 대한 현재의 모습과 미래에 바뀔 청사진이 나란히 배치되었다. 미래의 모습 대부분은 컴퓨터그래픽으로 처리하여, 지지자들로 하여금 '희망적 상상'을 가능케 했다. 그리고 카드의 뒷면에는 각 정책의 구체적인 내용을 글로 담았다.

가장 큰 사이즈의 카드가 맨 아래 놓이고, 가장 작은 사이즈의 카드가 맨 위에 오는 방식으로, 카드를 꺼내지 않아도 모든 카드들의 제목을 한 눈에 확인할 수 있게 하는 등 디자인에도 신경을 썼으며, 차례대로 보지 않아도 되도록 해 관심 있는 카드를 먼저 뽑아보는 재미도 부여했다.

어린 코끼리 적에 만들어진 '정답 콤플렉스'를 극복하라

주어진 일정에 따라 하나하나 행사를 치러내는 것만으로는 이길 수 없다. 중요한 것은 여기 나온 예시들이 주는 교훈이다. 그렇다면 어떻게 그런 기발한 생각, 튀는 생각들을 해낼 수 있을까? 어떻게 감동을 만들어낼 수 있을까? 여러 가지 방안들이 있을 수 있지만, 사소하게는 어린 시절의 경험에 의해 만들어진 '정답콤플렉스'를 극복하는 것에서부터 시작하는 것이 좋다.

서커스단의 코끼리를 본 적이 있는가? 그 육중한 코끼리들이 엉성한 나무말뚝에 목줄을 매고 얌전히 앉아 있다. 마음만 먹으면 얼마든지 나무말뚝을 뽑아버리거나 부러뜨릴 수 있는 코끼리들이 그렇게 얌전히 앉아 있는 이유는 어릴 적 기억 때문이라고 한다.

어린 시절, 든든한 쇠말뚝에 묶여 아무리 발버둥 쳐도 움직일 수 없었던 기억이 그들로 하여금 나이가 들고 덩치가 커져서까지도 말뚝 하나에 꼼짝 못하게 한다는 것. 사람도 마찬가지다. 어린 시절 우리는 언제나 정답을 강요당하면서 자라왔다. 이러한 정답콤플렉스는 미술 같은 예체능 시간에도 여지없이 발휘된다.

그려놓은 윤곽선 밖으로 색칠이 넘어가버리면 그 아이는 미술에 영 소질이 없는 아이가 되어버리곤 했다. 무엇이든 정답이 있고, 그 정답을 찾아야 한다는 강박관념에 참고서 뒤편 문제해답을 악착같이 확보하는 아이들도 적지 않았다.

그래서일까? 무슨 일이 있기만 하면 남들은 이 일을 어떻게 해왔는지, 현재 남들은 어떻게 하고 있는지를 먼저 알아보려고 한다. 물론 그런 것들을 참고하는 것도 필요하다. 하지만 더 중요한 것은 먼저 자기 생각을 정리해보는 것이다. 그것이야말로 창의성의 시작이라 할 것이다. 각 후보와 캠프들은 다음에 제시하는 구체적인 가이드라인 다섯 가지를 중심으로 보다 감동적인 캠페인을 구성해보도록 하자.

꿩 잡는 게 매, 목표만 남겨두고 형식과 내용은 모두 버려라

첫째, 궁극적인 목표를 생각하라. '꿩 잡는 게 매'라는 말이 있다. 목표만 분명하다면 그 내용과 형식은 그리 중요한 것이 아니다. 목표를 달성하기 위해 가장 적합한 최선의 미디어를 선택하고, 그 미디어에서 부수적이거나, 불필요한 내용은 털어버리는 것이 '목표를 달성하는 일'의 시작이 된다.

둘째, 타깃을 생각하라. 이 미디어의 대상은 누구인가? 노인에게 알맞은 프로그램과 아이에게 알맞은 프로그램, 여성에게 알맞은 프로그램과 남성에게 알맞은 프로그램은 다르다. 우리를 지지하는 사람들을 보다 강화하는 프로그램과, 우리를 지지하지 않는 사람들에게 우리를 다시금 생각하게 하는 프로그램은 하늘과 땅 차이다.

셋째, 고정관념을 깨는 것으로부터 일을 시작하라. 틀에서 벗어나는 것이 최우선이다. 자신에게 익숙하지 않은 문제를 대하면 앞이 막막해서 아무 생각도 떠오르지 않을 수 있다. 대부분은 이럴 때 경험자들에게 묻거나, 남들은 어떻게 했는지를 뒤적인다.

그래서는 창의성이 발현되지도 않을뿐더러, 남들보다 잘 할 수도 없다. 감동을 만드는 것은 더더욱 먼 얘기다. 주어진 일을 '무사히' 마치는 것만으로는 결코 선거에서 이길 수 없다. 조금만 창의력을 발휘해 살펴보면 이곳저곳에 숨겨진 아이디어들의 창고를 발견할 수 있다.

넷째, 협업하라. 한 사람 머리보다는 두 사람 머리가 낫다. 자신의 머리로 해결되지 않는다면 아이디어뱅크를 만들고 활용하라. 젊은 자원봉사자들을 모아 '아이아이(아이들이 모여 아이디어를 짠다)'를 구성하는 것도 좋은 방법이다. 브레인스토밍과 같은 기법을 활용하면 훨씬 더 효율적으로 여러 사람들의 의견을 모을 수 있다.

다섯째, 마음의 여유를 가져라. 시간에 쫓겨서는 참고할만한 자료들을 찾기 어렵고, 좋은 아이디어를 짜내는 것에도 한계가 생긴다. 그래서 선거 때에는 돈보다 더 아쉬운 것이 시간이다. 캠페인일정에 맞춰 미리미리 준비하고, 다듬어가는 습관을 만들자.

> **Point**
>
> ### 3-2. 캠페인전술의 기획과 활용
>
> - 하고 싶은 말을 일방적으로 전달하는 것으로는 마음을 얻을 수 없다.
> - 마음의 변화를 원한다면 그들을 감동시켜라.
> - 커뮤니케이션의 성패는 매개체의 완성도에 의해 결정된다.
> - 감동으로 가는 첫 관문은 주목도다. 눈에 띄도록 만들어라.
> - '바로 당신에게 하는 말이야.'를 분명히 하라.
> - 보통보다는 높은 수준으로, 많이, 따뜻하게 하라.
> - 주어진 일정에 따라 하나하나 치러내는 것만으로는 승리할 수 없다.
> - 궁극적인 목표를 생각하라, 타깃을 생각하라, 고정관념을 깨라, 협업하라, 마음의 여유를 가져라.

선거 전략 & 선거 캠페인

3-3

3부 : 선거운동과 선거캠페인

정책캠페인과 정책이벤트

그들 속으로 들어가야
내 정책이 보인다!

선거 때만 되면 각종 언론들은 정치권을 맹비난하며 나선다. '정책선거로 가야하는 선거가 온통 흑색선전으로 물들고 있다.'는 것이 주요 골자다. 지난 지방선거부터는 선거에 있어서 정책과 공약의 비중을 보다 높이겠다는 취지에서 매니페스토운동이 전개되고 있다.

그러나 많은 사람들이 매니페스토운동의 실효성에 대해 의문을 제기한다. 매니페스토운동의 가장 중요한 취지는 후보가 제시한 공약이 지켜질 수 있는가인데, 많은 후보들이 그 실현가능성보다는 선정성에 치우친 공약들을 남발하곤 하기 때문이다.

당선된 후보라 할지라도 선거 때 호언장담을 했던 공약들의 20%

도 채 지키지 못하는 것이 현실이다. 실현가능성이 아무리 높다하더라도 후보 스스로의 의지가 없거나, 추진력이 없으면 공약은 실천될 수 없다. 공약을 검증하는 과정 역시 매니페스토운동의 본 취지를 살리기 어렵다는게 중론이다.

많은 후보들이 정책전문가나 교수들을 초빙해서 정책을 준비하곤 하지만 그렇게 급조된 공약들을 선거기간 중에 검토하고, 검증하는 일은 한계를 가질 수밖에 없다. 검증은 고사하고 후보조차 그 정책의 실효성에 대해 관심이 없는 경우도 허다하다.

유권자들의 피부에 와 닿는 구체적 공약을 제시하라

특히 지역선거의 경우에는 그러한 양상이 더욱 심할 수밖에 없다. TV토론이나 매니페스토운동으로 좀 나아졌다고는 해도 해묵은 숙원사업 몇 가지를 이번에는 꼭 해결하겠노라고 홍보물에 싣는 수준으로 때워 버리는 후보들도 적지 않은 게 현실이다.

그렇다면 정책은 선거에 영향을 주지 못하는 것일까? 물론 꼭 그렇지만은 않다. 선거 전체의 이슈를 정책으로 가져가 당선된 경우도 적지 않게 찾아볼 수 있기 때문이다. 특히 2002년 서울시장 선거 당시 이명박 후보의 청계천공약의 폭발력은 가히 대단했다고 할 수 있겠다.

물론 모든 지역선거에서 이처럼 공약 하나가 판 전체를 뒤흔드는 것은 드문 경우이기도 하거니와 여러 가지 한계도 많다. 방송토론이나 연설 등과 함께 언론을 적극적으로 활용할 수 있는 선거에서나 가능한 일이기도 하다. 그렇다면 청계천공약이 표심에 직접적인 영향을 준 이유는 무엇이었을까?

첫째, 백화점식 공약이 아니라는 점이다. 선거 때가 되면 각 후보들은 몇 십 가지나 되는 공약들을 들고 나와 유권자들 앞에서 흔들어댄다. 소위 백화점식 공약이다. 그러나 그런 공약들은 선거 때마다 늘 등장해왔던 것이거나, 지금까지도 해결되지 않고 있는 것들이 대부분이다. 때문에 그 공약들은 여간해서 유권자들의 신뢰를 받기 어렵다.

여기에 더해 후보들은 여러 가지를 진행해서, 큰 한 가지 목표를 이루겠다는 식의 공약을 해왔던데 반해, 청계천공약은 청계천 한 가지를 해서 여러 가지를 이루겠다는 선언이었다. 유권자들에게는 이러한 차별화가 매우 신선하게 작용했을 것이라는게 전문가들의 분석이다.

둘째, 유권자들의 피부에 와 닿는 직접적 공약이었다는 것이다. 듣기에는 거창한 것 같은데, 그것이 나와는 직접 상관이 없다고 판단된다면 유권자들은 반응하지 않는다. 좋은 주거환경이 필요하다고 생각하는 유권자들에게 이 지역의 산업을 보다 고도화시키겠다는 공약은 먹혀들기 어렵다는 것.

이를 위해서는 유권자들의 관심사를 잘 이해하고 있어야 하며, 그들의 요구에 부응해야 한다. 유권자들의 실제적 이익에 영향을 끼치거나, 끼칠 수 있을 것이라는 믿음을 줄 수 있어야만 한다. 되도록 유권자들의 이익에 직접 다가설 수 있는 공약이 좋다.

셋째, 추상적이지 않고 구체적이었다는 점이다. 말만 번드르르한 관념적인 공약들로는 유권자들에게 다가설 수 없다. 이에 반해 청계천공약은 듣는 순간 바로 머릿속에 그림이 그려지는 공약이었다. 또 유권자들이 쉽게 이해할 수 있는 것들이어야 하며, 공약이 실천된 뒤에 생길 여러 가지 기대효과들 또한 선명한 것이 좋다.

앞서 말한 세 가지가 청계천공약을 스타공약으로 만든 주요한 이유들이다. 결국 유권자들의 관심을 읽어, 그들의 직접적 이익이나 눈에 보이는 이익에 부합할 수 있는 강력한 중심공약을 세우고, 이것을 유권자들의 언어로 구체성 있게 내세워야 한다는 것이다.

그러나 막상 그렇게 하기가 쉽지만은 않다. 당신뿐만이 아니라 상대후보 또한 유권자들의 관심을 읽고 그들에게 부합하는 공약을 만들어내기 위해 최선을 다할 것이기 때문이다. 후보들을 만나 정책과 관련한 애로사항을 들어보면 "어떤 후보들이 내가 안 낸 공약을 내놓으면 '아차' 싶고, 내가 내놓은 것을 상대가 안 내놓으면 '내가 오버한 건가 싶더라.'"고 어려움을 토로한다.

정책을 내 것으로, 이슈를 선점하라

정책과 공약 문제에 있어 정치신인들은 현역들에 비해 더욱 큰 애로를 경험한다. 우선은 주요정보가 대부분 현직에 있다는 것이 가장 큰 문제다. 뿐만 아니라 현역들은 많은 정책인력들을 보유하고 있다. 광역단체장은 물론 기초단체장을 비롯해서 국회의원이나 지방의원들도 현역프리미엄을 활용하고, 정책보좌관들을 동원해 고급정보에 보다 가까이 접근할 수 있다.

정치신인들이 이러한 한계를 극복하고 '좋은 일을 생각해내는 것'까지는 어떻게 해낸다고 해도, '프로세스와 예산문제'를 해결하기 위한 역량이 상대적으로 약해서 실효성 있는 정책개발을 하기가 힘들다는 것이다. 그렇다보니 정치신인들이 내놓는 참신한 공약들 대부분이 매니페스토운동의 논란거리가 되곤 한다.

큰 선거들에 비해 확산이 어렵고, 선거에 영향을 크게 미치지도 못하는 이 '정책과 공약'이라는 문제는 지역선거에 나서는 후보들에게 있어 정말 계륵(鷄肋)이 아닐 수 없다. 특히 정치신인들은 손 한 번 제대로 써보지 못한 채 그저 이런저런 공약사항들을 누더기처럼 꿰매들고 선거를 마치기 일쑤다. 때문에 그런 공약들을 선거의 공격적 측면으로 활용하기보다는 질문에 대응하는 수준에서 수비적으로 보여줄 수밖에 없었다.

그래서 자조적으로 '공약은 공약일 뿐'이라고 말하곤 한다. 하지만 앞으로의 선거에서는 점점 더 이 정책과 공약의 힘이 커져갈 것이다. 홍보물에 몇 줄 넣거나, TV토론에서 사회자나 상대후보의 질문에 또박또박 모범생처럼 대꾸하는 것 정도로는 제대로 된 선거를 치를 수 없게 될 것이다. 정책과 공약을 보다 공격적으로 사용하는 추세로 선거문화가 변화해가고 있다는 것이다.

특히 지역구도로 치러지는 선거에서 이길 수 있는 유일한 방법은 강력한 인물론과 그에 더해진 제대로 된 정책과 공약의 제시다. 앞서 설명한 것처럼 조직이 없으면 이마저도 아무런 소용이 없겠지만, 반대로 이러한 '인물론과 정책 및 공약'이 뒷받침될 때 효율적인 조직구축과 확산이 가능해지기도 한다.

광역단체장 이상 선거에서는 언론을 위한 용도로 정책이벤트를 자주 활용한다. 그러나 그 이하 급의 지방선거나 국회의원선거 등에서는 정책이벤트를 하더라도 언론에 의해 확산되기가 쉽지 않다. 따라서 정당명의의 정책공청회 등을 고려해보는 것도 하나의 방법이다. 정당 내에 위원회를 설치하고, 그 위원회로 하여금 정책의 특정 파트를 지속적으로 관리하게 하는 방법도 있다.

지역개발공약이야말로 직능조직에 영향을 미칠 수 있는 좋은 재료다. 각 직능조직을 돌며 그들의 문제를 듣고, 의견을 청취하는 것만으로도 직능조직의 결집에 영향을 줄 수 있다. 정책특보나 정책팀을 가동하는 것도 같은 이유이며, 큰 선거에서 각종위원회를 두는 것도 마찬가지이다. 정책지향의 선명성을 강조하기 위해 선거대책본부 자체를 ㅇㅇ위원회로 이름붙이는 것도 좋은 방법이다.

모임이나 단체를 통한 정책이벤트는 후보나 캠프에게 있어서 정책사업이라기보다 조직사업이다. 따라서 조직파트와 연계해서 운용하는 것이 옳다. 이러한 과정들을 통해 이 정책이 온전히 당신의 것이 되도록 만들 필요가 있다. 이렇게 될 때 비로소 상대가 따라할 수 없는 '선점효과'가 나타날 수 있게 될 것이다.

세일즈역량을 극대화하면 해결 못할 일이란 없다

그렇다면 어떤 방식으로 정책과 공약을 만들고 이를 확산시켜 득표로 연결할 수 있는가. 그 프로세스는 이슈를 생성하기 위한 조사와 그랜드플랜의 구성 및 그것의 프로세스를 개발하는 과정, 각종 단체구성이나 집회 등을 통한 붐업, 조직을 대상으로 한 캠페인의 진행, 조직을 통한 캠페인의 확산 등의 다섯 가지로 나누어 살펴볼 수 있다.

첫째는 이슈의 생성을 위한 조사과정이다. 이는 선거구 내의 지역 특성과 선거구 내의 유권자 특성에 대한 조사를 진행함으로써 시작된다. 앞에서 설명한 정치지형조사와 병행해서 실시할 수도 있다. 집을 짓기 위해서는 땅의 특성을 잘 알아야 하는 것처럼, 선거에 있어서도 선거구의 지리적 특성과 환경 그리고 현황을 제대로 알아야 한다. 그것을 제대로 이해하지 못한 채로는 정책을 구상할 수 없다. 그리고 여기에 더해 중요한 것은 유권자들의 관심과 요구를 파악하는 것이다.

최근 유권자들의 최대 관심사는 경제다. 그 중에서도 불황, 취업, 실업, 노후 등의 키워드가 매우 강력하게 작용하고 있다는 것. 20대는 남녀 모두가 공히 취업을, 30대와 40대 남성은 불황, 정치 등이 관심사이며, 30대 여성은 육아와 교육을, 40대 여성은 교육과 사회활동에 대해 관심이 많다. 50대 남성은 실업, 건강, 노후를, 50대 여성은 건강, 자녀취업 등을 주요 관심사로 꼽고 있다.

그러나 이것은 공통된 관심사일 뿐 지역 유권자들의 특성화된 관심사는 아니다. 혐오시설 문제, 교육환경에 대한 문제, 주거편의나 교통환경에 대한 문제, 지역경기와 관련된 문제 등이 지역의 유권자가 가질 수 있는 개별적인 관심사들이며, 지역선거에 바라는 정책이다.

그렇기 때문에 후보나 캠프는 공익에 무리를 주지 않으면서 지역 주민들의 삶의 질 향상에 도움이 되는 것들을 잘 살펴야 한다. 큰 그림도 중요하지만 결국 자기 피부에 와 닿는 문제가 훨씬 더 큰 공감을 불러일으키기 때문이다. 여기에 더해 자신이 관심을 가져야하는 문제의 한계를 어디로 두는가 하는 것도 중요한 판단기준이 된다.

기초단체장 후보가 특별한 정치쟁점 없이 '통일문제에 기여하겠다.'고 얘기하면 그것은 코미디다. 반대로, 국회의원 후보가 '동네 치안과 편안한 밤길보행을 위해 가로등을 보강하겠다.', '보도블록 주저앉은 것을 해결해주겠다.'고 얘기하는 것도 코미디다. 각급 선거단위에서 가장 역점을 두고 해야 할 일들은 따로 있는 것이다.

스케일을 키워야 이슈를 선점한다

특히 이를 해결해가는 프로세스에서 잊지 말아야 할 것은 자신의 세일즈역량을 극대화해서 해결할 수 있는 일을 찾으라는 것. 지방의 자치단체들이 가지고 있는 예산 범위 내에서 해결할 수 있는 일은 사실 별로 없다. 그리고 그런 일들이야말로 지역주민들의 힘을 모으고, 보다 큰 단위의 지원이 이루어져야만 가능한 일이다. 그러기 위한 대안도 제시할 수 있도록 해야 할 것이다.

정치지형조사 시 이러한 내용들을 포함해서 지역의 관심사와 시급한 현안을 토대로 그랜드플랜을 구성하고, 프로세스를 개발해야만 한다. 이때 주의해야 할 것은 백화점식으로 나열되지 않도록 하는 것이다.

세상의 모든 문제들은 꼬리에 꼬리를 물고 얽혀 있다. 지역균형발전 문제를 그 예로 살펴보자. 수도권 외의 지역이 날로 피폐해진다는 문제가 제기 되었다. 그것의 원인은 경제적 어려움 때문이었으며, 지방에 기업이 없는 것이 핵심내용이었다. 수도권으로 산업인프라가 집중되어 있어 기업들이 모두 서울로 올라가고 있기 때문.

사람들 또한 모두 일자리를 찾아 서울로 올라가고, 그럴수록 지역의 산업은 더욱 어려워지고 동시에 지역의 대학들도 경쟁력을 잃게 되었다는 식이다. 그리고 이처럼 어려운 지방의 환경은 부동산 등 각종 경기에 영향을 주고, 자영업의 몰락을 가져오며, 그것이 더욱 유권자들의 체감경기를 어렵게 하고 있는 것.

그것들 모두를 각각 잘하겠다는 공약으로는 유권자들의 설득을 이끌어내지 못한다. 문제는 그 해법을 어디에서 시작할 것인가이다. 그리고 그 해법을 어떻게 유권자들의 직접적 이익과 결부시키는가

하는 것이 관건이라는 것.

　너무 크게 잡거나 기존의 것을 인정해버리는 식도 문제다. 부산 동래구청장 선거정책을 만들 당시 캠프 안에서는 온천장상권 활성화에 큰 공을 들이고 있었다. 한때 잘 나가던 온천장상권이 몰락하고 있다는 것. 그러니 온천장을 활성화시켜 경기를 진작시키겠다는 것이 기초단체장 후보의 주요한 동래 산업발전 방향의 뿌리였다. 그러다보니 온통 '온천장을 어떤 방법으로 활성화시켜야 하는가.'에 관심이 집중될 수밖에 없었다.

　그러나 이런 의문이 제기됐다. 온천장상권이 활성화되면 동래구민들에게 좋은 영향이 있는가? 온천장상권에서 장사를 하는 사람들은 동래구민인가? 등이 그것이었다. 조사를 통해 온천장에서 장사를 하고 있는 자영업자들 중 다수가 다른 구의 주민들이라는 사실과, 특히 대형 유흥업소들의 대부분을 동래구가 아닌 타 지역 주민들이 소유하고 있다는 것을 확인했다.

　오히려 동래구에 거주하고 있는 주민들, 그 중에서도 온천장 인근 유권자들은 온천장을 중심으로 형성된 유흥지역에 의해 피해를 보고 있다고 생각하고 있었던 것. 특히 교육여건에 있어 치명적이라는 생각이 다수를 차지하는 것을 발견했다.

　물론 온천장지역 상권의 활성화는 부산 전체로 봐서는 산업 활성화에 기여하는 것이지만, 동래구의 보수적인 특성과 주거지 중심의 구성에는 언밸런스한 정책이라는 결론이 나왔다. 또한 동래구의 세수확보에도 크게 기여하기 어렵다는 것. 오히려 온천장지역의 재개발 방향을 관광과 유흥이 아닌, 여가와 휴양의 개념으로 바꿔야하며, 동래구 주민들의 주거환경 개선을 염두에 두고 실시되어야 한다는 사실을 발견하게 된다.

결국 이 후보는 '잘 나가는 동래'에서 '살기 좋은 동래'로 정책의 줄기를 바꾸었으며, 온천장지역 재개발을 제1이슈로 잡았던 계획도 전면 재검토하기에 이른다. 이처럼 '무엇을 해결할 것이며, 그것을 해결하기 위해 가장 중점을 둘 고리를 무엇으로 할 것인가'를 결정하는 것이 바로 정책이다. 그리고 그렇게 시작된 해결고리는 다른 문제들로 확산되어 자연스레 해결책을 도출할 수 있게 한다.

왜 나는 할 수 있고, 상대후보는 못하는가

그러나 이러한 일은 후보 혼자서, 혹은 참모들 선에서 해결하기가 매우 어려운 일이다. 따라서 전문가들과의 협력이 필수적인 부문이다. 그들의 조언을 통해 정책과 전략과정의 새로운 패러다임을 만들 수 있다면 당신은 매우 훌륭한 무기를 얻는 셈이다.

이처럼 그랜드플랜과 프로세스가 개발되면 유권자들과 공유할 수 있도록 여론을 만들어야만 한다. 지역 유권자들 스스로 그 방향에 대해 합의할 수 있도록 여건을 조성하는 것이다. 이것은 지역의 각 단체가 주도할 수도 있고, 캠프가 주도할 수도 있다.

각급 단체들이 직접 발 벗고 나서서 캠프에 합류할 수 있다면 훨씬 더 큰 동력을 얻을 수 있게 된다. 그리고 그 단체는 이러한 내용을 주민들에게 홍보하는 과정으로 공청회나 서명운동 등을 벌여갈 수 있다. 캠프는 그와 연계해서 콘텐츠 제공 등 정책적인 지원을 하고, 그 단체는 캠프의 선거를 적극적으로 지원하게 된다는 것. 이때 유의할 것은 '더 잘해보자.'로는 쉽지 않다는 것이다. '이것이 문제다. 그러니 개신하자.'가 훨씬 효과적인 메시지다.

이러한 것이 소위 정책이벤트다. 정책이벤트의 효과와 그 붐업을 이용한 홍보는 지역선거에 있어서 매우 효과적이다. 그리고 이것 역시 중요한 조직 활동 중의 하나다. 하지만 이러한 내용을 본 선거홍보물에 싣고 그것을 설득하는 것만으로는 선거에 직접적인 영향을 기대하기 어렵다.

각 단체들이 정책이벤트를 운영해가고 있는 사이, 캠프는 이처럼 구성된 정책대안을 통해 당원교육 등 조직 활동 활성화에 기여해야 한다. 특히 정치신인의 경우에는 선거구 내의 현안과 문제점들을 제기하는 것만으로도 현역과의 차별성을 확보할 수 있다. 문제를 정확히 이해하고 있다는 사실만으로도 주민들은 후보의 유능함을 인정할 수 있기 때문이다.

그러나 이때에는 고도의 정책적인 문제나 이론을 제시하기보다는 생활 주변의 매우 현실적인 문제, 하지만 유권자들에게는 가장 중요한 생존의 문제들을 지적하는 것이 좋다. 주변에 있는 혐오시설, 교육시설이나 보육시설, 환경문제 등 주변의 문제점들과 그 원인을 진단하고, 그 처방으로서 우리의 정책을 얹어야 한다는 것.

교육프로그램도 매우 중요한 영향을 미친다. 이를테면 강사가 나와서 '이러이러한 문제가 있습니다.' 하고 설명하는 것보다 동영상에 주민들이 나와서 각 문제들을 얘기하는 것이 효과가 크다는 것. 사진이나 그래프 등을 활용해 문제를 보다 극명하게 드러내는 기법을 동원한다든가, 권위 있는 전문가들의 해박하면서도 쉬운 설명을 곁들인다든가, TV프로그램의 한 장면을 활용한다든가 하는 것도 청중들의 이해와 호응을 이끌어내는 좋은 방법들이다.

이런 과정에서 꼭 명심할 것은 문제를 드러내고, 해법을 제시하는 것도 중요하지만 우리 측 후보, 혹은 후보가 속한 정당이 왜 그 문제를 잘 해결할 수 있는지가 명확해야 한다는 것이다. 상대적으로 다른 후보들은 그 일에 적합하지 않다는 점이 드러나야 하는 것이다. 이를 흔히 '이슈의 선점'이라고 말한다.

그러나 이슈의 선점이란, 먼저 말하는 것만으로는 해결되지 않는다. 설사 내가 먼저 말했다하더라도 그것이 확산되지 않으면 아무 소용이 없는 것. 공약에 저작권이 있는 것도 아닌 터에 상대후보도 모른 척 한 줄 적어 넣으면 그만인 것이다. 중요한 것은 왜 나는 할 수 있고, 상대 후보는 못하는가를 분명히 하는 것이다. 그것이 바로 후보콘셉트다. 그렇게 되어야만 비로소 그 이슈는 나의 것이 된다.

선명하게 전달하고, 변화 이후를 꿈꾸게 하라

이슈선점에 성공할 수 있다면 다음의 과정은 이것을 보다 빨리, 그리고 효과적으로 전달되게 하기 위한 작업이다. 예를 들어보자. 앞서 설명한 바와 같이 최근 30대 여성들은 교육과 육아에 매우 관심이 높다. 따라서 어느 대도시의 광역단체장 후보가 보육과 육아는 물론 복지까지 신경을 쓰겠다는 공약을 냈다고 치자.

각 구마다 국·공립탁아소를 몇 개 이상씩 설치하고, 보육비를 얼마 더 책정하고, 차상위계층 지원을 확대하는 등 많은 정책방안들이 나왔을 것이다. 하지만 이것들을 액면 그대로 말해서는 유권자들이 자신의 문제로 받아들이기 어렵다. 그래서 선정성이 동원되는 것이다. 다음 소개하는 글은 이른 바, '걸어서 5분 공약'이다.

'걸어서 5분, 5분 안에 행복해지는 도시, ○○시'
걸어서 5분 안에 아이를 맡길 수 있는 탁아소가 있고,

걸어서 5분 안에 마음껏 공부할 수 있는 도서관이 있고,
걸어서 5분 안에 아이들이 즐겁게 뛰놀 수 있는 공원이 있고,
걸어서 5분 안에 우리 아이들의 고민을 상담해줄 상담기관이 있는,
그래서 아이들과 엄마가 함께 행복한 도시,
그런 ○○시를 만들겠습니다.

숫자를 쓰기도 한다. 교통문제 해결로 유권자들의 주머니를 키워주겠다는 공약도 정확한 금액으로 말하면 훨씬 더 충격을 줄 수 있다. 설득력이 더해지는 것은 물론이다. 이른바 '33만원 공약' 같은 것이다. 이러이러한 일을 하면 각 세대 당 33만원의 지출을 줄일 수 있다는 것. '일과 정책'이 아니라, 결국 유권자가 가져갈 '33만원'에 주목했기 때문에 나올 수 있었던 공약들이다. '시청 공무원들의 시정혁신을 이루겠습니다.' 같은 말도 유권자들의 언어는 아니다.

시청에 불게 할 새로운 바람, 3·3·3혁신원칙'
시청을 찾아주신 민원인 모두가 3번 인사 받으시도록 하겠습니다.
시청을 찾아주신 민원인 모두가 3분 이상 기다리시지 않도록 하겠습니다.
시청을 찾아주신 민원인 모두가 3번 만족을 느끼시도록 하겠습니다.

생각보다 어려운 일이 아니다. 공급자의 입장이 아니라 수요자의 입장에서 생각하는 것이 포인트. 예를 들어 예전의 매표소는 '표 파는 곳'이었다. 그런데 지금의 매표소는 모두 '표 사는 곳'이다. 내가 무엇을 해주겠다가 아니라, 당신에게 어떤 변화가 생길 것인지를 말하라.

그들이 변화 이후를 꿈꾸게 하라. 그래야만 당신이 애써 만든 정책과 공약들이 비로소 유권자들의 마음을 흔들어놓게 될 것이다. 하

지만 이 역시 후보와 참모들만의 노력으로는 쉽지 않다. 정책전문가가 아닌 홍보전문가들의 조력이 필요한 대목이 아닌가 한다.

> **Point**
>
> ### 3-3. 정책캠페인과 정책이벤트
>
> - 유권자들의 피부에 와 닿는 구체적 공약을 심플하게 다듬어 쓰자.
> - 좋은 일을 생각해내는 것 이상으로 프로세스와 예산문제가 중요하다.
> - 자신의 세일즈역량을 극대화해서 해결할 수 있는 일을 찾아야 한다.
> - 지역선거에서의 공약 확산은 정책이벤트가 좌우한다.
> - 좋은 정책과 공약을 만들기 위해서는 이슈를 생산하기 위한 조사, 발전계획과 같은 그랜드플랜의 구성, 각종 단체나 집회 등을 통한 붐업, 조직대상 캠페인, 조직을 통한 캠페인 확산 등이 필요하다.
> - 최근 유권자들의 최대 관심사는 경제다. 불황, 취업, 실업 등의 키워드가 강력하게 작용한다. 여기에 육아와 교육, 건강과 노후 등이 고려되어야 한다.
> - 정책이벤트와 함께 조직활동 활성화를 위한 교육 등에 활용해야 한다.
> - 나는 왜 할 수 있고, 상대후보는 왜 못하는가를 분명히 해야 한다.
> - 아무리 좋은 정책도 선정적으로 확산하지 못하면 자신의 것이 아니다.
> - 공급자의 입장이 아니라 수요자의 입장에서 생각하는 것이 포인트.
> - 유권자들로 하여금 변화 이후의 상황을 꿈꾸게 하는 것이 중요하다.
> - 정책전문가 뿐만이 아니라 홍보전문가의 활용이 필요하다.

3-4 3부 : 선거운동과 선거캠페인

예비 후보자등록과 선거운동

봄나비 캠페인,
주목받지 못하면 백전백패!

정치신인은 현역들에 비해 여러 가지 면에서 불리함을 안고 선거에 임하게 된다. 현역들은 이미 선거를 통해 충분한 인지도를 가지고 있으며, '구관이 명관이다.'로 대변되는 '현역경력'을 무기로 사용할 수 있다. 거기에 비해 정치신인들의 대부분은 지역 내에서 인지도가 없고, '굴러온 돌'로 낙인찍히기 십상이다.

물론 현역 정치인들에 대한 비토가 없는 것은 아니다. 하지만 현역들은 어찌되었건 다음 선거에 대비해서 지역구관리를 해온 사람들이다. 법적으로도 의정보고회 등을 통해 자신을 지속적으로 홍보할 수 있는 기회가 마련되어 있다. 그러나 정치신인들에게는 이러한 기회가 매우 적다 못해 거의 없는 것이 현실이다.

예비 후보자등록제도는 바로 이러한 정치신인들의 불리함을 조금이나마 덜어주기 위해 만들어진 제도다. 국회의원에 나서고자 하는 자는 선거 120일 전부터 예비 후보자로 등록할 수 있으며, 예비 후보자등록 후에는 여러 가지 홍보물들을 통해 선거운동에 들어갈 수 있다. 물론 이는 현역 정치인들도 마찬가지다.

예비 홍보물은 경선용이다?

그러나 문제는 후보들의 출마 결심시기이다. 너무 늦은 출마결심은 선거홍보물 제작과 선거운동의 기회를 놓치게 만든다. 설사 출마를 결심했다하더라도 예비 선거홍보물을 만들기 위해 필요한 선거기조와 후보콘셉트를 만드는데 또 시간이 필요하기 때문에 후보나 캠프는 쫓기듯 일정을 꾸려가게 된다.

물론 선거기조와 후보콘셉트는 앞서 설명한 것처럼 선거전략 하에서 도출되는 것이다. 그러니 선거전략을 세우기 위한 절대시간을 계산하면 출마 결심 후 예비 선거홍보물을 만들 때까지 최소 1개월 이상이 필요하다.

후보들은 그래서 종종 위험한 생각을 하곤 한다. 어차피 예비 선거홍보물에는 후보들의 이야기를 담으면 되니까, 대충 후보를 소개하는 얘기나 담아서 후딱 처리하고, 본 선거홍보물에서 비로소 구체적인 내용을 기획해서 담아도 괜찮겠다는 생각이 그것이다.

예비 선거운동 역시 본 선거운동과 마찬가지로 정확한 기조와 콘셉트 하에서 움직여야 하는 것이며, 거기에서 만들어진 이미지와 결과들이 곧, 본 선거운동으로 이어지게 된다는 사실을 간과해서는 안 된다. 만일 여기서는 후보의 콘셉트를 A라고 주장하다가 본 선거운동에서 B라고 주장한다면 유권자들에게 설득력을 갖기 어렵다.

이렇게 될 경우 유권자들에게 혼선을 줄 뿐만 아니라, 심지어는 그 두 홍보물을 각기 다른 사람의 것으로 착각하는 상황마저 벌어진다. 이러한 점들을 감안할 때, 출마 결정시기가 늦어진 후보들에게 있어 이 예비 선거홍보물들은 그저 그림의 떡일 뿐이다. 경선이 늦어진다고 예비 후보자등록 자체를 미루는 것도 문제다. 경선이 끝나고 난 뒤에는 이미 늦는다는 것.

앞서도 설명했듯 유력정당의 후보로 출마하기 위해서는 매우 치열한 경선을 거쳐야만 한다. 이를 위해 후보는 일정 이상의 당내 세력을 갖는 것도 필요하지만 일정 이상의 인지도와 지지세를 확보하는 일에 주력하여야만 한다. 그 뾰족한 방법이 바로 예비 후보자등록과 선거운동이다. 그런데 예산이 든다거나, 될지 안 될지도 모를 일을 미리 준비할 필요가 없다며 예비 후보자등록과 선거운동을 미룬다면 경선의 경쟁력은 그만큼 떨어지게 되는 것이다.

더불어 예비 선거운동은 단순히 경선만을 대비하는 것이 아니라 본선에서의 승리에 주춧돌 역할을 할 것임을 인지한 후보라면 반드시 최선을 다해야 할 코스임에 틀림이 없다. 그렇다면 예비 선거운동의 구체적인 방법에는 어떤 것들이 있는가?

선거법에는 예비 후보자로 등록한 후보는 선거사무소를 둘 수 있도록 명시되어 있다. 그리고 이 사무소에는 간판, 현판, 현수막을 각 1개에 한해 설치할 수 있다. 뿐만 아니라 선거사무장을 포함한 3인 이내의 선거사무원을 유급으로 고용할 수 있으며, 명함과 8면짜리 홍보물을 만들고 배포할 수 있다.

여기에 더해 가장 중요한 것은 후보가 후보의 이름으로 여러 가지 필요한 행보들을 공식화할 수 있다는 점이다. 이것은 2007년 현재의 상황들이다. 이러한 내용은 선거법에 그 근거를 둔 것으로, 선거법 개정과 맞물려 변화하므로 최신 선거법에 의거, 반드시 확인을 거쳐야 할 것이다.

조직들의 움직임에 시동을 거는 예비 선거운동

그렇다면 예비 선거운동에서 활용 가능한 방법들을 동원, 후보가 집중해야 할 선거운동은 무엇인가? 물론 조직활동에 더욱 박차를 가해야 할 것이다. 하지만 조직활동은 이미 선거일 1년 여 전부터 개소 가능한 지역구별 정당선거사무소를 통해 당원들을 대상으로, 혹은 입당유도를 통해 진행해왔을 것.

결국 예비 선거운동 기간이란 이미 만들어진 조직들이 첫 움직임을 가질 수 있도록 허용된 선거운동의 기반이라고 보는 것이 좋다. 만들어진 홍보물 등을 이용해서 분위기를 조성하고, 후보의 인지도를 올리는 시기가 예비 선거운동 기간이라는 것.

물론 경선에서 유리한 고지를 점하기 위해서는 인지도 제고가 필수사항이기 때문에 경선의 선거운동은 인지도에 모든 초점을 맞춰 진행되어야 한다. 여기에 더해 본선의 기반을 닦는다는 점에서도 인지도는 중요한 역할을 한다. 또한 예비 선거운동의 시기는 본 선거운동 기간에 비해 유권자들의 관심도가 낮은 시기다. 따라서 이때 벌써 선거에 대한 본격적인 이야기를 한다면 유권자들의 호응을 얻기가 쉽지 않다는 것.

그래서 예비 선거운동은 거점 중심으로 이루어져야하며, 우리 조직을 최대한 활용할 수 있도록 고안해야 한다. 또 이때 사용되는 홍보물들은 최대한 주목도를 높이고, 사람들의 입에 회자될 수 있도록 만들어져야 하며, 그 내용의 중심에는 후보가 놓이도록 해야 할 것이다. 관심도가 떨어지는 상황에서는 이념이나 정치적 구호들은 모두 휘발되어버리기 때문에 감성적인 콘셉트를 중심으로 후보와 정당, 그리고 캠프가 사람들의 입에 오르내리게 만들 수 있어야 할 것이다. 그래서 이 예비 선거홍보물이야말로 기발한 발상과 창의적인 사고가 요구되는 분야이기도 하다.

정당 선거사무소나 시·도당에서 만드는 당원용 홍보물이나 자원봉사자교육용 홍보물 등을 빼고 나면 예비 선거홍보물은 현수막, 명함, 홍보물 등의 세 가지 종류가 있다. 그 중 현수막은 선거사무실 밖으로 한개에 한해 걸 수 있으며, 홍보효과가 매우 큰 홍보물이다.

현수막을 잘 활용하기 위해서는 먼저 선거사무소 선택을 잘해야 한다. 선거사무소의 위치와 건물크기 모두 영향을 미치기 때문. 유동인구가 많은 대로변, 그것도 교차로 신호대기가 있는 곳 등 눈에 잘 띄는 큰 건물이 선거사무소로 선호된다.

보통 총선이나 지역선거가 봄에 치러지고, 예비 후보자등록과 함께 현수막이 나붙는 시기가 봄을 맞이하는 시기인 탓에 몇몇 사람들은 현수막을 이용한 캠페인을 일명 '봄나비 캠페인'으로 부른다. 마치 나비처럼 팔랑거리는 현수막들의 모습에서 후보자 자신에게로 불어올 '바람'을 기대하기 때문인지도 모르겠다.

어쨌든 이 현수막 캠페인은 많은 의미를 갖는다. 유권자들에게 올리는 첫 인사의 의미를 갖기도 하고, 기선제압의 의미를 갖기도 하며, 이를 통해 선거의 서막을 알리는 '개막'의 의미를 갖기도 한다.

예전에는 현수막 크기를 제한하였으나, 현재는 건물에 붙이는 것이면 어떤 형태, 어떤 크기도 가능하게 되어 있다. 모두 3개까지 걸 수 있었던 현수막이 2007년 1월 3일 선거법 개정으로 말미암아 1개로 줄기는 하였으나, 이 현수막의 기획이 예비 선거운동 기간 중 화제를 끌기에 매우 좋은 수단임은 두말할 나위가 없다. 지난 총선에서 현수막으로 신경전이 붙은 두 캠프의 얘기를 그 사례로 제시해본다.

애국심을 상징하는 태극기는 어때?

선거전이 본격화되기 전, 한 후보의 캠프는 매우 목이 좋은 곳에 예비 후보자 선거사무소를 개소했다. 정치신인이었던 그 후보의 선거사무소 바로 맞은편에 상대후보인 현직 국회의원이 사무실을 개소하면서 두 사람의 현수막 경쟁은 매우 치열하게 전개되었다.

선제공격을 한 것은 그 정치신인이었다. 정치신인의 참모였던 A씨는 학생들의 수능 시험일에 맞춰 현수막을 하나 만들어 걸었으면 하고 제안했다. 정치구호나 후보의 이름을 거는 것보다는 우선 '이 사무실이 뭐하는 곳인가?' 하는 궁금증을 자아내고, 향후 이 현수막에 대해 유권자들을 관심을 끌자는 의도에서다.

수능일을 위한 현수막 슬로건을 무엇으로 할까하는 고민이 시작되었고, 참모 한 사람은 '수험생 여러분의 합격을 기원합니다.' 라는 평범한 문구를 제안했다. 그러자 다른 한 참모는 당시 월드컵분위기가 이어지고 있었으므로, '꿈★은 이루어진다.' 가 좋겠다고 제안한다. 당시 월드컵의 후광이 여당에 쏠리고 있었기 때문에 이렇게 만든 현수막을 건다면, 그 주체가 여당의 후보일 것이라는 상상도 가능해질 것이라는 주장이었다.

그때 다른 참모는 '우리 측 후보는 상대후보에 비해 젊다는 강점을 가지고 있는데, 그것을 최대한 끌어올릴 수 있고, 유권자들의 정서에 더욱 다가서기 위해서는 더욱 파격적인 슬로건이 필요하다.'고 주장했다. 그러면서 내놓은 슬로건 아이디어는 '힘내라 수험생! 열려라 답안지!' 였다.

수능 당사자인 학생들과 그 학부모들이 반응할만한 슬로건이었고, 그것은 말하는 사람이 아니라 듣는 사람을 배려한 슬로건이었다. 결과는 매우 고무적이었다. 유권자들 사이에 저 건물이 대체 뭐하는 건물이냐는 궁금증이 만들어졌고, 선거전에 가까워져서는 아침 출근길에 그 건물의 현수막에 눈이 가더라는 유권자들을 만들어내게 되었으니 성공적인 현수막 전쟁의 신호탄을 올린 셈이다.

그 이후에도 수많은 현수막 아이디어들이 쏟아져 나왔다. 여러 정치적 문구들을 보다 유권자의 입장과 시선 중심으로 맞추어 펼쳐냈고, '뭘 하겠다'는 믿기 어려운 공약보다는 'ㅇㅇㅇ이 꼭 필요하다, 함께 하자'는 현실적인 공약들이 벽에 걸렸다.

그 중 가장 히트한 현수막은 다름 아닌 태극기였다. 선거일 한 달 전쯤, 마침 삼일절이 돌아오고 있었고 캠프에서는 현수막 아이디어로 머리를 싸매고 있었다. 그때 한 참모의 아이디어, '태극기를 답시다.' 태극기는 애국심을 상징하는 표상이었고, 마침 때는 탄핵정국이 끝나고 난 직후였다.

이런저런 말들로 유권자를 설득하는 것보다는 태극기 하나로 그 모든 할 말들을 다 표현할 수 있는 시기라고 캠프는 판단했다. 사이즈에 제한이 있었던 당시 상황으로는 다른 현수막들과는 달리 얼마든지 크게 만들어 붙일 수 있다는 것도 장점이었다. 그렇게 걸린 태극기는 두고두고 유권자들의 입에 회자되었다.

앞에서 살펴본 경우처럼 현수막은 어떤 슬로건을 담느냐보다는 어떻게 주목도를 높일 것인지와, 어떻게 유권자들의 머릿속에 기억시킬 것인지가 중요하다. 특히 크기나 형태의 제한이 없어진 마당에 그 형태를 어떻게 할 것인가도 매우 중요한 고려사항.

대부분의 캠프들은 현수막에 후보사진을 넣는다. 그러나 그것이 정답인가? 후보얼굴은 본 선거운동 기간에도 얼마든지 내걸 수 있다. 얼굴로 선거를 치를 후보가 아니라면 그렇게 뻔한 것보다는 기발한 현수막을 고민해볼 필요가 있는 것이다. 후보의 얼굴이 들어갈 자리에 퀴즈를 내고, 그 정답을 '?' 표로 처리했던 캠프도 있었다.

주머니에 넣고 싶은 명함, 남과 다른 명함

다음 홍보물은 명함이다. 명함은 예비 후보자와 예비 후보자가 지정한 1인, 배우자 등 모두 3인 이내의 사람들이 사용할 수 있다. 만일 배우자가 없을 경우에는 직계 존·비속 중 한 사람이 명함을 사용할 수 있다. 명함은 5cm×9cm로 제작하되, 사진·성명·전화번호·주소 등을 기재할 수 있다.

슬로건 등을 넣을 수 있으며, 학력과 경력 등을 기재할 수 있다. 후보들은 예비 선거운동 기간 중에 출신지역이나 학교 등을 널리 알리고 싶어 한다. 학연이나 지연 등에 호소하고 싶기 때문이기도 하고, 사조직의 구성 또한 염두에 두고 준비하는 포석이라 하겠다.

또 이를 보다 강조하기 위해 향우회나 동창회 감투를 쓰기도 한다. '경상남도 ○○향우회 부회장', '○○고등학교 총동창회 부회장' 등의 감투를 선거시기에 맞춰 돈 주고 사는 경우도 있다고 한다.

물론 초반에는 자신의 존재를 알리고, 유권자들과의 관계를 확인시키는 일이 중요하다. 그러나 중반 이후로 넘어가면 단순히 후보의 얼굴을 알리는 것은 별 의미가 없어진다. 선거기조가 잘 반영될 수 있도록 타이밍에 맞추어 명함의 내용을 바꿔야한다.

그런데 유권자들은 생각보다 명함에 별 관심을 갖지 않는다. 보관하는 것이 불필요하기 때문이기도 하지만 워낙 주는 사람이 많기 때문이기도 하다. 그래서인지 받는 즉시 길거리에 명함을 버리는 유권자들도 적지 않다.

때문에 명함 제작의 포인트는 보관하고 싶도록 만드는 것. 앞뒷면을 유심히 살펴보도록 만들고, 그것을 보관하고 싶게 하여 남들에게 보여주며 이슈를 만들 수 있도록 유도하는 일이 명함을 보다 가치 있게 활용하는 최선의 방법이라 하겠다.

이를 위해 만화를 넣는다거나, 신문의 만평을 활용하는 후보도 있고, 아름다운 말이나 격언 등을 활용하는 경우도 있다. 어떤 경우에는 후보자가 겪은 감동의 일화 한 토막을 넣어 유권자들의 관심을 끌기도 했다. 따라서 명함 또한 정해진 틀에 갇히지 말고 열린 생각으로 보다 폭넓게 기획해볼 필요가 있을 것이다. 캠프 내의 모든 구성원들을 대상으로 공모를 해보는 것도 재미있는 방법이다.

다음은 예비 후보자홍보물이다. 이 홍보물은 19cm×27cm로 하되 8면 이내로 제작해야만 한다. 컬러사용이 가능하며, 인쇄하는 종이는 어떤 것이어도 좋다. 홍보물은 직접 배포하는 것이 아니라, 유권자 가정에 발송하도록 되어 있다. 발송수량은 선거구 내 세대수의 10% 이내로 하되, 총 발송부수가 2만부를 넘을 수 없도록 제한되어 있으며, 발송 횟수 또한 1회로 제한되어 있음에 유의하여야만 한다.

왜 표지엔 꼭 후보 얼굴을 실어야만 하는가?

본 선거홍보물은 모든 후보들의 홍보물이 함께 봉투에 담겨져 발송되어진다. 이에 반해 예비 후보자홍보물은 후보 혼자만의 홍보물을 발송하기 때문에 훨씬 더 내밀하게 유권자에게 접근할 수 있다는 장점이 있다. 선거운동에 앞서 글로 유권자를 설득할 수 있는 유일한 홍보물이기도 하다. 이 홍보물의 기획에 있어서는 '누구를 대상으로 발송할 것인가, 어떻게 눈에 띄게 만들고 읽게 만들 것인가, 어떤 얘기를 어떻게 해서 그들의 인식을 만들거나 바꿔낼 것인가.' 하는 세 가지가 가장 중요한 포인트.

먼저 발송을 고려해볼 수 있는 대상으로는 부재자, 우리 지지자가 많은 지역의 세대, 상대 지지자가 많은 지역의 세대 등이 있다. 그러나 부재자의 경우에는 예비 선거운동 시기에 명확한 데이터를 얻기도 힘들 뿐만 아니라, 본인 말고는 파급효과를 거둘 수 없다는 점에서 부적합한 대상이라 할 것이다. 상대 지지자들이 많이 거주하는 지역 역시 긍정적 파급효과를 거둘 수 없다.

따라서 우리 지지성향이 높은 거주 지역을 대상으로 삼는 것이 바람직하다. 그리고 성별로는 여성, 연령별로는 30~40대가 홍보물에 가장 크게 반응한다는 점에 주목해서 그 대상을 보다 좁혀야 할 것이다.

어떤 후보들은 참모들이나 운동원들의 집을 우선순위로 발송하기도 한다. 이렇게 되면 참모들이나 운동원들이 합법적으로 이 홍보물을 들고 다닐 수 있고, 그 홍보물을 식당 등에 슬쩍 놓고 나옴으로써 노출을 높일 수도 있다는 것. 하지만 이것 또한 합법적인 방법은 아니라는 사실에 유의하자.

다음은 어떻게 눈에 띄게 만들고 읽게 만들 것인지에 대한 구상이다. 최근에는 발송봉투를 투명한 비닐로 만드는 방법이 널리 쓰이고 있다. 발송봉투를 투명하게 만들면 아파트 우편함 등에 꽂혀 있을 때에도 보다 많은 사람들의 눈에 띄게 된다. 그리고 봉투에는 '번지 내 투입' 표시를 인쇄해서 반송이 되는 일을 줄이는 것도 노출을 최대화하는 좋은 방법이다.

많은 후보들이 표지에 자신의 얼굴을 싣는다. 선거는 결국 사람을 뽑는 것이다. 그래서 포스터 등의 사진이 득표에 상당히 영향을 미친다는 것이 정설로 알려져 있다. 때문에 좋은 인상의 사진을 표지에 싣거나, 자신의 콘셉트를 잘 반영할 수 있는 사진을 싣는 것도 좋은 표지로 손색이 없을 것이다.

하지만 꼭 후보의 얼굴을 실어야한다는 강박관념을 가질 필요는 없다. 오히려 다양한 계층의 주민들을 표지얼굴로 해서 표지사진의 주인공이 된 사람들을 중심으로 이슈가 전파되도록 하는 것도 생각해볼 수 있고, 선거기조의 가장 중요한 핵심이나, 후보 콘셉트를 알릴 수 있는 글을 표지에 쓸 수도 있을 것이다.

사진이 아닌 만화나, 눈에 띄는 글자·그림 등도 고려해볼 수 있다. 이렇게 되면 그냥 얼굴이 들어가 있는 다른 홍보물들에 비해 훨씬 더 주목성을 가지게 될 뿐만 아니라 참신성을 과시할 수 있는 계기가 되며 선거구 내에 화제를 불러일으킬 수도 있을 것이다. 지역언론에서도 가끔 특이한 홍보물들은 기사화하는 경우가 있다.

맨 뒷장, 즉 뒤표지에는 대부분 후보들이 자신을 소개하는 글들 중 가장 강력한 소구 포인트를 담은 글이나, 약력 등을 싣는다. 하지만 경력의 나열로는 유권자들의 관심을 끌기가 어렵다. 뒤표지는 안의 내용들을 함축한 것으로 하되, 공감을 불러일으킬 수 있는 사건이나 사례 중심의 강력한 단면이 바람직하다.

진한 감동, 깊은 공감은 사례에서 나온다

앞서 우리는 후보의 자질과 자세에 대해 살펴보았다. 그리고 그 열 가지 항목에 대입한 자신의 경험을 정리해보았다. 그 중 어떤 것이 가장 유권자들에게 공감을 줄 수 있는 사례인지를 찾아보면 의외로 이 뒤표지의 구성이 잘 풀릴 수 있을 것이다.

이렇게 표지와 맨 뒤페이지가 완성되었다면 이제는 내지 6페이지의 구성이다. 가장 일반적인 방식은 2~3page에 자신의 의지를 담은 카피와 자신의 경력 등을 담고, 4~7page에는 자신이 살아온 과거의 이야기들을 담는다. 이때 자신의 의지는 유권자들이 피부로 느낄 수 있는 것 중심으로 담아내는 것이 좋고, 4~7page의 자기소개는 가급적 유권자 한 사람에게 속삭이듯 전하는 것이 좋다.

자신의 의지를 담은 글이라면, 그간 자신의 행보가 그와 다르지 않았음을 강조하기 위해 언론에 보도되었던 기사나, 자신이 써서 기고한 칼럼들 중에서 선거기조와 콘셉트에 맞는 것이 있다면 그런 것들을 홍보물에 삽입하는 것도 좋은 방법이다.

유권자들과 공명하기 위해 자신의 어린 시절부터 지금까지의 사진들을 내용에 포함시키는 것도 좋다. 그러기 위해서는 앨범을 들춰보아야 할 것. 그 속에 담겨 있는 모습들의 대부분은 유권자들의 유년시절과 닮아 있을 것이다. 이를 통해 유권자들은 이 사람 역시 자신과 같은 사람이며, 같은 생각으로 정치를 펼칠 사람이라는 동질감을 느끼게 된다.

특히 30~40대 여성이 홍보물의 핵심타깃인 점을 감안할 때, 이러한 글들은 매우 감성적으로 쓰일 필요가 있다. 고생한 이야기, 의지를 꺾지 않기 위해 애썼던 이야기, 생활에 가까운 이야기들이야말로 그들의 눈물샘을 자극한다. 편안하게 시작하고, 이웃의 이야기처럼 느끼게 하되, 가급적 클라이맥스에서는 감동을 느낄 수 있도록 구성하는 노력이 필요하다.

이처럼 크게 세 가지 종류의 홍보물에 대해 언급했지만 이 외에도 할 수 있는 선거운동들은 다양하다. 먼저 예비 선거운동이라 하더라도 선거법이 정한 바에 따라 정당의 일상적인 회의나 집회 등이 가능하며, 출판기념회 등의 사적 모임이 가능한 시기가 있고, 이러한 활동들 역시 선거운동의 중요한 도구들로 활용된다.

행사나 모임에 참석하는 것도 매우 중요하다. 그러나 중요한 것은 그런 곳에 얼굴을 많이 비친다고 해서 그것이 곧 표로 이어지지는 않는다는 것. 오히려 상대후보와의 대비로 말미암아 자신의 표에 비토가 생기는 경우도 적지 않다.

따라서 어떤 모임이나 행사에 모인 유권자 모두를 한꺼번에 설득할 수 있다는 생각에 들떠서는 안 된다. 결국 표의 최종향배는 각개격파에 의해서만 결정된다. 오히려 정치신인들의 경우에는 자신의 편이 상대적으로 적으므로 같이 모인 자리에서 상대후보와 함께 인사를 하고, 말을 하는 것은 지극히 불리한 일이다.

무엇이 중요한지를 생각해야만 한다. 인지도를 높일 것인가? 이미지를 만들면서 갈 것인가? 어느 쪽이냐에 따라 행사 참석이나, 사람들을 만나는 일의 기준이 달라질 것이다. 그리고 이것은 철저히 전략적으로 운용되어야만 한다.

Point

3-4. 예비 후보자등록과 선거운동

- 선거 120일 전부터 예비 후보자등록과 선거운동이 가능하다.
- 출마결심이 늦어지면 예비 선거운동 기간은 무용지물이다.
- 예비 선거운동 역시 정확한 기조와 콘셉트 하에서 움직여야만 한다.
- 예비 선거운동은 인지도와 지지세 상승을 통해 경선에 영향을 준다.
- 선거사무소에 달 수 있는 현수막은 중요한 홍보미디어다.
- 후보의 명함과 8면짜리 홍보물도 잘 활용해야 한다.
- 예비 선거운동은 거점 중심, 우리 조직 중심으로 치러야 한다.
- 홍보물은 주목도를 높여 사람들의 입에 오르내릴 수 있도록 만든다.
- 홍보물의 내용은 후보 중심으로 하고, 지지자 중심으로 활용하게 한다.
- 홍보물은 발송부수가 제한되어 있으므로 대상을 신중하게 선택한다.
- 지지성향이 높은 거주지역의 여성 30~40대가 주타깃이다.
- 대상이 매우 감성적인 성향이므로 감성적 접근이 바람직하다.
- 투명봉투와 '번지 내 투입' 표시를 통해 노출을 높여야 한다.
- 선거운동의 기본은 개별적 접촉이다. 눈을 마주치고 교감을 나눠라.

선거 전략 & 선거 캠페인

3-5

3부 : 선거운동과 선거캠페인

본 선거홍보물과 본 선거운동

한 사람씩 상대해야,
한 표씩을 거둔다!

본선거운동 기간에 캠프 사람들 모두가 입에 달고 다니는 말이 있다. 그것은 '이길 것 같습니다. 이제 딱 5천 표만 더 모으면 됩니다. 우리 모두 20표씩만 보탭시다.' 이다. 매일 이런 말들을 서로 되뇌이고, 전화로 독려하고, 서로 격려하는 분위기가 연출되는 캠프라야만 5만 표가 모인다.

설사 이기는 선거라 하더라도 하루 종일 선거운동을 하다보면 모두 파김치가 된다. 사기를 높이고, 승리를 확신하고 웃음을 퍼뜨리는 선거가 아니라면 선거 도중에 지쳐 떨어지는 후보와 선거운동원들이 속출할 것이다. 이러한 상황에서는 배려가 필요하다. 그래서 '후보의 화법이 선거운동의 절반' 이라는 말조차 있다.

이처럼 본 선거운동에서도 가장 중요한 타깃은 우리의 활동가들과 지지자들이다. 본 선거홍보물들이 있지만 그것들 또한 우리 활동가들과 지지자들의 사기를 올리고, 이를 보다 확산하기 위한 것에 불과하다는 점을 기억해야 한다.

'약속을 지킬 수 있는 후보'를 강조하는 포스터 사진

선거운동에 사용되는 매우 중요한 홍보물이 있다. 그것은 바로 포스터다. '포스터 사진 한 장이 천 표'라는 말을 들어보았는가? 적지 않은 유권자들이 포스터 사진에 있는 후보의 얼굴을 보고 표심을 결정한다고 해서 나온 말일 터. 설사 결정까지는 이르지는 않는다하더라도 매우 큰 영향을 주는 것만큼은 사실이다.

그렇다면 어떤 사진이 좋은 사진일까? 얼굴만 큰 사진이 좋은 것인가? 아니면 체격이 다 드러나야 좋은 것일까? 웃고 있는 사진이 좋은 것일까? 결연한 표정이 좋은 것일까? 자신감을 보이는 표정이 좋은가? 아예 사진을 쓰지 않으면 어떻게 되나?

모두 좋은 사진이다. 물론 사진의 색이며 윤곽을 좋게 해서 사진의 완성도를 높이는 것도 중요하다. 하지만 그보다 더 큰 문제는 사진에 후보콘셉트가 반영되어야 한다는 것이다. 앞서 설명한 바와 같이 이 콘셉트는 선거기조와 매우 밀접한 관계가 있다.

큰일 하겠다고 선거기조를 밝혔으면 스케일 큰 사람으로, 추진력 있게 밀어붙이겠다고 했다면 당찬 사람으로, 시민과 함께 하겠다고 했다면 부드러운 인화형의 사람으로 비춰지는 사진이어야 한다. 이런 콘셉트도 없이 스튜디오에 알아서 여러 가지를 찍어달라고 해서는 결코 표되는 사진을 얻을 수 없다.

포스터야말로 본 선거운동의 꽃이다. 얼핏 보기에 똑같은 규격에 고만고만한 후보들의 얼굴이 닥지닥지 붙어 있는 그 포스터가 어떻게 큰 힘을 발휘하겠느냐고 생각할지 모르지만 포스터의 파괴력은 제법 대단하다. 특히 각 후보들이 나란히 배치되기 때문에 더욱 그러하다. 선거 기간 중에 이렇게 후보의 선거기조와 콘셉트를 나란히 보여주는 미디어는 포스터뿐이다.

이 포스터는 후보의 정체성을 가장 함축적으로 전달하는 수단이기도 하다. 때문에 포스터에서는 '나는 이런 사람이다.' 라는 정체성이 분명히 드러나야만 하는 것이다. 선거를 하면서 후보는 여러 장소에서 여러 가지 말을 한다. 어떨 때는 속삭이듯 말하고, 어떨 때는 힘주어 말한다. 하지만 최종적으로 동네 곳곳마다 붙게 될 포스터에서는 단 한 줄의 말밖에는 할 수가 없다.

큰 정당의 후보도, 작은 정당의 후보도, 돈이 많은 후보도, 돈이 없는 후보도, 많은 경력의 소유자도, 정치신인도 모두 공평하게 같은 규격, 같은 조건에서 나란히 걸리는 것이 포스터다. 그들은 제각기 슬로건을 내건다. 이 슬로건이야말로 유권자에게 가장 하고 싶은, 그리고 가장 표가 되는 한 마디이다.

'경제를 살리겠습니다.' 일 수도 있고, '새 바람을 일으키겠습니다.' 일 수도 있다. 중요한 것은 유권자들이 듣고 싶어 하는 말을 써야한다는 것이다.

그러나 다른 후보들의 선거기조가 함께 걸린다는 사실을 명심하자. 내가 무엇으로 선거기조를 결정했든 그것이야말로 이번 선거에서 가장 중요한 지점이라는 사실을 유권자들에게 설득할 수도 있어야 한다. 이것이 가장 어려운 포인트. 홍보전문가들이 머리를 싸매고 고민하는 것도 바로 이 지점이다.

    그리고 함께 걸리는 '어떠어떠한 후보'라는 말과 사진을 통해 충분히 그 일을 해낼 수 있는 후보라는 사실을 각인시켜야만 한다. 그래서 백 마디 말보다 사진 한 장이 중요한 역할을 한다는 것이다. 사진에서 가장 강조되어야 할 것은 무엇보다도 '신뢰감'이다. 어떤 콘셉트든 그 바탕에 '신뢰감'이 없으면 아무 소용이 없다.

강한 이슈 하나로 통일감 있게 제작하라

    앞서 말했듯 선거기조란, 약속이다. 그리고 후보콘셉트는 약속을 잘 지킬 사람이라는 의미가 전달되어야 한다. 이처럼 두 가지가 결합된 형태의 슬로건도 좋다. 이를테면 '경제대통령', 'CEO시장', '세일즈시장' 등의 구호는 약속과 콘셉트를 모두 담고 있는 슬로건이라 할 수 있겠다. 이러한 원샷슬로건은 유권자들에게 인지도가 높은, 특히 경력에 대한 인지도가 높은 후보들이 쓰기 좋은 방법이다.

    포스터는 홍보물을 대표한다. 홍보물에서는 A라고 선전 해놓고 유세나 조직에서 B라고 말한다면 그 선거는 진 선거다. 후보가 A라고 썼다면, 이번 선거의 최대쟁점이 A이며, 후보의 정치철학이 A이며, 후보가 궁극적으로 만들어가려는 세상이 A가 되는 것이다.

    선전벽보라고 불리는 이 포스터는 가로 38cm, 세로 53cm의 규격에 100g/㎡ 이내의 종이를 사용하도록 되어 있다. 4색도 인쇄(컬러인쇄)가 가능하며, 후보자등록 마감일 후 3일 이내에 첩부할 지역을 관할하는 구·시·군 선거관리위원회에 제출해야 한다. 그 내용은 후보자의 사진(후보자만의 사진), 성명, 기호, 경력, 학력(정규학력과 이에 준하는 외국의 교육과정을 이수한 학력), 정견 및 소속정당의 정강과 정책 기타 홍보에 필요한 사항으로 제한하고 있다.

포스터의 수량은 동 및 읍의 경우에는 인구 1,000명당 1장, 인구 2만 명을 넘는 면의 경우에는 500명당 1장, 인구 1만 명을 넘는 면의 경우에는 200명당 1장의 비율로 붙이는 것이 원칙이나, 인구밀집상태와 첩부장소, 훼손 시를 대비한 보완첩부용 등을 감안해서 중앙선거관리위원회 규칙에 의해 조정할 수도 있다. 따라서 관할선거구 선거관리위원회는 그 정확한 수량을 선거기간 개시일 전 10일까지 공고하도록 하고 있다.

이러한 포스터와 선거공보는 선거사무소와 선거연락소에도 붙일 수 있는데, 선거단위마다 그 부착 매수가 법으로 지정되어 있다. 선거사무소에는 이 외에도 후보자의 사진을 포스터의 2배 이내 크기로 일정 부수 부착할 수 있는데, 이 부수 역시 선거마다 다르므로 확인이 필요하다.

포스터와 함께 동마다 붙일 수 있는 현수막도 매우 중요한 선거홍보수단이다. 예비 후보자 시절에는 사무소에만 붙일 수 있도록 되어 있지만 본 선거운동기간에는 선거구 안의 읍·면·동별로 1개씩의 현수막을 걸 수 있게 된다. 예비 선거운동 기간에는 선거사무소에만 1개의 현수막을 걸도록 되어 있으나, 본 선거운동 기간에는 선거사무소에 4개까지 현수막을 걸 수 있으며, 복합선거구의 경우에는 별도의 선거연락사무소를 설치하고 그 선거연락사무소에도 4개까지 현수막을 걸 수 있다.

동마다 거는 현수막은 10㎡이내의 천으로 제작하여야 하며, 사진도 게재할 수 있다. 또한 후보자 성명, 기호, 정견 등 홍보에 필요한 사항을 넣을 수도 있다. 모든 동에 같은 내용의 현수막을 걸 것인가,

동마다 각각의 이슈를 넣을 것인가에 대해서는 논란이 있다. 그러나 주민들이 하나의 현수막만 보는 것이 아니므로, 강한 이슈 하나로 통일감 있게 제작하는 것이 좋다는 의견이 아직까지는 지배적이다.

다른 후보들과 비교되는 본 선거홍보물들

그렇다면 현수막에 쓰일 슬로건은 포스터에 사용한 슬로건과 동일한 것을 쓰는 것이 좋을까? 아니면 다른 슬로건을 쓰는 것이 좋을까? 이것 역시 포스터에 사용된 동일한 슬로건을 현수막에도 사용하는 것이 좋다는 의견이 지배적이다. 동일한 선거기조와 후보콘셉트를 반복해서 보여주어 유권자들의 뇌리에 강하게 인식시키는 것이 목표달성에 효과적이기 때문이다.

현수막 또한 포스터처럼 같은 지역에 비교되어 노출되는 매체이다. 하지만 현수막은 포스터와 달리 '어떤 현수막이 더 깔끔하게 붙어 있는가.'도 중요한 평가기준이 된다. 디자인이 비교되고, 사진도 비교된다. 붙어 있는 위치와 붙어 있는 모양도 비교되기는 마찬가지. 따라서 선거에 돌입하기 전 홍보팀은 현수막의 거치를 명확히 하고, 시공과 사후관리에 대한 대책을 정리해두어야 할 것이다.

그 외에 선거에서 사용할 수 있는 인쇄물은 모두 두 가지이다. 그 중 하나는 예비 선거운동에도 사용한 바 있는 명함이며, 다른 하나는 집집마다 발송하게 되는 선거공보, 자치단체장 선거에서만 사용이 가능한 선거공약서이다. 그 중 가장 손쉽게 사용되는 명함에 대해 설명해보기로 한다.

본 선거운동에 사용되는 명함은 어떻게 제작하는 것이 가장 효과적일까? 예비 선거운동 기간의 명함이 첫인사였다면, 본 선거운동

기간의 명함은 선거기조를 집중해서 보여주는 중요한 도구다. 예비선거운동 기간에는 자신의 존재를 알리고, 유권자들과의 관계를 확인시키는 일이 필요했지만 본 선거운동에 사용하는 명함은 포스터, 현수막 등과 공조해야 한다는 것. 이러한 원칙은 선거공보의 표지도 마찬가지다.

그렇기 때문에 강력한 슬로건을 통합적으로 반복 노출하는 것이 효과적이다. 사진 역시 굳이 다른 사진들을 각각 넣어야 한다는 부담을 갖지 말자. 선거기조와 후보콘셉트에 가장 맞는 사진으로 포스터, 현수막, 명함, 선거공보의 표지를 함께 쓰는 것이 오히려 이미지를 전달하기에 용이하다.

선거공약을 담은 선거공약서는 지방단체장의 경우에만 사용이 가능하다. 광역단체장 선거에서는 32면 이내로, 기초단체장 선거에서는 16면 이내로 배부가 가능하다.

선거공약서의 규격은 길이 27cm × 너비 19cm로 선거공보의 사이즈와 동일하며 앞면에는 '선거공약서', 뒷면에는 '이 공약서는 공직선거법 제66조의 규정에 따른 것입니다.' 라고 표시해야 한다. 인쇄소의 이름과 주소, 전화번호도 게재되어 있어야 한다.

또한 선거공약서의 경우 후보자나 배우자 또는 그 직계존·비속, 선거사무장, 선거연락소장, 선거사무원 또는 회계책임자와 같은 선거사무관계자들이 직접 배부할 수 있게 되어 있다. 하지만 호별방문이나 우편함에 일괄 살포하는 방식은 사용할 수 없도록 되어 있으니 유의해야 한다. 후보자는 선거공약서를 배부하기 전일까지 2부를 가지고 작성수량, 작성비용 및 배부방법을 관할 선거관리위원회에 제출해야 한다.

선거공보는 국회의원 선거 및 지방단체의 장 선거에 있어서는 12면 이내로, 지방의원 선거에 있어서는 8면 이내로 작성이 가능하며, 그 규격은 길이 27cm × 너비 19cm 이내이다. 선거공보는 후보자 등록마감일 이후 6일 이내에 배부할 지역을 관할하는 구·시·군 선거관리위원회에 제출하여야 하고, 그 수량은 세대수와 부재자신고인 명부에 올라 있는 선거인수를 합한 수에 5%를 보태어 제작한다. 시각장애인용 점자공보는 선거공보에 게재된 내용을 줄이거나 그 내용과 동일하게 작성하여 선거공보와 함께 선거관리위원회에 제출하여야 한다.

그 내용 중 2면에는 후보자의 재산상황, 병역사항, 최근 5년간 소득세·재산세·종합부동산세 납부 및 체납실적·전과기록·직업·학력·경력 등 인적사항을 게재하도록 규정하고 있다. 이 모든 것들이 법으로 강제되어 있음에 유의해야 할 것이다.

본 선거운동 기간에 발송하는 선거공보는 12페이지로 전 세대와 부재자에게까지 전달된다. 때문에 예비 후보자홍보물에 넣었던 내용이라 하더라도 선거공보에 함께 들어가야 할 내용들이 있기 때문에 이미 넣었던 내용이라고 해서 선거공보에 넣지 말아야 한다는 강박관념을 가질 필요는 없다.

본 선거홍보물은 정책과 비전 중심으로

단, 예비 후보자홍보물이 후보를 알게 하는 것 위주로 만든다면 선거공보는 후보가 실현하고자하는 세계를 보여주는 것이라는 점에 유의하는 것이 좋다. 즉, 선거기조에서 밝히고자하는 내용을 타깃 중심으로 전달하고, 후보는 그것을 해낼 수 있는 사람 정도로만 포장하자는 것.

타깃 중심으로 전달한다는 것은 유권자 모두를 대상으로 설득하려 하지 말고, 각 타깃들마다의 특성과 이익에 소구하라는 뜻이다. 지역이나 세대를 축으로 타깃들을 보다 세분화시켜, 그들 각각에게 소구하는 방식을 말한다.

이를테면 3페이지에 큰 선거기조, 4~5페이지는 20~30대, 6~7페이지는 40~50대, 8~9페이지는 노년층, 10~11페이지는 여성층 등으로 나누어 구성하는 것도 하나의 방법이 될 수 있다. 물론 이것은 하나의 예시일 뿐이다. '우리 아이들의 미래'를 주제로 만든 테마 홍보물이나, 지역발전의 테마를 중심으로 한 구성, 각 직업군별 테마를 중심으로 한 구성, 각 지역의 테마를 중심으로 한 구성 등도 자주 쓰이는 페이지구성의 방법들이다.

이렇게 내지의 구성이 진행될 경우 맨 뒷면, 즉 표지의 반대편에는 간단하게 정리한 후보의 약력이나 후보의 스토리를 담아 인물에 대한 친근감을 높일 수도 있다. 효과적으로 전달된 타깃 중심 소구는 지지자들로 하여금 지지확산의 속도를 높여준다. 우선은 설명이나 설득이 간단해지기 때문에 이해가 쉽다는 것이고, 뜬구름 잡는 큰 얘기보다는 각자 자기의 문제로 전달되기 때문에 전파하기가 쉽다는 것.

하지만 아무리 좋은 공약을 내놓아도 유권자들은 공약을 잘 읽어주지 않는다. 내가 지지하는 후보가 무슨 공약을 냈는지, 정말 내 입맛에 맞는지가 중요하다. 유권자들이 상대후보의 공약을 보는 것은 자신이 지지하는 후보가 더 나은 공약을 냈다는 사실을 확인하기 위해서다. 때문에 홍보물의 제1차 타깃은 역시 후보자 자신의 지지자여야 한다는 사실을 명심해야 할 것이다.

결국 홍보물 하나하나가 조직미디어의 활동을 돕는 보조적 도구라는 사실을 알게 되었다. 내가 무엇을 말할 것인가가 아니라, 그들이 무엇을 듣고 싶어 하는가가 중요하다. 더 나아가 그들이 무엇을 느낄 것인가에 주목하자. 후보가 하는 말을 곧이곧대로 믿는 유권자는 많지 않다. '어떻게 하면 내가 쓴 이 글을 유권자들로 하여금 믿게 만들 것인가'를 생각해야 한다는 것.

모든 후보들이 주장한다. '나는 비전을 가진 사람이다. 나는 열정이 있다. 나는 이 지역에 애정이 있다. 좋은 정치, 깨끗한 정치를 펼치겠다.' 그러나 그런 상투적인 주장에는 눈 하나 깜빡 않는 것이 유권자들이다.

구체적인 사례야말로 나를 표현하는 가장 좋은 수단이다. 그런 이유로 에피소드나 예시는 선거공보에서 빠질 수 없다. 누구에게나 역사가 있고, 그 역사의 단면을 어떻게 나의 콘셉트 속으로 끌어오느냐 하는 것이 관건이다.

그래서 표지만큼 눈에 잘 띄는 맨 뒷장은 가급적 감성적인 이야기들로 후보를 소개하는 것이 바람직하다. 후보자의 이야기는 '어떻게 하겠다.'는 주장보다는 사례를 통해 이미지를 만들어내는 것이 포인트. 이를 보여준 글이 있다. 2006년 지방선거에서 구의원에 출마했던 한 후보의 홍보물 맨 뒷장에 실렸던 내용을 소개한다.

남부민동 산동네에서 씩씩하게 자라난 아이.
노점 하는 아버지가 단속에 걸려 파출소에 잡혀 갔을 때,
아버지를 왜 가두냐며 떼를 써서 아버지를 모시고 나왔던 아이.
유난히 잘 뛰었던 아이.

팔 하나가 부러져 깁스를 한 채로도 체육대회에서 1등을 했던 아이.
그 통에 반 친구들의 헹가래를 타다 팔을 하나 더 부러뜨렸던 아이.
돈가스를 처음 먹으러 갔던 날,
스프만 먹고 돈을 주고 나왔던 순진무구한 촌놈.
경남상고 3년 내내 반장을 한 번도 놓치지 않았던 골목대장 고등학생.
농협과 평화은행을 다니며, 밤에는 야간대학을 다녔던 촉망받는 젊은이.
철밥통이라던 은행을 팽개치고, 어느 국회의원 후보 선거사무소에 찾아가
달랑 이력서 한 장 내밀고 자원봉사를 자청했던 무모한 젊은이.
당시 선거에 출마했던 국회의원 후보는 지금 대통령이 되어 있고,
은행을 그만두고 자원봉사에 나섰던 젊은이는
2006년 지방선거에서 ○○○의 구의원에 출마했습니다.
선거가 한창이던 때 당시 국회의원 후보였던 노무현 대통령은
그 자원봉사자에게 이런 얘기를 했답니다.
"정치란 권력도 지위도 아니다. 일이다.
지금 자네가 하는 것처럼 박스를 나르는 일, 벽보를 붙이는 일보다
훨씬 더 힘들고 어려운 일이다. 일할 마음의 각오가 되어 있는가?"
그 말뜻을 ○○○은 지금도 곱씹곤 합니다. ○○○, 일 하려고 나섰습니다.

후보는 이 글을 통해 자신의 행동력, 적극적 자세, 정치입문 계기 등을 피력하고 어떤 마음으로 정치를 펴갈 것인지를 설득하고 있다. 자기소개도 다르지 않다. 설명보다는 설득의 힘이 훨씬 크다. 다음은 '깨끗한 정치를 펴겠다.'는 한 마디를 사례로 설명한 2004년 국회의원선거에 출마했던 한 국회의원 후보의 글이다.

처음 국회의원 출마를 앞두고 있을 때였습니다.
젊은 나이에 너무 큰 도전에 나선 것 같아 이것저것 고민이 많았습니다.
그 중에서도 제일 문제가 되는 게 자금 부족이었습니다.

사무실을 내기도 어려울 지경에 처해 한참 애를 먹고 있을 때
아내는 신문지로 싼 작은 꾸러미를 내밀었습니다.
그 안에는 손때 묻은 낡은 예금통장과 나무도장 하나가 들어 있었습니다.
통장은 장인어른 이름으로 되어 있었습니다.
2만 원, 5만 원, 어떤 땐 그냥 1만 원. 그렇게 7년을 모은 돈이었습니다.
액수가 크진 않지만 통장 하나 가득히 채운 그 돈은
장인어른이 어렵게 모은 쌈짓돈일 것이 분명했습니다.
소주 한잔 드시고 싶은 것도 꾹 참고,
어쩌다 잔업이나 특근수당 받은 것도 모으고 해서
마련한 돈이 틀림없었습니다.
도저히 받을 수가 없었습니다.
사정이 아무리 급해도 이 돈을 쓸 수는 없었습니다.
받을 수 없다고 말씀드렸습니다.
"깨끗한 돈에서 깨끗한 정치가 나온다네.
이 돈은 절대로 깨끗한 돈이니 이 돈으로 시작하게."
순간 나는 눈앞이 흐려지고 코끝이 찡해졌습니다.
얼마나 시간이 지났을까.
나는 경건한 마음으로 그 통장을 받아 쥐었습니다.
그리고 결심했습니다. 장인어른의 이런 바람을 절대로 저버리지 않겠다.
장인이 좋아할 정치, 아내가 좋아할 정치,
반드시 그런 정치를 하겠다고 말입니다.

그 외 유의할 사항으로는 각 홍보물의 페이지마다 한 가지 키워드만을 제시해야 한다는 것. 욕심을 내서 많은 내용으로 채운 홍보물은 유권자들에게 읽히기 어렵기 때문이다. 따라서 한두 페이지 단위로 강력한 메시지 하나를 제시하고, 그 근거가 되는 내용을 담아 메시지를 보조하게 하는 형태로 제작하는 것이 바람직하다.

통일성이 없으면 내 것이 아니다

전체적인 색깔이나 디자인 흐름 등은 포스터, 현수막, 명함 등과 통일성을 갖도록 제작해야한다는 사실도 유의할 필요가 있다. 표지에서 사용한 색깔이나 디자인 흐름을 내지에서도 지속성 있게 노출하는 것도 홍보물의 느낌을 보다 가볍게 해준다. 이를 통해 유권자들에게 보다 가깝게 접근할 수 있게 된다.

선거공보는 공약을 한 눈에 볼 수 있도록 정리한다는 점에서 여타의 홍보물들과 크게 다르다. 때문에 지도를 바탕에 깔고, 그 위에 공약에 의해 바뀌는 미래를 그리는 것도 좋은 방법이며, 몇 가지 박스를 놓고, 각각의 분류된 테마들을 알기 쉽게 배치하는 것도 좋은 방법이 될 것이다. 선거공보의 앞면에는 '책자형 선거공보'라 표시하고, 점자형 선거공보의 앞면에는 선거의 종류, 선거구명, 후보자 성명을 한글로 게재하여야만 한다.

이러한 모든 홍보물들의 제작 전에 전략파트는 각 홍보물들의 역할을 충분히 숙고하여야만 한다. 당원용홍보물이나 예비 후보자홍보물이 지지자를 설득하고, 그들이 그 홍보물을 들고 선거운동에 나서게 하는 것이라면 본 선거용홍보물은 예비 선거 때와는 달리 모든 세대로 직접 투입된다는 점과, 다른 후보들의 홍보물들과 함께 세대로 투입된다는 점에 특히 유의하자.

유권자들은 이 홍보물이 '잘 만들어졌는가?'로 후보의 인상이나, 후보의 능력을 평가하기도 한다. 특히 다른 후보 홍보물들과의 비교를 통해 그러한 평가가 이루어진다는 점을 기억해야 한다. 그리고 이것은 우리 측 운동가들의 사기에도 영향을 미치게 된다.

따라서 타 후보들과의 차별성을 더욱 부각할 필요가 있다 하겠다.

물론 그렇다고 해서 유권자들의 정서에 반하는 디자인이나 내용을 선택해서는 안 된다. 이 두 가지의 조화가 홍보물의 질을 높이고, 설득력을 배가시키는 요소라 하겠다.

> **Point**
>
> ### 3-5. 본 선거홍보물과 본 선거운동
>
> - 본 선거홍보물 또한 우리 편의 사기를 높이는 것이 최우선 목표다.
> - 포스터 사진은 매우 중요하다. 후보콘셉트를 반영하라.
> - 경쟁후보들과 나란히 붙는다는 점을 고려하여 제작하라.
> - 포스터 슬로건은 유권자에게 하는 '약속'이 되게 구성하라.
> - 현수막에 사용하는 슬로건은 포스터의 것과 동일하게 구성하라.
> - 현수막이 붙어 있는 상태에도 신경을 써야 한다.
> - 예비 선거홍보명함이 첫 인사였다면, 본 선거홍보명함은 선거기조다.
> - 본 선거홍보물로 모든 유권자들을 설득하려 하지 마라.
> - 각 페이지마다 타깃을 명확히 하고, 타깃들의 특성과 이익에 소구하라.
> - 맨 마지막 페이지에는 강한 감성의 후보스토리를 게재하라.
> - 홍보물의 각 페이지에는 한 가지씩의 키워드만을 제시해야 한다.
> - 모든 홍보물들의 색깔이나 디자인 흐름은 통일시켜라.
> - 타 후보들과의 차별성을 확보하는 일과 유권자들의 정서를 반영하는 두 마리 토끼를 함께 잡아야만 한다.

선거**전략** & 선거**캠페인**

3-6

3부 : 선거운동과 선거캠페인

선거유세와 선거운동

승기가 충만해야
승리를 낚는다!

본 선거운동의 종류에는 후보의 행보와 선거운동, 유세를 통한 선거운동, 선거운동원의 선거운동 등 세 가지 분야가 있다. 그리고 이것들이 따로 놀지 않도록 하기 위해 각 캠프들은 유세계획을 정리한다. 이 유세계획을 짜기 위해서는 선거구 내 유권자들의 심리와 지역의 지리적 환경을 잘 알아야 한다. 그리고 이를 반영해야만 한다.

이를테면 선거구가 장애인 거주 임대아파트가 많은 지역이고, 후보의 공약 중에도 차상위계층이나 장애인에 대한 대책 등 복지에 관련된 내용이 많다면 그러한 자신의 뜻을 알리기 위해 복지를 상징할 수 있는 곳에서부터 선거유세를 시작하라는 것. 혹은 선거유세 중

그러한 시설이나 지역에 대해 보다 많은 시간을 할애하는 등의 노력을 기울이는 것이다.

현장을 파악하지 못하면 유세도 없다

　대선을 위한 선거운동에 돌입하는 후보가 '어디를 처음 찾았다.'라는 보도를 많이 접해보았을 것이다. 대선후보의 첫 유세지도 자주 보도된다. 지역선거에 있어서도 이처럼 특별한 첫 행보나 유세 집중 사안에 대해서는 언론의 주목을 받을 수 있으며, 꼭 언론의 주목을 받지 않는다하더라도 조직미디어를 통해 이러한 사실을 확산시킬 수 있으므로 간과해서는 안 되는 점이다.

　이러한 정황을 살펴 유세계획을 잡되, 가급적 세 개 정도의 큰 테마와 일자별 세부테마를 잡아서 그에 맞도록 운영하는 것이 좋다. 비록 13일 정도의 짧은 기간이라 하더라도 선거유세는 매우 고된 노동이다. 그런데 매일 같은 기조로 별다른 의미 없이, 비슷한 코스를 도는 것은 선거운동원과 후보 모두를 매우 지치게 만든다.

　따라서 테마에 의해 그에 부합하는 유세일정을 운영한다면 매일매일 보다 다른 느낌으로 선거운동에 임할 수 있으며, 선거운동원들과 후보 모두로 하여금 일종의 지향성을 경험하게 해주어 보다 기세가 오르는 유세를 가능하게 해준다.

　유세를 기획하는 사람은 지역의 사정을 잘 알고 있어야 한다. 뿐만 아니라 사전에 유세지들을 모두 방문하여 시간대별 유동인구현황 등을 면밀히 검토해야만 한다. 사람이 많이 지나다니는 지역이라 하더라도 그곳이 출퇴근 때에만 붐비는 곳이라면 낮시간의 유세는 별다른 효과를 보기가 어렵다.

또, 사람이 많이 몰리는 쇼핑몰이나 마트 등에서 유세를 하기로 했으나, 막상 도착해보면 유세할 장소나 유세차를 세워둘 공간이 마땅치 않아 지장을 받을 수도 있다. 이러한 점에 유의해서 꼭 사전에 답사를 진행해야 할 것이다.

이처럼 유권자들의 특성에 의한 후보의 방문처와 유세지의 특성 등이 파악되고 나면 본격적인 유세계획을 잡도록 한다. 유세계획을 잡는 방법은 먼저 테마를 정하고 일별 세부테마를 계획한 후, 후보의 동선과 유세동선, 그리고 후보와 유세가 만나는 지점 등을 체크하고 세부적인 시간계획을 잡는 순서다.

유세조직과 후보가 꼭 함께 다녀야하는 것은 아니다. 특히 본 선거운동 기간 중에 TV토론이나 TV연설의 생방송이나 녹화가 맞물리는 경우도 있고, 후보가 행사에 참석해야 하는 경우도 있기 때문에 후보와 유세조직이 각각의 동선을 가져야 한다.

그런 중에도 출근시간, 낮시간 3회, 퇴근시간 등 1일 5회 이상은 후보가 함께하는 유세가 이루어져야 할 것이다. 특히 주말유세는 그 수를 더 늘려야만 한다. 그 포인트를 어디로 잡는가 하는 것이 유세계획의 가장 중요한 부분이다. 앞서 설명했듯이 이렇게 잡은 5번의 유세는 기본적으로 유동인구 내지 상주인구가 많은 장소와 시간대에 맞추어져야만 한다.

이렇게 동선이 정리되고 나면, 각 동선과 유세현장 연출을 준비하도록 한다. 이를 위해 각 유세현장에서 펼칠 프로그램과 사회자를 물색하는 한편, 유세조직을 그곳에 안내하고, 사람들을 모아낼 수 있는 기반을 마련하는 일도 함께 계획해야만 한다. 이렇게 정리된 계획을 사람들 모두가 공유하고, 각자 자신의 임무를 잘 알 수 있도록 문건화하여 차질이 없도록 해야 할 것이다.

보통의 경우 이기는 후보는 본 선거운동 기간을 조용히 넘기고 싶어 하고, 쫓는 후보는 가급적 시끄럽게 치르고 싶어 한다. 하지만 양쪽 모두 '승기를 잡았다'는 것을 보여주는 기싸움이라는 점을 고려할 때, 본 선거운동 기간은 보다 활력 있고 밝게 나서는 편이 좋다.

희망과 비전을 말하는 선거유세

선거에 사용되는 차량과 선박의 수는 법적으로 제한되어 있다. 모두 선거관리위원회가 교부한 표지를 부착하고 운행해야 하는데, 광역단체장 선거는 선거사무소와 선거연락소마다 5대·5척씩, 국회의원 선거와 기초단체장 선거는 각 5대·5척, 광역단체의원 선거는 각 2대·2척, 기초의원선거는 각 1대·1척 이내만 사용할 수 있다. 이렇게 편성되는 모든 선박이나 차량에는 선거관리위원회의 확인을 거친 선전벽보를 붙일 수 있으며, 그 수량은 선박 1척당 10장 이내, 차량 1대마다 5장 이내이다.

유세차에는 보통 확성기와 멀티미디어시설이 장착된다. 확성기는 로고송이나 후보의 연설 등을 보다 먼 곳까지 전달하기 위한 것이며, 멀티미디어시설은 후보가 연설하기 전이나 후보 없는 유세에서 동영상을 틀기 위해 장착한다. 멀티미디어차량을 따로 마련해도 되나, 이 차량 역시 확성유세차량과 함께 동반해야 함에 유의하자.

이러한 시설들은 모두 법적으로 정해진 규격이 있는데, 확성장치를 단 유세차의 경우에는 광역단체장 선거의 경우 구·시·군 선거연락소마다 각 1대·1조, 국회의원 선거와 지방의원 선거는 모두 각 1대·1조로 제한되어 있다. 확성나발의 수는 1개로 한정되어 있으며, 멀티비전은 광역단체장 선거, 국회의원 선거, 기초단체장 선거에서는 5㎡, 지방의원 선거는 3㎡로 제한되어 있다.

유세차의 용도는 유권자들을 향한 홍보와 유세장 분위기를 띄우는 것이다. 이를 위해 유세차 디자인은 홍보물과 마찬가지로 포스터와 현수막의 디자인기조를 충실히 반영하는 것이 좋다. 후보자 사진 역시 포스터에 쓰인 사진을 그대로 쓰는 것이 원칙. 유세차 디자인은 가급적 글자를 많이 넣지 않고 심플하게 디자인하는 것이 바람직하며, 다른 홍보물들과 이미지를 매치시키는 것이 좋다.

법적으로 유세차의 차종이 제한되지 않기 때문에 소형차는 물론이고, 포크레인이나 덤프트럭 같은 것도 활용할 수 있다. 후보의 콘셉트를 최대한 반영할 수 있는 차종이 바람직하겠으나, 골목길의 주행이나 디자인상의 문제점들을 고려하여 선택하는 것이 좋다.

유세트럭의 치장을 위해 캐릭터나 모형 등을 만들어 세우기도 한다. 이러한 치장들 역시 유권자들의 눈을 끈다는 점에서는 유리하지만, 운용상의 문제를 고려하는 것이 바람직하다. 기초의원선거에서는 리어카나 자전거, 오토바이 등도 등장한 바 있다. 이러한 탈 것들 역시 유권자들의 이목을 끌기 위한 것이다. 단, 선거기조와 후보콘셉트를 고려하여 선택에 보다 신중을 기할 필요가 있겠다.

로고송도 선거운동에서 빠질 수 없는 매우 중요한 요소이다. 보통은 기존의 노래에 가사를 바꾸어 녹음하는 것이 보통이다. 이러한 선거로고송을 만들 때에는 언제나 저작권료와 인격권료, 그리고 반주를 포함한 녹음비용을 고려하여야만 한다.

실상 선거에 있어 로고송만큼 이론이 많은 것도 드물어서 준비에 어려움이 따른다. 율동에 맞추거나 동영상의 움직임에 맞춰야 하다보니 빠른 템포의 곡이 선호되지만, 그것이 시끄럽고 정신없는 음악이 되어서는 곤란하다. 밝고 경쾌한 곡이 가장 합리적인 선택이다.

　노래의 가사 역시 겸손하고 미래지향적인 후보의 모습을 그대로 담고 있어야만 한다. 선거유세가 승기를 확인시켜주는 것이라 하여 '이겼다' 등을 연호한다거나 전쟁을 상기시킬 만큼 전투적인 것이어서는 곤란하다. 내용 또한 상대를 공격하기보다는 희망과 비전을 말하는 긍정적인 쪽으로 선택하는 것이 좋다.

로고송과 동영상은 단순한 구호로

　보통 로고송은 선거비용 상의 문제로 두 곡에서 네 곡 정도 만드는 것이 일반적인데, 당에서 일체화시켜 만든 로고송을 사용해도 좋지만 만일 당에서 만든 로고송이 선거기조와 후보콘셉트에 잘 맞지 않는다면 다른 곡으로 대체해도 좋다.

　특히 이 로고송은 소리의 크기에 유념해서 틀어야만 한다. 출근인사나 퇴근인사를 위해 대로에서 틀 때에는 일정 이상의 소리로 키워서 지나는 유권자들이 정확히 알아들을 수 있도록 해야겠지만 주택가 등에서 지나치게 큰 소리로 로고송을 트는 것은 부작용을 낳을 수 있기 때문이다.

　그래서 선거전문가들은 주택가 등의 로고송으로 '당신에게서 꽃내음이 나네요. 잠자는 나를 깨우고 가네요.'로 시작되는 '장미' 같은 곡을 권하기도 한다. 오히려 이런 곡들이 30~40대 젊은 주부들로 하여금 창문을 열고 밖을 내다보게 한다는 것.

　동영상 역시 지나는 사람들이 10초 이상 들여다보지 않는다는 점에 유의하여야 한다. 때문에 로고송과 맞추어 제작하되, 이름을 연호하는 장면에서는 후보의 얼굴이 보이고, 기호부분에서는 손가락이나 숫자로 기호를 표시하는 등 가급적 단순하면서도 구호적인 형태로 제작하는 것이 바람직하다는 것.

유동인구가 적은 곳, 우리 지지자들이 모여 있는 곳에서는 출판기념회나 당원교육, 후원회 등에 사용된 동영상을 트는 것도 가능하지만 대로변이나 유동인구가 많은 곳에서 일반 유권자들을 대상으로 하는 동영상이 서사구조를 띤 것이어서는 곤란하다. 선동적이고 화면전환이 빠르며, 후보의 얼굴이 자주 나오는 형태로, 내용을 이해시키기보다는 기억시키는 데에 초점을 맞춰야 한다.

이 외에도 유세를 위해서 동원되는 것들로는 어깨띠, 유세원들의 모자와 티셔츠 등이 있다. 어깨띠는 현행법 상 20명까지 할 수 있다. 어깨띠에는 정당명 및 로고와 후보자의 이름만을 표시하는 것이 좋다. 너무 많은 내용을 넣기 위해 욕심을 내다보면 정작 후보자의 이름이 너무 작아지기 때문이다. 밤에도 잘 보일 수 있도록 불빛을 넣어 제작하는 어깨띠 등도 판매되지만 가격을 고려하여 결정하는 것이 좋다.

모자와 티셔츠는 선거사무관계자 모두가 착용할 수 있다. 디자인은 가급적 단순하게 하고, 정당과 후보자 이름 중심으로 처리하는 것이 좋다. 사람들의 눈길을 잘 끌 수 있도록 재미있는 그림이나, 의미있는 그림을 삽입하는 것도 좋은 방법이다.

유세조직은 보통 유세차와 후보탑승차량, 유세팀장과 유세조직을 태운 차량, 유세선도팀장을 태운 차량 등 4대의 차량으로 승용차 2대와 승합차 1대, 유세차가 일반적이다. 그 인원은 구성에 따라 다르지만 후보탑승차량에는 후보, 수행비서, 기사 등 3명, 유세차는 기사와 보조 등 2명, 유세선도팀 2명, 유세팀장과 유세팀 6~10명 선으로 구성된다. 그 외에 사회자 등이 포함될 수 있겠다. 따라서 전체 유세조직은 10~20명 선이라 하겠다.

이들 모두는 선거운동원으로 등록되어야 하며, 그 외 수행 가능한 사람의 수 역시 법적으로 제한되어 있다. 광역단체장 선거는 15인, 국회의원 선거 및 기초단체장 선거는 10인, 지방의원 선거는 5인 이내에 대해서는 선거운동원 등록이 되어 있지 않아도 무급으로 함께 선거운동을 하는 것이 허용되어 있다. 이러한 수의 제한은 예비 후보자인 경우에도 동일하게 적용된다.

'이기고 있다'를 읽게 하라

유세 시에는 사회자 한 사람이 후보의 소개 또는 지원연설이나 대담을 할 수 있게 되어 있으며, 이 사회자 또한 선거운동원으로 등록되어 있어야 함에 유의해야 한다. 각급 선거의 선거운동원 등록에 관한 사항 역시 선거법에 자세히 설명되어 있으므로, 이를 미리 파악하여 잘 활용할 수 있어야 할 것이다.

유세팀의 임무는 율동, 구호제창, 박수유도 등을 통해 유세를 지켜보는 우리 측의 지지자들과 유권자들의 분위기를 띄우는 것이다. 이를 위해서는 매우 정교한 프로그램과 충분한 훈련이 필요하다. 다만 그들이 전문가일 필요까지는 없으므로, 지역 내 젊은 지지자나 사조직 중 동원 가능한 사람, 혹은 지지자의 가족 등으로 미리 팀을 구성하고 활용하는 것이 바람직하다.

유세란 결국 사람들을 모으고, 그 사람들과 함께 지지를 나누는 일이다. 이를 위해 유세조직은 몇 가지 프로그램을 준비할 필요가 있다. 선거운동 기간 내내 같은 프로그램만으로 유세를 운영한다면 보는 사람들에 앞서 진행하는 사람들이 먼저 지치게 될 것이다.

앞서 우리는 '선거를 축제처럼' 만들어야 한다는 사실을 살펴본 바 있다. 유세야말로 '축제분위기'를 만들 수 있는 가장 좋은 장이다. 따라서 유세조직과 지지자들이 함께 놀 수 있는 판이 펼쳐질 수 있도록 프로그램을 구성하자.

이 유세를 통해 청년의 힘, 아줌마의 힘, 후보자의 힘이 모두 하나 되는 감동을 만들 수 있을 것이다. 이러한 감동을 끌어내기 위한 프로그램을 만들기 위해서는 고저가 분명할 것, 기세를 높일 수 있을 것, 활력이 있어야 할 것 등의 원칙을 잘 지켜야 한다.

유세는 기세싸움이다. 하지만 스피커가 아니라 사람들의 활력에 의한 기세싸움이다. 상대후보의 유세조직과 맞붙는 유세에서 특히 이러한 점에 유의하여야 한다. 상대후보가 스피커의 볼륨을 키운다고 해서 경쟁적으로 스피커 볼륨을 높이는 행위는 자살행위다. 선거운동은 스피커볼륨 경쟁이 아니기 때문이다. 이런 시끄러운 소리 때문에 유권자들은 눈살을 찌푸린다는 사실을 명심하자.

선거운동은 오전 6시부터 오후 11시까지 할 수 있도록 되어 있다. 단 공개된 장소에서의 연설은 오후 10시부터 다음날 오전 7시까지는 할 수 없도록 되어 있다. 따라서 선거운동원들은 주로 아침과 저녁 출퇴근 시간에 인사를 하고, 낮시간에는 전화 선거운동이나 유세 합류 등을 통해 선거판의 기세를 돋워야 한다.

막대기를 꽂아놓은 듯 제자리에 서서 간단한 손놀림을 기계적으로 반복하는 것으로는 안 된다. 다른 어떤 후보의 선거운동원들보다도 더 많은 사람들이 더 크게 반응하며 당선을 간절히 원하고 있음이 드러나도록 해야만 한다. 선거운동원들의 표정에서는 언제나 '이길 수 있다, 이미 이기고 있다.'를 읽을 수 있도록 하여야 한다. 지지자들의 합세가 이러한 분위기를 더욱 띄울 수 있을 것이다.

후보, 유세조직, 선거운동원, 지지자가 모두 함께 어울리는 판

특히 후보가 없는 유세가 자주 진행되다 보면 유세팀은 쉽게 지친다. 오히려 상대후보와의 유세 접전이 자주 반복되면, 끝나고 난 뒤에 쓰러지는 한이 있어도 유세 중에 지치지는 않는데, 사람 없는 유세나 반복적인 유세를 하다보면 유세조직은 물론 후보까지 지치게 된다.

무료하고 심심한 것은 유세조직을 쓰러뜨리는 적(敵)이다. 이런 그들의 생각은 표정으로 드러나게 되어 있다. 때문에 일정한 간격으로 그들로 하여금 '놀 판'을 만들어주는 것이 좋다. 여기에는 후보도 함께하는 것이 좋다.

특히 선거운동이 끝나는 투표일 전야는 여한 없이 선거운동을 마무리하는 차원에서 충분한 '놀 판'을 벌여주는 것이 좋다. '유세조직 따로, 후보 따로, 선거운동원 따로' 노는 판이 되어서는 안 된다. 모두가 함께하는 유세를 펼칠 때 제대로 기세가 살아날 수 있다.

이러한 선거유세 중에 후보는 어떻게 선거운동에 임해야 하는가? 후보는 결국 자기 지지자들을 만나 그들을 격려하고, 그들을 고무시키는 '선군'의 행보를 해야만 한다. 가장 논란이 되는 것은 후보의 첫 일과다. 많은 지방선거 후보들의 가장 첫 일과는 '약수터'다.

그리고 이 약수터일정을 선거운동 기간 훨씬 이전부터 운영하라고 주장하는 사람들이 많다. 하지만 선거운동 기간 전에는 생전 오르지 않던 사람이 선거 때라고 해서 약수터에 오른다면 너무 속 보이는 행동이 될 것이다. 또한 이것은 매우 체력을 요하는 일이므로 무리해가면서까지 운영할 필요는 없다. 무리한 운행은 자신뿐만 아니라 수행원들까지 지치게 만들기 때문이다.

보통 그 다음 일정은 출근인사다. 대학생들의 선거에서는 이 출근인사를 '아지'라고 부른다 한다. '아침부터 하는 지랄'이라는 속된 말을 줄여서 부르는 말이다. 이런 표현이 말해주듯 그저 공손하게 인사만하는 것은 출근인사가 아니다.

앞서 밝힌 바와 같이 출근인사야말로 우리의 세를 보여주는 것이다. 하지만 선거운동원의 수는 경쟁후보 측과 동수이다. 어느 쪽이 더 활발한 움직임과 더욱 밝은 표정을 짓는가가 관건인 것이다. 그렇다면 후보는 이 출근인사에 함께 해야 하는가?

당연히 함께 해야 한다. 우리는 지방선거나 국회의원 선거에 나선 후보들의 출근인사 광경을 수도 없이 보아왔다. 그러나 그때 대부분의 후보들은 율동을 하고 용맹무쌍하게 인사를 하는 선거운동원들의 뒤편에서, 양복을 입은 채 명함을 돌린다. 혹은 그저 말뚝처럼 서서 지나는 사람들에게 인사를 한다.

그러나 이렇게 해서는 표를 모을 수도, 감동을 줄 수도 없다. 이때 후보가 가장 신경을 써야 할 사람은 선거운동원들이다. 그들이 신명나게 선거운동을 하는 모습이 지나는 차 안의 유권자들이나 길을 지나는 사람들에게 후보의 기세를 느끼게 해주는 것이다.

그러기 위해서는 당연히 출근인사를 하는 다른 선거운동원들과 보조를 맞춰야 한다. 뒷전에 물러나 있지말고 앞으로 나서야 한다. 체면을 말하거나, 돈 주고 고용한 사람들이라는 생각을 하는 순간 당신의 내일은 더 이상 없다는 점을 명심해야 한다.

출근인사가 끝나면 대부분 캠프로 돌아와 조회를 한다. 이 조회는 전략회의가 아니다. 그야말로 선거대책본부 전체의 회의다. 이 회의에서 무언가를 논의할 필요는 없다. 모두 같이 얼굴을 부딪치고, 격려하고 위로하는 자리다. 앞서 설명한 것처럼 가벼운 율동이나, 구호, 노래 등으로 사기를 올리는 것이 중요하다. 그리고 이때 후보는 전세와는 상관없이 밝은 모습으로 캠프조직원 모두와 지지자들에게 고마움을 표시해야만 한다.

지지자들을 중심으로, 늘 그들과 함께 하라

그 뒤의 후보일정은 두 가지로 나누어 생각할 수 있다. 하나는 지지자들을 만나러 다니는 것이고, 다른 하나는 유세에 참석해서 유세연설을 하는 것이다. 모든 지지자 방문 활동은 캠프에 찾아올 수 없거나, 찾아오는 것이 어색한 지지자들을 손수 만나러 가는 일정으로 만들어야만 한다.

엉뚱한 곳에 가서 새로운 지지자들을 만들 수 있을 것이라는 기대는 버려라. 그저 그림 되는 일정을 잡아서 무작정 쳐들어가는 것으로는 아무 것도 얻을 수 없다. 누군가가 자리를 만들어서 겨우 끼워주는 곳에서도 얻을 것이 별로 없다. 한정된 시간을 최대한 활용하기 위해서는 철저히 자신을 지지해주는 사람들 중심으로 그들과 함께 해야만 한다.

다음은 후보의 유세연설이다. 유세연설은 크게 세 가지가 있다. 첫째는 캠프운동원들과 지지자들을 대상으로 선거의 시작과 필승을 다짐하는 연설이고, 둘째는 각 지역이나 직능에 맞도록 만들어진 연설이며, 마지막으로 선거를 마치며 그간의 노고에 감사함을 표하며 선거에 마침표를 찍는 연설이다.

첫 번째 유세연설의 경우 지지자들에게 명분을 일깨워 가슴을 뛰게 하는 것이 중요하다. 이 때의 내용은 전투에 임하기 전 사령관이 마지막 일성으로 병사들을 독려하는 연설과 같아야 한다. 이때에는 비장한 각오와 결연한 의지를 각각의 가슴 속에 심어주는 일이 필요할 것이다.

두 번째는 각 지역이나 직능에 맞도록 만들어내는 유세연설이다. 물론 모든 유세에 공통적으로 해야 할 뼈대는 선거기조와 후보콘셉트에 의한 것이어야 하지만 시작과 끝은 달라야 한다.

이처럼 그 지역이나 직능에 맞도록 연설을 하기 위해서는 그들의 특징을 제대로 파악하는 일이 우선되어야 할 것이다. 파악된 상황에 맞도록 그 지역이나 직능이 가장 애로를 겪고 있는 무엇, 혹은 가장 염원하는 무엇을 먼저 꺼내들고 다가갈 때 그들은 비로소 당신의 말에 귀 기울이게 될 것이다.

그리고 그 문제의 해결을 당신의 선거기조에 녹여 넣어야만 한다. 그리고 끝낼 때에는 늘 '바로 당신이 도와주지 않으면 나는 당신이 원하는 것을 해줄 수가 없다. 결국 이 일은 당신들이 하는 것이다.' 라는 점을 강하게 부각시켜야만 할 것이다. 여기에 더해 'Coming Soon'을 약속하는 것도 좋은 방법.

세 번째는 마지막 날 유세에 있을 휘날레 유세연설이다. 이때는 철저히 '우리는 해냈다. 나는 끝까지 여러분과 함께 할 것이다. 그동안 고생해줘서 정말 고맙다. 이제는 내가 하겠다.'로 말해야 한다. 설사 지는 것이 뻔한 선거라 하더라도 이렇게 말할 수 있는 후보라야만 내일이 있다.

> **Point**
>
> ### 3-6. 선거유세와 선거운동
>
> - 유권자들의 심리와 지역의 지리적 환경을 잘 알고 유세계획을 짜라.
> - 특별한 첫 행보나 유세 집중사안은 언론의 주목을 받을 수 있다.
> - 전체 선거운동 기간을 크게 세 개 정도의 큰 테마로 구성하라.
> - 최소 1일 5회 이상은 후보와 함께 하는 집중유세가 필요하다.
> - 이기는 후보는 조용히 하고 싶고, 쫓는 후보는 시끄럽게 하고 싶다.
> - 유세차의 용도는 유권자들을 향한 홍보와 유세장 분위기를 띄우는 것.
> - 유세차의 디자인은 다른 홍보물들과 같은 기조를 유지하도록 하라.
> - 특이한 차종도 좋으나, 골목길 주행이나 디자인상의 문제점들을 고려하라.
> - 로고송은 시끄러운 음악이 아닌, 밝고 경쾌한 곡을 골라야 한다.
> - 노래 가사 또한 겸손하고 미래지향적인 후보의 모습을 담는 것이 좋다.
> - 동영상과 로고송은 가급적 단순한 구호적 형태로 제작하라.
> - 유세팀의 임무는 지지자들과 유권자들의 분위기를 띄우는 것이다.
> - 모든 선거운동에는 '이길 수 있다, 이기고 있다.' 가 드러나야 한다.
> - 후보, 유세조직, 선거운동원, 지지자가 모두 함께 어울리는 판을 만들라.
> - 선거운동에서 후보가 가장 신경을 써야 하는 사람은 선거운동원들이다.
> - 철저히 자신을 지지해주는 사람들을 중심으로 그들과 함께 하라.
> - 출정식 유세연설은 지지자들의 명분을 일깨워 가슴을 뛰게 하라.
> - 지역이나 직능 유세연설은 그들의 특성에 맞도록 기획하라.
> - 마지막 유세연설의 기조는 '감사' 와 '승리' 다.

선거**전략** & 선거**캠페인**

3-7

3부 : 선거운동과 선거캠페인

언론과 방송을 활용한 선거운동

상대후보는 버리고,
유권자와 대화하라!

선거에 있어 방송이나 신문 등 언론이 끼치는 영향력이 점점 커져가고 있다. 합동연설회가 없어지면서 후보들은 TV를 통해 유권자들을 만나게 된다. 지방의원들의 경우에는 방송을 통한 선거운동의 길이 아직 열려 있지 않으나, 광역단체장 선거나 국회의원 선거의 경우에는 TV를 통해 유권자들을 대면할 수 있다.

이렇게 방송이나 신문 등 언론을 통해 선거에 영향을 줄 수 있는 툴은 언론활동, 신문광고, 경력방송, 방송연설, 방송토론 등 다섯 가지가 있다. 그러나 지역선거에 있어서는 광역단체장 외의 선거에 신문광고를 활용할 수 없도록 되어 있다. 때문에 여기서는 신문광고에 대한 내용은 언급하지 않도록 한다.

　대체로 언론활동은 크게 두 가지로 다시 나뉜다. 그 중 첫째는 인맥을 이용해서 언론을 보다 적극적으로 활용하는 것이며, 두 번째는 언론에 알려질 수밖에 없는 화제의 행동이나 사건을 일으켜 이를 언론에서 받아 쓸 수 있도록 하는 방법이다.

특이한 행보, 유세, 선거운동을 기획하고, 이를 보도자료화하라

　광역단체장선거의 경우에는 늘 언론이 따라붙지만 기타의 지역선거들에는 후보자 한 사람 한 사람을 따라다니는 언론이 흔치 않다. 대부분 언론들은 후보자의 홍보팀과 연락을 취하는 방법으로 취재를 하고, 그 내용을 중심으로 기사를 쓴다.

　접전지역이나 화제의 선거구는 비교적 언론의 '수혜'를 받는 편이지만 선거기간 내내 기사 한 줄 나가지 않는 후보들도 수두룩하다. 보다 적극적인 언론활동을 위해 홍보팀은 후보자프로필, 기본공약, 후보자의 사진 등을 모아 프레스킷을 준비해두어야 한다.

　그러나 이러한 준비는 매우 기본적인 것에 불과하며, 이렇게 보도되는 기사는 경쟁후보들과 비슷한 수준에서 처리된다. 적극적으로 기사를 내보내기 위해서는 인맥 등을 동원해서 기자들과 보다 적극적인 정보교환 등의 루트를 마련해놓는 것이 좋다.

　하지만 그렇다고는 해도 단지 그것만으로 경쟁후보보다 많은, 혹은 좋은 기사를 기대하기는 어렵다. 신문이라는 구조는 아무리 기자가 썼다고 해도 그것이 데스크를 통과하지 못할 경우 보도될 수 없으며, 모든 데스크들은 후보 간의 형평을 맞추기 위해 애쓰고 있기 때문. 따라서 이러한 교류는 자신에 대한 네거티브성 기사를 미리

통보받을 수 있는 수준의 느슨한 관계 정도로 정리해 두면 된다.

오히려 특이한 행보나 유세, 선거운동 등을 기획해서 이를 보도자료화 하는 편이 후보의 기사를 보다 많이 내보낼 수 있는 방법이다. 이 경우에는 상대후보와의 형평성보다는 비슷한 일을 한 다른 지역구의 후보들과 함께 기사화되는 경우가 많다.

물론 선거철이 되면 기자들 역시 참신한 기사에 목이 마르다. 심지어 후보들이 체력유지를 위해 어떤 음식을 먹는지, 특별한 치료방법이나 스트레스 해소방법 같은 것들이 있는지를 모아 기사나 보도로 내보내는 경우도 적지 않다. 따라서 캠프는 이러한 자극적 내용들을 기획하고 이를 보도자료화 하여 각 언론사에 적극적으로 보내는 노력을 기울여야 할 것이다.

언론을 통해 후보를 알리는 또 다른 방법은 경력방송이다. 경력방송은 국회의원 선거 및 지방단체장 선거에 활용된다. 선거관리위원회가 후보자들의 사진·성명·기호·연령·소속정당명·직업 및 기타 주요경력을 취합하여 라디오는 300자, TV는 100자 이내로 작성, 이를 매회 2분 안쪽으로 지역방송을 이용하여 송출하게 된다.

캠프가 이를 위해 특별히 준비할 것은 없지만 제한된 시간으로 진행하는 것이니만큼 특히 어떤 주요경력을 내보낼 것인지에 대해서는 고민해둘 필요가 있다. 선거관리위원회의 요청이 있기 전 미리 준비해두는 것이 좋다.

다음은 방송연설이다. 방송연설은 후보가 직접 방송국의 방송시간을 사서 10분 이내로 진행하게 되어 있다. 하지만 앞뒤 프로그램상 꼭 필요한 시간들을 빼면 실제 연설시간은 약 8분 20초 내외로 편성되는 것이 일반적이다.

감성을 이끌어내지 못하는 방송연설은 무용지물

광역단체장 선거의 경우에는 텔레비전과 라디오를 각 5회씩 이용할 수 있으며, 국회의원 선거와 기초단체장 선거는 각 2회, 광역의원선거는 각 선거구마다 선임된 대표 1인이 각 1회에 걸쳐 방송연설을 할 수 있게 되어 있다.

공중파의 경우 광고료가 매우 비싸기 때문에 선거비용의 초과를 주의하여야 한다. 이런 이유로 지역케이블 방송을 이용하는 후보들도 있지만 이 경우에는 그 효과가 낮을 수밖에 없을 것이다. 지역방송사들은 선거기간 이전에 시간배정과 금액을 산정해서 각 캠프에 통지하고 영업에 나선다. 기왕에 집행할 바에야 좋은 시간대를 고르기 위해 미리 시간을 잡는 것이 유리하다.

방송연설에 있어 가장 중요한 것은 처음 시작 후 20초다. 이때 유권자들의 시선을 끌지 못한다면 그 이후의 연설은 아무 소용이 없을 것이기 때문이다. 이 20초 동안에 유권자들을 텔레비전 앞에 묶어 두는 방법은 무엇인가? 개인과 개인의 만남에 있어서도 첫인상이 매우 중요하다. 그리고 그 첫인상은 편안한 것이 좋다. 따라서 후보는 방송연설을 연설이라고 생각하지 말고, 유권자 한 사람과 대화를 나눈다고 생각하면 좋을 것이다.

훌륭한 방송연설의 대부분은 자신의 성장과정으로 시작된다. 그것도 가급적 서민적인 모습, 고생한 이야기 등이 주를 이룬다. 물론 무거운 주제보다는 가볍고 친근한 주제가 좋다. 유권자들 스스로 예전 자신의 과거를 떠올릴 수 있도록 하면 더욱 좋을 것이다.

처음부터 절정으로 치달을 필요는 없다. 전달하고자 하는 내용보다는 어떻게 전달하느냐가 더 중요하다. 때문에 이성적으로 설득하기에 앞서 충분히 감성적으로 공감하게 만들어야 한다. 그래야만 이성적 설득도 가능해진다. 할 수만 있다면 끝까지 감성적 호소로만 끌고 가도 좋다.

가급적 후보연설은 몇 개의 일화들을 준비하고, 그 일화들과 연결된 몇 개의 논리로 구성해 원고를 완성하는 것이 좋다. 이렇게 될 때 유권자들은 보다 쉽게 그 내용을 파악하게 될 것이다. 이러한 연설에서 후보가 교훈조의 얘기를 하거나 단정적인 어투를 사용하는 것은 금물이다. 주장을 펼치기보다는 사실을 중심으로 담담히 풀어나가는 것이 좋다.

원고를 작성할 때 가장 유의해야 할 점은 유권자들의 언어를 써야 한다는 점이다. 가급적 문장구조도 복잡하지 않도록 구성하고, 문장의 여운에 유의한다면 보다 유권자들의 감성을 이끌어내는데 도움을 받을 수 있을 것이다.

물론 그 속에는 선거기조와 후보콘셉트, 그리고 중심공약이 들어가야 할 것이다. 하지만 시간이 길지 않기 때문에 너무 욕심을 내는 것은 금물이다. 후보의 말 빠르기 등을 고려해서 작성된 원고를 후보가 충분히 연습하는 것이 중요하다.

그들의 감성을 충분히 이끌어낼 수 있도록 빠르기와 강약을 조정하여야 하며, 남이 써준 원고를 그냥 읽는다는 느낌을 주어서는 안 된다. 후보는 충실히 감정을 담아 연기한다는 기분으로 연설에 임할 필요가 있다. 카메라에 익숙하지 않은 후보라면 복장이나 손짓, 표정 등에 대해 전문가의 도움을 받는 것도 좋겠다.

마지막으로는 방송토론이다. 방송토론은 다른 어떤 언론활동들보다 중요하다. 상대적으로 시청률도 높고, 노출시간도 길며, 경쟁후보들과 함께 유권자들 앞에 나서는 유일한 시간이기 때문이다.

자신감을 가지고 유권자 중심의 토론을 하는 것이 중요하다

대부분의 후보들은 방송토론에 앞서 매우 긴장하게 된다. 방송이라는 매체 자체가 긴장감을 더해주는 영향도 크다. 방청객이 있고, 카메라가 두 세대 이상씩 돌아가는 생방송은 방송프로들에게조차 긴장되는 일이다. 모니터에 자신의 모습이 보이고 카메라에 불이 들어오니 머릿속이 하얗게 되더라는 후보도 많다.

그럴 때는 이 세상에 나보다 TV토론을 잘하는 사람은 없다는 자신감을 갖는 것이 가장 중요하다. 사회자와 패널, 그리고 상대후보를 한 수 아래로 생각하는 것도 좋다. 물론 그렇다고 거만한 태도를 보이라는 것은 아니다. 이러한 자신감은 학습에서 나온다. 때문에 방송토론에 앞서 후보는 지역정책과 정치현안들에 대해서 많은 학습을 해둘 필요가 있다.

그러한 문제들에 대해서 막힘이 없을 때 자신감이 생기기 때문이다. 그런 뒤에라야 경쟁후보에 대한 공격이나 자신의 문제들에 대한 수비에 신경을 기울일 수 있다. 실제로 많은 후보들은 방송토론 후에 큰 시험을 하나 마친 느낌을 받는다고 한다. 리허설도 긴장을 줄여주는 방법이다. 토론 이전에 몇 차례의 리허설을 가급적 방송국과 비슷한 환경에서 진행해보는 것이 좋다.

간혹 뒤지고 있는 후보가 방송토론을 계기로 판을 뒤집겠다거나 득점을 하겠다고 공격적으로 변하는 경우가 종종 있는데, 그것은 방송토론에서 가능하지 않은 일임을 기억해야 한다. 지역선거에 있어 방송토론은 득점을 위한 찬스가 아니라, 실점을 하지 않아야 하는 일종의 장애물경기다.

　물론 주도권을 갖는 것은 중요하지만, 토론을 일방적으로 이겨야 한다는 부담을 가질 필요는 없다. 그저 내가 가려는 길을 선 굵게 걸어가는 느낌으로 임할 필요가 있다. 그렇다면 여기서 이기는 TV토론을 위해 알아두어야 할 내용 열 가지를 살펴보자.

　첫째, 늘 유권자들이 주인공이라는 사실을 기억하라. 선거 때에 이 유권자라는 말은 후보의 언어요, 캠프의 언어요, 선관위의 언어다. 광역단체장 선거에 나서는 사람들에게는 시민, 기초단체장 선거에 나가는 사람들에게는 구민, 국회의원으로 출마하는 사람들에게는 주민 내지는 구민으로 부르는 것이 맞다. 그들을 주인공으로 만들어주는 단어의 선택이 필요하다는 것.

　때문에 후보의 성과를 내세우는 것도 안 된다. 모든 성과들은 '우리 시민들과 함께 이뤄낸' 이라는 말을 앞에 달아야 하며, '나 잘났다' 식의 표현이나 '내가 해낸' 식의 표현은 피하는 것이 좋다.

　상대후보에게 질문을 할 때에도 늘 내가 묻는 것이 아니라 유권자가 묻는 것으로 해야 한다. '이러이러한 문제에 대해 시민 여러분들께서는 매우 걱정하고 계십니다. ○후보께서는 이 문제에 대해서 속 시원히 해명을 해주시기 부탁드립니다.' 식이어야 한다는 것.

　이렇게 되면 매우 공격적인 질문도 꼭 필요한 질문, 유권자들이 궁금해 해서 대신 물어주는 질문으로 우회시킬 수 있게 된다. '나는 이렇게 생각한다. 그런데 넌 나와 생각이 다르구나. 싸우자.' 이것은 결코 좋은 토론의 방법이 아니다. '넌 국민들과 생각이 다르구나, 국민들과 싸우자는 거냐?' 식의 토론이 되도록 해야만 한다.

　상대후보를 의식하지 않는 것이 진정한 유권자 중심의 토론이다.

많은 후보들은 상대후보를 의식한다. 내가 안 한 얘기를 경쟁자가 얘기하면 '아차, 저 말을 했어야 했는데.' 라고 생각하고, 내가 한 얘기를 상대후보가 안하면 '내가 그 얘길 괜히 했나?' 라고 생각하게 되는 후보들이 있다는 것이다. 반대로 생각하자.

사실에 연연하지 말고, 유권자들의 인식에 호소하라

둘째, 패널들이 아니라 시청자를 설득하는 것이 중요하다. 토론 중에 주장을 하거나 질문에 답을 할 때에도 사회자나 상대후보를 쳐다보고 발언해서는 안 된다. 후보의 시선은 늘 카메라를 향해 있어야만 한다는 것. 시선처리와 표정은 물론 손동작 하나까지도 시청자 한 사람을 설득한다는 마음가짐으로 해야만 한다.

통계나 수치도 꼭 필요한 곳에만 쓰고 전문용어는 가급적 쉬운 말로 풀어 써야만 한다. 자신의 전문성을 드러내기 위해 어려운 말들로 설명하는 것은 유권자들을 배려하지 않는 것이 된다. 말투 역시 연설하듯 말하거나 세미나를 하듯 말하면 안 된다. 시청자 한 사람을 세워놓고 그 사람이 잘 설득될 수 있도록 조곤조곤 말할 수 있으면 최상이다.

상대후보가 답변하는 동안에도 카메라가 비춰질 수 있으니 늘 자세에 신경을 써야만 한다. 상대후보의 말을 들으며, 화급하게 무언가를 적는다든지 하는 모습은 좋지 않다. 상대후보의 답변에 아랑곳 않고 자신의 원고를 뒤적이는 모습도 좋지 않다. 여유 있는 모습으로, 그러나 경청한다는 느낌의 진지함을 보여주어야 할 것. 언제나 시청자들을 의식해야만 한다.

셋째, 유권자들의 인식에 호소하라. 사실과 인식은 다르다. 유권자들에게 사실을 설명하려고 애쓰지 말고, 그들의 인식을 바꿔놓을 수 있도록 말하라. 어떤 후보들은 유권자들에게 사실을 정확히 설명하는 것에 목숨을 건다. 하지만 그것은 자칫 변명으로 보일 수도 있으며, 현황만을 말하고 있는 사람으로 비춰질 수도 있다는 것.

후보는 상대후보에게 답하는 것이 아니라, 유권자들에게 자신을 표현하고 있다는 점에 유의해야만 한다. 때문에 사실을 많이 말하는 것이 중요한 것이 아니라, 내가 이렇게 말하는 것이 유권자들에게 어떻게 인식할 것인가에 주목해야 한다.

넷째, 늘 여유를 잃지 말라. 질문을 받았을 때에는 상황에 따라 던질 수 있는 첫 멘트를 연습해둘 필요가 있다. 이를테면 '이 문제에 대해 답할 수 있는 기회를 주셔서 감사합니다.'와 같은 표현은 언제나 쓸 수 있는 멘트다. 정책문제 등에 대해서는 '좋은 지적이십니다.' '아주 날카롭게 지적해주셨습니다.' 등도 좋은 대응이다.

그러나 상대의 의견에 반론이 있을 경우에는 '전 생각이 다릅니다.' '그건 이렇습니다.' 등으로 단호하게 시작하는 것도 좋다. 특히 자신의 신상에 대한 질문에 부정해야 할 경우에는 '그것은 전혀 사실과 다릅니다.' '오히려 저보다도 저에 대해 더 많은 정보를 가지고 계시는 것 같습니다.' 등으로 대처해야 한다. '예, 이 문제에 대해 해명할 수 있는 기회를 주셔서 감사합니다.' 식으로 상대공격의 예봉을 희석시키는 것도 방법이다. 이런 질문에 대해 '그것이 아니고' 식의 답변은 변명으로 보이기 쉽다.

특히 사회자나 패널들의 질문에 대해서는 가급적 긍정을 많이 해주는 것이 좋다. 순발력을 테스트하기 위한 곤란한 질문에도 급하게 답부터 말할 것이 아니라, '참 재미있는 질문입니다.' '아주 기발한 발상입니다.' 식으로 말을 받아주고 가는 것도 좋다.

특히 시간적 여유를 갖기 위해서는 늘 두괄식으로 답하는 습관을 들이는 것이 좋다. 모든 방송토론에는 시간제한이 있기 마련이다. 그래서 언제나 후보는 쫓기는 마음이 된다. 때문에 귀납법은 좋지 않다. 늘 두괄식으로 말하고, 그 이유를 설명해야 한다. 가장 기본적인 순서는 결론, 문제의 정의, 비전제시의 순이다. 가급적 나열식 답변을 피하고 '다 말씀드릴 수는 없지만 가령.' '한 두 가지 예를 든다면' 등으로 정리하는 것이 좋다.

질문의 틀에 갇히지 말고, 스케일을 키워라

다섯째, 논리보다는 감성적으로 접근하라. TV토론에 있어 논리는 그다지 중요하지 않다. 유권자들과 정서적 공감대를 형성하는 것이 더 중요한 일이다. 유권자들은 지도자를 선출함에 있어 전문성보다는 신뢰를 더욱 중요하게 생각한다.

때문에 무엇을 말하느냐에 못지않게 어떻게 말하는지가 중요하다는 점을 명심하자. '대단히 중요합니다, 무엇이 필요합니다.' 가 아니라, '그래서 저는 무엇을 추진하겠습니다, 해내겠습니다.' 라는 강한 의지 표명이 더 설득력 있다는 것.

답을 하기에 급급하기보다는 먼저 유권자의 입장을 걱정해준 뒤에 이야기를 시작하는 것도 방법이다. 예컨대 일자리문제가 나오면, '예. 그렇습니다. 지금 우리 지역의 많은 주민 여러분께서 이 일자리문제로 고통 받고 있습니다. 걱정이 이만저만이 아닙니다. 기껏 아이 대학 졸업시켜놓았더니……그래서 저는 246시스템을 제안합니다. 246시스템이란…….' 등으로 문제를 풀어가라는 것.

여섯째, 질문의 프레임에 갇혀서는 안 된다. 미처 대답을 준비하지 못한 질문을 만날 수도 있다. 그렇다고 해서 허둥댈 필요는 없다. 오히려 질문의 내용을 한 차원 더 끌어올려서 그 원칙과 비전을 제시할 수 있는 기회이기도 하다는 것. 어떤 곤란한 질문에도 시종 여유 있는 표정과 자세로 임해야만 한다.

전혀 알 수 없는 어려운 질문이나 공세적 질문이라면 진지한 표정으로 '모르고 있음'을 솔직히 시인하는 것도 나쁘지 않다. 다만 이렇게 시인을 한 뒤에는 역시 마찬가지로 상위의 개념으로 올라가 질문을 해석하고, 그에 답변해야 할 것이다.

특히 공격적 질문을 받았을 때, 그 문제의 덫에 걸려 쩔쩔매는 모습을 보이게 되면 마치 이 문제를 만든 주체가 변명하는 것으로 오해를 받을 수도 있음에 유의하자. 더욱이 시간을 넘기면서까지 애써 더 얘기하려 애쓰는 모습은 변명하는 것으로 보일 수 있다. 시종 여유 있는 모습으로 천천히 대응해야 할 것이다.

일곱째, 정치적인 이슈에 대해서는 늘 상대입장을 배려하라. 정치적인 이슈란 결국 대립이 있는 질문이다. 이런 경우 어느 쪽이라고 답해도 다른 쪽은 불만을 갖기 마련이다. 이때에도 유권자들의 어려움을 이해하고 함께 고민하고 있음을 먼저 말해야만 한다.

그리고 내 의견을 말하기 전에 상대의견이 충분히 일리 있음을 인정해 주는 예의를 보이는 것이 좋다. 상대의견을 먼저 구구절절 말하고, 그럼에도 불구하고 '이런이런' 이유 때문에 이렇게 할 수밖에 없음을 역설해야만 한다.

여덟째, 네거티브를 피하고 스케일을 키워라. 상대방의 문제를 물고 늘어지는 것은 선거에서 불리하다는 것을 자인하게 되는 경우가 많다. 꼭 말해야 할 사실이 있다하더라도 그것이 네거티브인 경우에는 후보가 직접 말해서는 안 된다는 것. 특히 지역선거의 경우는 인구가 적고 범위가 좁기 때문에 TV가 아닌 지지자들의 입소문만으로도 얼마든지 전파가 가능하다.

 TV를 통해, 그것도 직접 후보가 네거티브전략을 펼칠 경우 그것은 상대방의 약점을 물고 늘어지는 것으로 비치게 된다. 설사 이 전략이 성공한다 하더라도 인격적인 면에서의 득점을 얻기가 어려울 것이다. 네거티브전략은 유권자들의 투표욕구를 저하시키며, 이것은 자신의 지지자들에게도 영향을 미치게 된다. 문제의 사안을 국소적으로 몰고 가는 것도 네거티브전략과 비슷한 결과를 초래한다.

상호토론의 프로세스를 이해하고 사전에 대비하라

 아홉째, 상호토론의 프로세스를 정확히 이해하고 사전에 대비하라. 상호토론에서 가장 나쁜 것은 '왕따' 다. '악플보다 더 나쁜 것이 무플이다.' 라는 말이 있다. 대선을 위한 TV토론에서 민노당의 노회찬 의원은 '제발 우리에게도 의혹을 좀 제기해달라.' 는 명언을 남겼다. 물론 이 말은 의혹이 없음을 간접적으로 홍보한 것이기도 하다. 하지만 3자구도의 상호토론에서 가장 무서운 것은 두 사람이 서로 경쟁하며 자신을 빼놓는 것.

 그리고 반대로 자신도 상대들 중 한 사람을 '왕따' 시킬 수 있다는 점을 기억하자. 물론 질문시간은 양쪽 모두에게 공평하게 하도록 되어 있다. 한 사람에게만 질문할 수는 없다는 것. 하지만 A를 공격하고 싶고, B를 무시하고 싶을 경우 A에게는 공격적 질문을, B에게는 'A후보가 이렇다는데 A후보가 문제 있는 것 아니냐.' 는 식의 질문을 던지면 B후보는 유권자들의 관심으로부터 지워질 것이다.

특히 상호토론의 꽃은 보충질의다. 많은 사람들이 보충질의는 답변이 충분치 않은 경우에 하는 것으로 생각한다. 하지만 그렇지 않다. 효과적인 보충질의는 상대의 답변을 충분히 예상해서 구성하는 것이다. 1차 답변과 2차 답변 사이에서 상대후보가 자가당착적 상황을 연출하게 만드는 것이 기술이다.

1차 질의 후 '예, 그렇게 생각하시는군요. 그런데 0월0일자 ○○○에는 ○후보님께서 ○○○이라고 말씀하신 것으로 기사가 실렸던데 좀 전에 주신 답변과는 매우 다르군요. 설명해주실 수 있겠습니까?' 식의 질문을 던지게 되면 상대후보는 매우 당황하게 될 것이다.

공격적 질문을 해야 할 때의 핵심은 결국 상대방을 틀에 가두는 것이다. 질문시간이 결코 짧지 않다는 것을 십분 활용해야만 한다. 후보는 질문시간 동안 유권자들에게 상대후보가 문제 있다는 점을 충분히 주지시키고 난 뒤, '그 중 한 가지만 묻자.' 고 상대에게 말한다. 이럴 경우 서툰 상대후보들의 대부분은 그 마지막 한 가지에만 집중하게 된다. 그러나 그때 이미 유권자들은 당신의 질문을 들으며 상대를 '문제 있는 후보' 로 지목하고 난 뒤라는 것.

이런 이유로 상호토론은 TV토론 준비에 있어 가장 많은 시간을 할애해야할 일로 꼽힌다. 상대를 면밀히 파악하고, 그 행적들을 따져둔다면 이러한 때에 적절히 대처할 수 있을 것이다. 그리고 그 내용들을 어떻게 토론 속에 잘 담아내느냐가 관건이라 하겠다.

열 번째, 자신 있는 이슈를 일관성 있게 밀고 나가라. 그때그때 토론주제에 맞게 메시지를 개발할 필요가 있으나 회차가 거듭될 때마다 굳이 새로운 이슈를 만들려고 애쓸 필요는 없다는 사실에 유의하

자. 후보들 대부분은 여러 차례의 토론이 있을 경우, 그때마다 다른 이슈를 제기해서 득점을 하고 싶어하는 경향이 있다. 하지만 유권자들은 같은 토론을 여러 차례 보지 않는 경우가 대부분이다. 자신 있는 이슈를 중심으로 한 집중공략이 득점요인이다.

> **Point**
>
> ### 3-7. 언론과 방송을 활용한 선거운동
>
> - 효과적인 언론활동을 위해 인맥을 확보하라.
> - 특이한 행보, 유세, 선거운동을 기획하고, 이를 보도자료화하라.
> - 방송연설은 후보의 일화들을 중심으로 감성에 호소하라.
> - 유권자들의 언어를 쓰고, 연기하듯 임하라.
> - 방송토론에 있어 가장 중요한 것은 긴장을 풀고 자신감을 갖는 것.
> - 충분한 학습과 리허설이 중요하다.
> - 주도권을 갖는 것은 중요하지만 큰 차이로 이기겠다는 부담은 갖지 말라.
> - 늘 유권자들이 주인공이라는 사실을 기억하라.
> - 패널들이 아니라, 시청자를 설득하는 것이 중요하다.
> - 유권자들의 인식에 호소하라.
> - 늘 여유를 잃지 말라. 그러기 위해 두괄식 답변습관을 길러라.
> - 논리보다는 감성적으로 접근하라.
> - 질문의 틀에 갇혀서는 안 된다.
> - 정치적인 이슈에 대해서는 늘 상대입장에 있는 유권자들을 배려하라.
> - 네거티브전략을 피하고 스케일을 키워라.
> - 상호토론의 프로세스를 정확히 이해하고 사전에 대비하라.
> - 자신 있는 이슈를 일관성 있게 밀고나가라.

선거 전략 & 선거 캠페인

3-8

3부 : 선거운동과 선거캠페인

디지털과 여론조사를 활용한 선거운동

알고 쓰면 약이지만,
모르고 쓰면 낭비다!

ARS시스템을 캠프에 들여놓고 선거운동이나 여론조사를 수시로 실시하라며 장사를 하는 사람들이 있다. 하지만 선거를 위해 그런 장비를 꼭 구입해야 하는가에 대해서는 의문이 있다. 특히 ARS선거운동에 대해서는 반대다. 당신도 ARS로 각종 광고나 여론조사를 경험한 적이 있을 것이다. 과연 ARS라는 방식으로 호감을 줄 수 있는 선거운동이 가능할까?

디지털선거운동의 환상을 버려라

ARS여론조사 역시 선거법상의 예산 등을 감안할 때 적합한 조사방법이 아니라는 결론을 도출할 수 있다. 뿐만 아니라, 캠프 내부에서 이러한 조사과정 전체를 효과적으로 컨트롤하기도 쉽지 않다. 필요한 경우에는 외부에 용역을 맡기는 것이 유리하다.

웹사이트를 통한 선거운동도 논란거리다. 대체로 대선이나 광역단체장 선거 등에서는 매우 유용한 수단으로 평가되고 있으나, 총선 등 지역선거에서의 웹사이트 선거운동은 활성화되지 못하고 있다. 아직까지는 웹사이트가 전자브로슈어의 역할에 그치고 있는 것.

콘텐츠를 잘 정리해서 웹사이트를 찾는 사람들에게 정확한 정보를 주는 선에서 관리하는 것이 무난하다. 일부 캠프는 아르바이트생을 동원해서까지 웹사이트를 활성화시키기 위해 노력을 기울이기도 하지만 투입대비 효과는 매우 적다.

자원봉사자들 중 웹사이트를 잘 활용할 수 있는 사람들이 있다면 이들을 적극적으로 활용하여 선거운동을 펼치는 것도 고려해볼 만하다. 결국 선거란 일정한 노동의 투입과 그 성과를 통해 자부심을 갖게 하고, 책임감을 갖게 하는 조직적 운동의 하나이기 때문이다.

때문에 자원봉사자들 몇몇이 UCC를 만들고, 방송국을 운영하는 등의 활동을 하는 것과 동시에, 자신과 친분이 있는 사람들로 하여금 웹사이트에 들르게 하고, 이슈를 자체생산해내면서 상대후보와 대립할 수 있다면 비로소 웹사이트를 통한 선거운동이 가능해진다 하겠다.

하지만 캠프가 기획하고, 웹사이트를 운영하면서 사람들을 불러모으는 일은 그리 쉬운 일이 아니다. 웹사이트보다 훨씬 더 재미있는 TV채널이 수십 개이고, 인터넷방송이 수천 개이기 때문이다. 결국 도구가 중요한 것이 아니라, 그 도구를 둘러싼 사람들이 중요하다는 것이다.

메일을 통한 선거운동도 가능하게 되어 있지만, 불법으로 메일주소를 확보하거나, 메일주소를 돈으로 사서 선거운동을 하는 것은 아무런 도움이 되지 않는다.

메일은 확보된 우리의 당원들과 지지자들의 메일주소로 정기적인 활동보고서를 보내는 선에서 활용하면 좋다. 활동보고서에는 우리 선거의 의미와 명분, 후보의 인물사 시리즈, 선거를 중심으로 한 간단한 정치동향, 지지확산을 위한 대응방법 시리즈, 선거운동을 위한 일정 등이 포함되어야 할 것이다.

메신저를 이용한 선거운동도 효과적인 방법이다. 단, 콘텐츠의 질과 확산의 범위가 비례함을 명심해야 한다. 재미있고 기발하게 꾸민 문서를 준비하되, 그 메시지는 부동층을 설득할 수 있는 것이거나, 우리에게 유리한 이슈가 담기도록 해야 한다. 이렇게 만들어진 문서를 보낼 때에는 '이 문서를 당신의 메신저에 등록된 모든 친구들에게 보내주세요.' 라는 메시지와 함께 전달되어야 할 것이다.

우리 편의 독려를 위해 통신기기를 활용하라

선거법상 문자메시지를 통한 선거운동은 가능하도록 되어 있다. 하지만 컴퓨터 등을 통해 집단으로 전송하는 문자메시지는 불법이다. 따라서 문자메시지는 지지자 전체에 활용하기 보다는 핵심활동가들을 중심으로 긴급한 연락이나 지침의 전달 등에 활용하는 것이 좋다. 한 대의 전화기에 100명 이내의 번호를 하나의 그룹으로 저장해두고, 500명에게 다섯 명이 분담하여 발송하면 십 여분 안에 이 모든 사람들에게 연락을 보낼 수 있다. 잘 활용하면 중요한 비상연락수단이 될 수도 있다.

전화기를 이용한 선거운동도 매우 중요한 수단이 된다. 그러나 이것 또한 무작위로 추출한 번호에 전화를 거는 것은 무의미하다. 길거리에서 인사를 하며 명함을 건네주어도 받자마자 길바닥에 버리는 것이 예사인 상황에서 전화기를 이용해 지지를 호소하는 것은 유권자들에게 매우 성의 없는 방법이라 느껴질 것이기 때문이다.

전화기를 이용한 선거운동은 다음 두 가지 경우다. 첫째는 우리 지지자들에 대해 지지와 투표를 독려하는 등의 부탁이고, 둘째는 사조직이 벌이는 지인명단 확보 및 지지를 독려하는 활동이다. 이런 관점에서 캠프에서 사용하는 전화는 철저히 사조직 중심 자원봉사자들에 의해 활용되는 것이 바람직하다는 것.

각 사조직의 핵심활동가들이 자신들의 조직명단을 들고 일일이 전화를 걸어 지지를 확산하는 한편, 관내 지인명단을 만들도록 하기 위해 전화보다 더 좋은 것은 없다. 이러한 선거운동은 캠프 내 자원봉사자들의 핵심 업무이기도 하다. 이렇게 만들어진 지인명단은 사조직이 직접 관리하며, 그들을 핵심활동가로 키워내기도 하고 조직과 연계하여 활동하게 할 수도 있을 것이다.

ARS와 마찬가지로 전화를 이용한 여론조사도 그리 쉬운 일이 아니다. 하드웨어만 준비했다고 자체 여론조사가 가능해지는 것이 아니기 때문이다. 방을 따로 만들어 칸막이를 쳐놓고 적게는 5명에서 많게는 40여 명의 여론조사 요원들이 전화를 돌릴 수 있도록 설비를 갖춘 캠프들이 많다.

하지만 이렇게 이루어진 여론조사가 제대로 위력을 발휘하는 경우는 그리 많지 않다. 물론 캠프에 이러한 설비들을 설치했을 경우에는 활용도가 매우 높은 것이 사실이지만 전문적인 조사기획자가 없거나, 조사요원들에 대한 교육이 제대로 이루어지지 않았을 경우에는 공들여 만든 시설이 쓸모없는 시설로 전락할 것이기 때문이다.

각종 여론조사도 알고 봐야 힘이 된다

캠프의 시설을 준비하기 이전에, 전화를 선거운동에만 활용할 것인지, 아니면 여론조사에까지 활용할 것인지를 신중히 판단하여야 한다. 만약 여론조사에까지 활용할 것이라면 조사전문가 고용이 필수적이다.

선거관련 여론조사를 자세히 들여다보면 신뢰수준, 오차범위 같은 말들이 나온다. 신뢰수준이란, 여러 차례 같은 조사를 했을 때 지금과 같은 결과가 나올 확률이다. 그래서 신뢰수준은 %로 표시한다. 오차범위는 조사의 결과가 실제의 표심과 다를 수 있다는 것을 전제로, 어느 정도까지 다를 수 있는가를 표시하는 수치다. 때문에 이것은 ±%로 표시한다.

이것들은 전체 유권자 중 몇%를 상대로 조사했는가와 밀접한 관련이 있다. 하지만 응답률을 표시하는 여론조사는 찾아보기가 드물다. 응답률이란, 전체 통화자 중 전화나 대면조사 시 '나는 이 여론조사에 응하지 않겠다.' 라고 한 사람들의 비율이다. 최근 선거관련 전화여론조사에서 응답률이 20%를 넘는 경우는 극히 드물다. 특히 ARS여론조사의 경우에는 선거가 과열된 지역에서도 15%를 넘는 경우가 거의 없다.

왜 여론조사에 응하지 않을까? 가장 큰 이유는 귀찮아서다. 특별히 지지를 커밍아웃하고자 하는 사람이 아니라면 전화여론조사로 얻을 게 없다. 두번째 이유는 여론조사에 응하기가 내키지 않아서이다. 나는 마음속으로 A후보를 지지하지만, 현재의 분위기상 A후보를 지지하는 것을 드러내는 게 마뜩찮다는 것이다. A후보가 비리에 연루되었거나, A후보를 비난하는 여론이 높을 때가 그런 경우이다.

사정이 이렇다보니 여론조사의 결과로 현재의 표심을 정확히 읽는다는 것은 매우 어려운 일이다. 선거가 한창 진행되면 각 언론사들은 여론조사기관과 연대해서 각종의 여론조사 결과들을 내놓게 되고, 후보들은 그 여론조사 결과에 일희일비하게 된다.

조급한 후보들은 자신의 캠프에서 여론조사를 실시하기도 한다. 하지만 뚜렷한 이유 없이, 단순히 지지율을 확인하기 위해 실시하는 여론조사는 돈 낭비다. 정확한 여론조사가 이루어지기도 힘들 뿐만 아니라, 여론조사를 여러 번 한다고 해서 낮은 지지율이 올라갈 리는 만무하기 때문이다.

그렇다고 여론조사를 전혀 하지 말라는 것은 아니다. 여론조사가 필요한 이유는 따로 있다. 캠프가 주체가 되어 진행하는 여론조사는 크게, 정치지형 조사, 판세분석 등이 있다. 정치지형 조사란 선거에 앞서 전략수립을 위해 실시하는 매우 광범위한 조사다.

판세분석은 선거과정 중에 각 지역별, 성별, 연령별 지지추이를 분석해서 전술에 반영하기 위해 실시하는 조사다. 그러나 이 모든 조사들은 전문가들에 의해 설계되고 실시되는 것이 좋다. 그래야만 분석의 결과가 전략이나 전술에 도움을 줄 수 있기 때문이다.

이처럼 전략과 전술에 영향을 주기 위해 실시하는 조사 외에 선거에 활용될 수 있는 조사에는 캠페인성 조사와 지지확인 조사가 추가적으로 더 있지만 이러한 조사들은 선거법상 문제가 될 수 있는 조사들이다. 따라서 면밀히 검토한 후에 실시해야만 할 것이다.

여론 환기와 정책이벤트 고지를 위한 캠페인성 조사

캠페인성 조사는 이슈를 확산시키기 위한 것과, 우리의 움직임을 알리기 위한 것으로 나뉜다. 이슈 확산을 위한 캠페인성 조사는 우리에게 유리한 이슈가 갑작스럽게 발생했을 때, 이를 보다 폭넓게 알리는 동시에 마음을 정하지 못한 유권자들을 우리 편으로 커밍아웃하게 하는 효과가 있다.

예를 들어 상대정당이 어떤 법제를 무리하게 통과시켰고, 이 법제 통과에 대해 불만을 가질 유권자들이 많을 경우, 그 내용을 정리해서 유권자들의 의견을 묻는 방법이다. 당연히 첫 질문은 법제 통과에 대한 찬반을 묻는 것이다. 단 찬반을 묻기에 앞서 간단한 설명을 통해 그 의미를 전제하고 찬반을 물어야만 한다. 그래야만 반대응답이 많아질 것이다.

다음으로 지지정당을 묻는다. 이때 이미 반대응답을 했던 사람이 그 법제를 통과시킨 상대정당의 지지자였다면, 상대적으로 그 사람은 지지정당의 물음에 '지지정당 없음'을 표하거나, 어쩔 수 없이 우리정당을 표할 수밖에 없다. 이것을 '커밍아웃효과'라고 한다.

그 다음은 A정당의 A후보와 B정당의 B후보 중 누구에게 투표할 것인지를 묻는 질문이다. 우리정당을 지지한다고 말한 사람이라면 상대정당의 후보를 지지한다고 답하기가 매우 난처해진다. 그래서 또 '지지후보 없음', 혹은 '우리정당의 우리 측 후보'로 답하게 된다는 것.

이런 과정을 통해 우리 측 정당에 유리한 이슈가 확산되는 것은 물론, 부동표가 우리 측 후보에게 커밍아웃하게 하고, 이런 훈련효과는 투표에 영향을 미친다는 것. 하지만 이렇게 해서 나온 결과, 즉 지지율은 애초에 믿지 말아야 한다.

당연히 우리 측 후보에게 유리한 결과가 나왔을 테니 말이다. 그렇다고는 해도, 이 조사를 통해 우리 표의 성분분석은 가능하다. 어느 지역에서 지지도가 높은지, 성별과 연령별에서는 어느 층위가 높은지는 확인할 수 있다는 것.

이러한 캠페인성 조사의 경우, ARS가 매우 효과적으로 쓰일 수 있다. 아주 짧은 시간에 우리 선거구의 모든 유권자들을 상대로 캠페인성 조사를 가능하게 하기 때문이다. 하지만 이러한 캠페인성 조사는 적지 않은 비용이 발생한다. 때문에 선거법이 정한 예산범위 내에서 캠페인성 조사를 실시하기는 만만치 않을 것이다.

다음으로 후보가 해온 일들을 알리기 위한 조사가 있다. 특히 이것은 정책분야에서 효과가 매우 높다. 정책공청회의 경우가 대표적이다. 후보가 선거에 앞서 정당의 이름으로 정책공청회를 개최할 경우, 먼저 지역 유권자들에게 전화로 정책의견을 타진하는 조사를 실시할 수 있다.

여러 가지 사안 중에 어떤 사안이 가장 시급한지, 중요한지, 또 그 사안을 해결하기 위한 프로세스로는 어떤 것이 가장 좋은지 등을 묻는 조사이다. 그리고 조사말미에 정책공청회를 소개하고, 유권자를 초대하는 멘트를 한다.

정책이벤트도 마찬가지다. 특정 사안에 대해 모임을 만들고, 이를 통해 조직의 외연을 키워왔다면, 선거를 앞두고 해당 정책에 대한 공청회 등을 열 수 있을 것이다. 물론 이 공청회의 주체 역시 후보가 되어서는 안 된다.

이때에도 앞의 경우와 마찬가지로 해당 정책에 대한 자문을 구하고, 공청회에 초청하는 형식을 빌 수도 있다. 공청회에는 당연히 후보가 발표자로 참석해서 문제 해결의 방법을 제시하고, 해결 뒤에 맞이하게 될 꿈을 보여주어야만 한다.

판세분석과 전술조정이 여론조사의 가장 중요한 이유

그렇다면 지지확인조사란 어떤 것인가? 그것은 선거 때마다 난무하는 명단에 대한 검증조사다. 숱한 사람들이 명단을 들고 와서 그 명단 속의 사람들을 지지하게 만들었다거나, 지지하도록 하겠다는 호언장담을 한다. 그 중 단 1%에게만 전화를 돌려보면 그 사람이 하는 말이 참인지 거짓인지를 입증할 수 있다. 단, 그 전화는 철저히 여론조사의 형태로 구성되어야 한다.

선거 중반을 넘어서면 우리 지지자나 개별 조직들에 대해서도 지지확인 조사가 필요해진다. 우리 지지자와 개별 조직 구성원들의 경우 모두 핸드폰번호가 입수되어 있을 것이므로 응답률은 더욱 높을 수밖에 없다. 이렇게 확인된 지지를 토대로 조직책임자들과 조직 강화 방안을 논의할 수 있을 것이다.

이러한 논의와 새로운 실천계획이 전술이다. 전략적 큰 줄기와는 관계없이 변화한 환경이나, 상황에 맞추어 전술을 운영해가는 것은 조직의 몫이다. 어느 지역의 판세 유·불리를 알았다면 그에 따른 후속조치가 논의되어야 하며, 특정한 성별이나 연령의 지지추이가 다르게 나타난다면 그에 따른 대책이 마련되어야 할 것이다.

앞에서 설명한 바와 같이 전화를 통한 선거운동이나 여론조사는 선거에서 매우 중요한 위치를 차지한다. 하지만 그것들을 활용하기에 앞서 정확한 목적과 결과에 대한 가능성을 충분히 고민하지 않는다면 그 결과는 의도했던 것과는 매우 다르게 나타날 수 있음을 기억해야만 한다.

> **Point**
>
> ### 3-8. 디지털과 여론조사를 활용한 선거운동
>
> - 많은 디지털미디어들이 동원되고 있지만, 지역선거에서는 유용하지 않은 경우가 많다.
> - 디지털미디어들은 부동층을 모아내는 일보다는 우리편의 결속과 지지를 다지는 일에 보다 더 효과적으로 활용될 수 있다.
> - 매우 낮은 응답률로 말미암아 여론조사의 신뢰도가 점점 떨어지고 있다.
> - 여론조사의 지지율에 일희일비하지 말고 판세를 읽어라.
> - 여론 환기를 위한 캠페인성 조사와 정책이벤트 고지용 캠페인성 조사가 있다.
> - 지지확인 조사를 실시하기도 하지만, 결국 중요한 것은 판세분석이다.
> - 판세가 분석되면 그에 따라 전술의 변화나 조정을 실시해야 한다.

감사의 말

선거**전략** & 선거**캠페인**
승리의 고지를 향해!

내 부족함을 일깨워준
집필작업에 감사를!

가장 먼저, 집필을 위한 자료 수집과 분석은 물론 그 정리까지 도맡아준 김경화 님께 감사드린다. 책이 만들어지기까지 수요자입장에서 내용을 꼼꼼하게 검토해준 장소영 님께도 감사드린다. 단지 머릿속의 아이디어일 뿐이었던 이 책의 소재들을 글로 적어내려 갈 수 있도록 용기를 북돋아준 이들이다.

참신한 발상, 섬세한 손놀림으로 평소에도 많은 도움을 주고 있는 참아이엠씨의 디자이너들이 이 책의 디자인을 맡아주었다. 류봉규 님, 김민경 님께 감사드린다. 교열과 교정의 수고로움을 견뎌준 참아이엠씨의 김광열 님께도 감사드린다. 늘 나에게 자극제가 되고 있는 동의대학교 광고홍보학과의 많은 제자들에게도 감사드린다.

지친 필자의 사기를 올려주기 위해 물심양면으로 조력을 아끼지 않아준 것은 물론 현장의 생생한 상황들을 담을 수 있도록 애써준 참아이엠씨의 양진일 사장과 그의 아내이자 나의 제자인 노주원 님, 책을 마칠 때까지 격려와 성원을 아끼지 않은 참아이엠씨 식구들께도 감사의 인사를 드린다.

멀리 중국에서까지 이 책의 완성을 걱정해주신 동의대학교 광고홍보학과 조경섭 교수님과 늘 필자를 위해 마음 써주시는 김일철 교수님, 이현우 교수님, 신태섭 교수님께도 감사의 인사를 드린다. 흔쾌히 출판을 맡아주신 두남출판사의 식구들, 특별히 전두표 사장과 이승구 상무, 허창진 과장께도 이 자리를 빌려 거듭 감사의 인사를 드린다.

이 책은 지난 18년 동안 마케팅과 광고일로부터 각종 선거캠프의 일까지 두루 이어졌던 내 직업인 생활의 소산이다. 이 책 곳곳에 숨어 있는 사례들의 주인공이 되어준 나의 선후배들과 동료들이 있었기에 비로소 오늘 이 책이 세상에 모습을 드러낼 수 있었다. 그들 모두에게 감사드린다.

이 책을 다 읽고 감사의 말을 읽고 있을 독자 제위께도 감사의 말씀을 전한다. 그리고 부디 이 책이 좋은 정치에 미력하나마 도움이 되기를 진심으로 기원한다. 늘 한결같은 기다림으로 나를 대해준 가족들과 특히 우리 아이들 재연과 주형에게 미안함과 고마운 마음을 함께 전하며 글을 맺는다.

부산 참아이엠씨 부설 발전전략연구소에서 석종득

맺는 말

선거**전략** & 선거**캠페인**

마지막 하루를 참아내는 힘!

그래도 사람은 남는다, 사람이 곧 희망이다!

나는 선거의 마지막 날을 온전히 경험해본 적이 없다. 물론 선거운동의 마지막 날과 투표 당일에도 나는 캠프에 있었고, 나 역시 그 숱한 사람들 중 하나가 되어 선거의 끝을 지켜보기는 했었다. 하지만 내가 후보가 아니었던 탓에 그 마지막 날을 온전히 경험해보지는 못했다는 뜻이다.

후보에게 있어 가장 힘든 날은 아마도 선거의 마지막 날일 것이다. 선거운동을 끝낸 선거전야와 선거의 결과가 발표되는 투표 당일, 후보는 더 이상 할 일이 없음을 알게 된다. 아니, 뭔가 더 하고 싶지만 할 수 있는 일이 남지 않았음을 알게 된다.

그리고 가슴이 아릴 것이다. 끝까지 최선을 다했지만 그 결과에 대한 긴장감은 후보의 가슴을 옥죌 것이기 때문이다. 그처럼 긴장되는 순간, 그간의 회한이 밀려들 것이다. 그리고 다음날의 결과에 따라 달라질 자신의 운명을 그제야 실감하게 될 것이다.

승리에 대한 확신, 그것이야말로 마지막 의무이자 최후의 선거운동

어쩌면 잠을 이루지 못하는 것이 인지상정이다. 하지만 푹 자야 한다. 정 안되면 수면제를 먹고라도 푹 자야한다. 당신이 내일 아침 투표장으로 향하고, 투표를 하는 모습은 여러 사람들로부터 주목받을 것이기 때문이다. 방송으로 중계될 수도 있고, 지나는 선거구민들에게 관찰될 수도 있다.

그리고 그때마다 당신 표정은 아직 끝나지 않은 선거에 적지 않은 영향을 미치게 된다. 캠프 안에서의 표정관리 또한 그러하다. 당신의 표정이 캠프 안 모든 조직원들의 손놀림을 빠르게 할 수도 있고, 느리게 할 수도 있다. 조직원들의 전화기에 불을 낼 수도 있고, 전혀 필요 없는 무용지물로 만들 수도 있다.

승리를 확신하는 얼굴, 그것이야말로 당신이 해야 할 마지막 의무이자 최후의 선거운동이다. 결과가 나온 뒤에도 마찬가지다. 설사 선거에서 패했다 하더라도 당신은 미소를 잃지 말아야 한다. 만약 당신이 미소를 잃는다면 당신은 선거에서뿐만이 아니라 정치에서마저 패한 것이 된다.

이 글을 읽는 당신이라면 앞에 놓인 선거를 치르기 이전의 사람일 것이다. 후보일 수도 있고, 참모일 수도 있다. 혹은 정치인을 꿈꾸는 정치학도일 수도 있고, 커뮤니케이션을 공부하는 학생일 수도 있다. 경우에 따라서는 기업가일수도 있고, 직장인일 수도 있다. 아직 패배를 경험해보지 않은 팔팔한 당신에게 패배한 후의 처방까지 말하는 것은 어쩌면 기우일 수도 있고, 노파심일 수도 있다.

그러나 준비해야 한다. 승리를 위해 싸우고, 패배하는 그 순간까지도 최선을 다해 승리를 확신하며 달려갈 당신, 만에 하나 당신이 패배할 경우에도 그 패배가 진정 패배로 끝나지 않기 위해서는 승리보다 패배를 먼저 준비해야두어야만 하는 것이다.

승리했거나 패배했거나, 캠프의 모든 사람들에게 일일이 감사를 표하고, 노고를 치하하라. 설사 당신이 패배했더라도 당신은 떳떳하게 패배를 했노라고 그들에게 말하라. 그리고 이게 끝이 아니라는 사실을 당신이 먼저 믿어야만 한다.

그래서 당신이 이제 새로운 시작임을 스스로 선포할 때, 많은 사람들은 당신과의 관계를 후회하지 않게 된다. 만약 승리했다면 그것이야말로 이제 새로운 시작이 될 것이다. 그렇다면 나의 승리는 여러분 모두의 승리이며, 이제 내가 새롭게 시작하는 것이 아니라 여러분 모두와 함께 새로운 시작을 준비할 것이라고 선포하라.

이기든 지든, 당신은 그들과 함께 해야만 한다. 그리고 기억하라. 당신이 승리했다면 당신의 기쁨만큼 그들도 기뻐하고 있을 것이며, 당신이 패배했다면 당신이 침통한 것 이상으로 그들도 침통해하고 있음을! 만약 당신이 승리의 기쁨이나 패배의 아픔을 가장 크게 느낄 것이라고 생각한다면 그것은 착각이다.

이겼다면 그들의 승리를 축하하고, 졌다면 그들을 오히려 위로하라. 선거운동 내내 쏟아놓았던 말들 때문에 선거가 끝난 뒤 후보는 함께 했던 조직을 부담스러워하는 경우를 종종 본다. 이겼으면 이긴 대로, 졌으면 진대로 그들을 부담스러워하게 되더라는 것.

그러나 그런 부담은 당신의 내일을 갉아 먹는다. 부담을 가져서는 안 된다. 나와 그들을 분리시키지 않아야 한다. 그들과 함께 하면 된다. 어떤 요구를 하는 사람이 있다면 그 요구에 최선을 다하라. 그들도 당신의 요구에 최선을 다해왔다.

물론 그렇다고 그것이 범법행위이거나, 들어주기 어려운 것임에도 불구하고 들어주라는 것은 아니다. 그렇다면 대화하라. 터놓고 진심을 말하라. 아니, 그러기 전에 먼저 그 사람의 입장을 충분히 이해하고, 함께 아파하라. 그리고는 당신의 진심을 말하라. 그럼에도 불구하고, 당신에게 욕하고 당신을 떠나는 사람이라면 굳이 잡을 필요는 없을 것이다. 어떠한 경우에도 진심은 통하기 마련이다.

사람이 희망이다, 사람을 얻어야 내일이 보인다

가장 힘든 일이 선거가 끝난 뒤의 캠프다. 특히 패배한 캠프다. 선거가 끝났음에도 불구하고, 선거 뒤에도 계속 출근하는 참모와 조직이 있다. 후보는 어떤 경우에라도 그 종료를 선언할 의무가 있다. 선거대책본부 해단식이 그것이다. 선거대책본부 해단식을 통해 한 매듭을 지어야 한다. 치하와 격려와 위로가 오갈 것이다. 그 과정을 통해 지난 선거를 평가하고, 지난 선거를 회고한다. 이 통과의례를 통해 선거과정은 끝을 맺게 되는 것이다.

참모들에 대한 배려도 잊지 말아야 한다. 그 배려라는 것이 다른 보상을 말하는 것이 아니다. 한 사람 한 사람 거취를 상의하고, 거취를 함께 걱정하고, 거취를 함께 마련해가는 노력이 필요하다. 비록 선거에서 패배했다하더라도 다음을 기약하기 위해서는 서로의 관계를 더욱 공고히 해야만 한다.

선거는 정말 짧고도 긴 전쟁이다. 그리고 참모들과 조직은 생사고락을 같이 한 식구들이다. 그 전쟁을 함께 치른 전우들이다. 그것이 기업이나 사회에서 만난 친구들보다 훨씬 더 진하게 그들을 이어줄 수 있는 계기가 된다.

만일 당신이 선거에서 승리했다면 그들 중 많은 사람들을 참모로 활용할 수도 있을 것이다. 그러나 패배했다 하더라도 그들과 다른 일을 도모하지 말라는 법은 없다. 지금 당장 그들의 생계를 책임질 수 없어 그들을 보내지만 그들과는 정기적인 회합 등의 방법을 통해 더욱 공고해져야만 한다.

특히나 패배한 후보의 입장에서는 이 모든 것들이 매우 괴로운 일이 아닐 수 없다. 자신의 아픈 심정을 꽁꽁 숨기며, 한 땀 한 땀 일을 처리해가는 후보의 가슴은 아마도 울고 있을 것이다. 그러나 그래야만 한다. 사람이 희망이다. 당신은 선거승리를 놓쳤지만 사람까지 놓쳐서는 결코 안 된다.

나는 지금까지 지역선거를 승리로 이끄는 방법에 대해 말했다. 물론 이 방법이 완벽한 것이라고는 생각지 않는다. 더 나은 이론도 있고, 더 나은 실전경험도 얼마든지 있다. 나는 단지 전체 과정을 한 꾸러미로 묶은, 실례를 들어가며 실전선거를 이야기하는 책으로 이 책의 의미를 축소하고 싶다.

당신은 이 책에 더해 당신의 전략과 전술이 보태지는 선거를 치러야만 한다. 그것이야말로 당신이 좋은 무사로서 승리를 거머쥐는 길이다. 앞서 여는 말에서 밝혔듯 이 책은 좋은 무사를 기다리는 대장장이의 좋은 칼일 뿐이다. 어쩌면 그저 그런 칼일 수도 있다.

당신이 이 칼을 통해 승리할 수 있기를 기원한다. 그러나 이 칼을 너무 과신해서는 안 된다. 이 칼은 칼일 뿐이다. 무사가 아니라는 것이다. 결국 좋은 무사는 당신이며, 승리를 만들어내는 것 또한 바로 당신이다.

  만약 이 책의 뜻이 선명하지 않거나, 이 책을 보다 넓게 이해하고 싶은 후보나 참모가 있다면 언제든 열어놓은 문을 향해 노크해주기 바란다. 책이 아니라, 강의로 듣고 싶은 캠프도 환영한다. 시간이 허락하는 한 언제든지 당신들을 위해 달려갈 것이다. 부디 이 칼이 당신의 후회 없는 선거에 미력이나마 보탬이 될 수 있기를 진심으로 기원하며 이 글을 맺는다.

                        부산 참아이엠씨 발전전략연구소에서 석종득

참고문헌

이 책을 만든 원전들

김기도, 미디어 선거와 마케팅 전략, 나남출판, 2003

김덕수, 맨주먹의 CEO 이순신에게 배워라, 밀리언하우스, 2004

김창남, 선거캠페인의 원리와 실행전략, 나남출판, 2007

김학량, 10대 1의 전쟁에서 승리하는 법, 캠스트, 2005

김학량 외, 전략 마인드가 있어야 승리한다, 캠스트, 2002

박동순, 전국동시지방선거 필승전략, jplus AD, 2006

신기현, 지방선거전략, KSi한국학술정보(주), 2001

유인환, 지금부터 시작하는 선거캠페인, 토파민, 2004

윤종빈, 한국의 선거와 민주주의 : 17대 국회의원 선거를 중심으로, 집문당, 2007

이동신, 정치 커뮤니케이션의 이해, 커뮤니케이션북스, 2004

전대수, 선거연설과 홍보전략, 범우사, 1995

전옥표, 이기는 습관, 쌤&파커스, 2007

제프리 스톤캐쉬, 선거 여론조사, 커뮤니케이션북스, 2007

정성호, 선거캠페인과 미디어전략, 도서출판 차송, 2003

최문휴, 인터넷과 TV시대의 선거전략, 도서출판 예응, 2002